Christian Signol

Der Himmel, so blau

Christian Signol

Der Himmel, so blau

Aus dem Französischen
von Corinna Tramm

Verlag Urachhaus

Die französische Originalausgabe erschien 2009 unter dem Titel
Pourquoi le ciel est bleu bei Éditions Albin Michel in Paris

Für Lise, geboren 2004

ISBN 978-3-8251-7792-8

Erschienen 2012 im Verlag Urachhaus
www.urachhaus.de
www.facebook.com/urachhaus

Umschlagabbildung: © François Paris, Chelles
Umschlagmotiv: Château Basty bei Thenon (Périgord)
Umschlaggestaltung: Ursula Weismann
Gesamtherstellung: CPI – Clausen & Bosse, Leck.

Wir sehen sie nicht mehr, aber wir werden sie wiedertreffen.

Jim Harrison, *Herbstlegenden*

Vorwort

Meinen Großvater väterlicherseits, Julien Élie Signol, habe ich kaum gekannt, denn er starb, als ich sieben Jahre alt war, doch ich kannte ihn gut genug, um ihn mit einer Mischung aus Furcht und Bewunderung in Erinnerung zu behalten. Er konnte sinnlose, heftige Wutausbrüche haben, die denjenigen, die in seiner Nähe lebten, Furcht und Schrecken einflößten. Er war klein und untersetzt, und seine Augen waren von einem eindringlichen Schwarz, in dem sich goldene Funken bewegten; er war ein Mann, den der Krieg verstümmelt hatte, eine Granate hatte seine rechte Hand zerfetzt.

Diese Verletzung nährte in ihm das Feuer einer kaum gezügelten Heftigkeit, in der sich der Schmerz über erlittene Ungerechtigkeiten Bahn brach, und, schlimmer noch, über seine Invalidität, die ihn in Gefahr gebracht und ihm zugleich das Leben gerettet hatte. Aber es war nicht nur diese Verletzung, sondern auch das Fehlen eines Vaters, denn Julien hatte ihn verloren, als er noch sehr klein war, und er konnte sich nicht wirklich an ihn erinnern.

Als Kind arbeitete er von früh an Seite an Seite mit seiner Mutter, einer Dienstmagd, auf dem Feld, kämpfte sein ganzes Leben lang darum, seinem Schicksal zu entkommen, und es gelang ihm so gut, dass er sogar Eigentümer eines Hauses wurde, was er in seinen kühnsten Träumen nicht zu hoffen gewagt hatte. Er hatte auch das Glück, einer ihm treu ergebenen Frau zu begegnen, die ihn sehr unterstützte, nachdem er das Land verlassen hatte, das ihm nicht gehörte, um einen Handwerksberuf, den des Maurers, zu erlernen. Es war, als hätte er geahnt, dass dies den einzigen Ausweg aus der Abhängigkeit und dem Joch bot, unter dem er geboren war.

Und dennoch lernte Julien niemals lesen und schreiben. Ich werde auf diesen Seiten, die sein Leben nachzeichnen, natürlich erklären, weshalb, aber die Tatsache kommt mir noch heute unbegreiflich vor. Gewiss, er war 1883 geboren worden, aber seit 1882 bestand in Frankreich die Pflicht zum kostenlosen Besuch einer Schule, und es ist schwer zu verstehen, warum dieses Kind nicht zur Schule gehen durfte. Wie auch immer, er litt sehr darunter, und für den Rest seines Lebens blieb dies ein wunder Punkt, denn er war zum Beispiel davon überzeugt, nichts über die Arbeitsweise der Institutionen seines Landes zu wissen, und folglich konnte es ihn genauso plötzlich wie das erste Mal, im Jahr 1914, wieder in den Krieg schicken, ohne dass er die Gründe dafür verstand.

Daher kam es, dass er später meinen Vater bat, ihm jeden Abend die Zeitung vorzulesen, und dass er die von seinen drei Söhnen erhaltene Unterweisung als einen der großen Erfolge seines Lebens betrachtete. Das war auch der tiefere Grund, dass er misstrauisch und besorgt blieb, sich immer gegen die Welt und jenen Gott auflehnte, der ihn nicht vor dem Schlimmsten hatte beschützen können, was ihm widerfahren konnte: einer Verstümmelung der rechten Hand.

Es war ganz sicher diese Sorge, dieses Misstrauen, diese Verwundbarkeit, die ihn vierzig Jahre lang daran hinderten, aufs Neue die Frage zu artikulieren, die er mit sieben Jahren seiner Mutter stellte, als er mit ihr zusammen auf dem Feld arbeitete: »Warum ist der Himmel blau?« Diese harmlose Frage hatte ihm eine Ohrfeige eingebracht, er fühlte sich deswegen schuldig und tief verletzt und begriff dunkel, dass das Kind einer Dienstmagd, die obendrein Witwe war, nicht das Recht besaß, den Blick zum Himmel zu heben, sondern ihn an den Boden zu heften hatte, der es ernährte.

Ja, er brauchte mehr als vierzig Jahre, ehe er sich traute, sie wieder zu stellen, dieses Mal seinem Sohn, meinem Vater, als dieser zwölf Jahre alt war und von dem er dachte, dass er alles wusste, da er seit seinem sechsten Lebensjahr zur Schule ging. Es ist anzunehmen, dass ihn die Antwort zufriedenstellte, denn sie erfüllte ihn mit einem tiefen Glücksgefühl, und so gelangte die Geschichte bis zu mir, ein ergreifendes Sinnbild einer unverhofften Entwicklung. Seit jenem Tag war Julien davon überzeugt, dass er sich endlich das Recht erworben hatte, den Blick zum Himmel zu heben.

All das geschah nicht im Mittelalter, auch nicht im 18. Jahrhundert, sondern an der Schwelle des 20. Jahrhunderts, und dieser Mann war mein Großvater: Julien Élie Signol, Sohn eines gewissen Jacques Signol, geboren 1838 in Carsac im Périgord, an den Ufern der Dordogne.

Dieser Jacques Signol, ebenfalls ein Tagelöhner, hatte ein Mädchen aus demselben Dorf geheiratet: Madeleine Bessaguet. Vor Julien, meinem Großvater, hatten sie bereits vier Kinder, drei Mädchen und einen Jungen. Madeleine war vier Jahre jünger als Jacques, und so war sie an jenem Tag, als sie mit ihrem Ehemann in das Dorf kam, in dem sie Halbpächter werden sollten, vierzig Jahre alt. Das heißt die beiden, die nichts weiter als einfache Bedienstete gewesen waren, erklommen eine wichtige Stufe auf der gesellschaftlichen Leiter. Das geschah 1882, kurz vor Juliens Geburt. Das Dorf hieß – und so heißt es noch heute – Saint-Vincent-le-Paluel und liegt ungefähr zehn Kilometer von Sarlat entfernt.

Ich habe oft den Versuch unternommen, über Juliens Leben zu schreiben. Vor langer Zeit habe ich es auf ungefähr dreißig

Seiten gebracht, doch irgendetwas hat mich veranlasst, wieder aufzuhören: etwas, das einfach zu groß, zu bewegend, zu ernst war … etwas Furchteinflößendes, das zweifellos darauf zurückzuführen war, dass ich mich diesem Mann gegenüber einfach zu klein fühlte – ich, den das Schicksal mit allen Mühelosigkeiten des Lebens bedacht hatte. Und im Übrigen, mit welchem Recht? Um einfach Zeugnis von einem Leben abzulegen, von dem man zunächst gar nicht glauben mochte, dass es so schwierig war; von einem außergewöhnlichem Mut und einem Schweigen, das niemals auch nur von der leisesten Klage oder gar von Resignation beeinträchtigt wurde?

Ich habe diese Seiten vor zwanzig Jahren geschrieben. Doch zuerst musste der Gedanke eines »Baumes der Stille« in mir heranreifen, das Bewusstsein für all die Verstorbenen, denen wir alles verdanken, bevor ich mich dazu durchringen konnte. Julien, mein Großvater väterlicherseits, hat mir den Namen gegeben, den ich trage, und dennoch habe ich nie die Kraft gefunden, von ihm zu sprechen. Warum? Ich weiß es nicht. Oder vielmehr, ich weiß es nur zu gut: Wie soll man von der Realität einer Existenz erzählen, die wir heute Lebenden uns einfach nicht mehr vorstellen können?

Dann habe ich begriffen, dass genau darin die Kraft liegt, die viele in einem Zeitalter brauchen, unter dem sie leiden, in einer Gesellschaft ohne Zugeständnisse, die uns überrollt und verletzt, doch in der es zum Glück keine Kriege mehr gibt, jedenfalls nicht in Europa. Die Menschen haben immer gelitten, gekämpft, einige siegreicher als andere. Julien in seiner großen Demut ist dafür ein Beispiel. Sein Schweigen im Kampf des Lebens verbarg eher seine Hoffnung als seine Zweifel: Es diente ihm dazu, die Kräfte zusammenzuhalten, die er brauchte, aber das machte es ihm auch leichter, rückblickend den Weg zu betrachten, den er zurückgelegt hatte. Denn es war ihm gelungen, sich eine beeindruckende menschliche Würde zu erwerben, seinen Kindern all das zu geben, was ihm gefehlt hatte. Ist das nicht ein Ziel und die Hoffnung aller Männer und aller Frauen von heute, in einem Kampf, der trotz der Andersartigkeit der Lebensumstände immer derselbe bleibt und bleiben wird?

I Die Erde

1

Mein Vater sprach den Namen dieses Dorfes nie ohne Rührung und mit einem geheimnisvollen Unterton aus, der mich immer aufhorchen ließ: Saint-Vincent-le-Paluel. Hier war die Wiege der Familie, dort war sein Vater geboren worden, Julien Signol – mein Großvater also –, aber niemals sind wir dorthin gefahren. Niemals. Nicht ein einziges Mal. Obwohl wir oft nach Sarlat zur Familie meines Vaters fuhren und ich jedes Mal, zehn Kilometer von Sarlat entfernt, rechter Hand den Wegweiser erblickte: SAINT-VINCENT-LE-PALUEL. Was für ein Geheimnis gab es da, welches Drama hatte sich dort abgespielt? Oft habe ich mir diese Frage gestellt, doch ich fand viele Jahre keine Antwort darauf.

Erst sehr viel später – mein Vater muss fünfundsiebzig Jahre alt gewesen sein –, schlug ich ihm eines Tages vor, gemeinsam dorthin zu fahren, um so seine Einsamkeit nach dem Tod meiner Mutter zu mildern. Er zögerte, dann willigte er schließlich ein, ich brauchte ihm die Gründe nicht näher darzulegen. An einem frühen Nachmittag im Mai machten wir uns auf den Weg zu diesem Dorf, wo alles angefangen und sich das Schicksal von drei Generationen abgespielt hatte, wobei es nichts und niemanden mehr gab, der hätte berichten können, was damals wirklich vorgefallen war.

Sobald wir angekommen waren, begaben wir uns zu dem kleinen Friedhof an der Kirche im Herzen des Ortes, der eher ein Weiler als ein Dorf ist, und suchten das Grab, das unseren Namen tragen sollte. Es gab keines. Verstört ging mein Vater mehrere Male durch die Reihen, dann versuchte ich die Kirchentür zu öffnen, um bei einem Pfarrer Auskünfte zu erhalten, doch es gab schon lange keinen mehr. Keine Menschenseele war in diesem Dorf unterwegs, das sich seit dem am Ende des 20. Jahrhunderts eingetretenen Sieg der Städte Frankreichs über die ländlichen Regionen entvölkert hatte. Da kam mir der Gedanke, dass es vielleicht in Carsac ein Familiengrab gab, wo Juliens Eltern ursprünglich herkamen. Tatsächlich waren Jacques und Madeleine Signol von dort aufgebrochen, um sich nach Saint-Vincent zu begeben – in der Hoffnung auf ein besseres Leben.

Wir brauchten nur eine halbe Stunde, um zu dem Friedhof zu gelangen, der zwischen einer wunderschönen kleinen Kirche und einem Herrenhaus lag, dessen mit Läden versehene Fenster von Jahrhunderten von Leben zeugten. Es lag im Schutz eines kleinen Tals, in dem im kühlen Schatten des Laubes leise ein Bach plätscherte. Fast eine Stunde lang suchten wir und fanden kein einziges Grab mit dem Namen Signol. Und das, obwohl es zahlreiche sehr alte Gräber gab, auf denen die Familiennamen sehr gut lesbar waren. Ich war verblüfft: Was war das für ein Nichts, dem meine Vorfahren anheimgefallen waren, und warum?

Während der ganzen Rückfahrt sprach mein Vater kein einziges Wort. Ich begriff, dass er wie ich nach den Gründen dieses »Nichtvorhandenseins« seiner Großeltern suchte, nach diesem Abgrund, in den sie gestürzt zu sein schienen. Er sprach nie mehr mit mir darüber, aber ich konnte mich nicht damit abfinden: Für mich lag darin die Entdeckung einer unerträglichen, unentschuldbaren Ungerechtigkeit, die Leugnung zweier Existenzen, die ich liebgewonnen hatte.

Die wenigen offiziellen Papiere, die Julien betrafen, waren jedoch unanfechtbar: Er war wirklich der Sohn von Jacques Signol, geboren 1838 in Carsac, und von Madeleine Bessaguet, geboren 1842 in ebendiesem Dorf. Die Familiengeschichte bestätigte ebenso, dass sie sich 1883, im Jahr vor Juliens Geburt, in Saint-Vincent niedergelassen hatten. Warum gab es da dann plötzlich keine Spuren mehr, warum dieser undurchdringliche Schatten über ihrem Leben?

Monatelang habe ich in den Dörfern, den Rathäusern geforscht, habe versucht, in unserer Familie alle verfügbaren Informationen zusammenzutragen, aber zu Juliens Zeit sprach man wenig: Die Arbeit ließ einem keine Zeit sich mitzuteilen. Die Menschen, die mit ihren Händen arbeiteten, wurden von anderen Notwendigkeiten getrieben – sie mussten ihr täglich Brot verdienen. Ich konnte mich dennoch nicht dazu entschließen, diese beiden Leben, von denen ich annahm, dass sie von großem Mut und starker Widerstandskraft geprägt gewesen waren, zu verleugnen. Die einzige Lösung, die mir möglich und sehr bald auch unerlässlich erschien, war die, ihr Leben von Juliens Geburt an Tag für Tag zu rekonstruieren.

Am Ende meiner Nachforschungen habe ich mich dann auf die Schwelle eines am Hang gelegenen kleinen Hauses in Saint-Vincent-le-Paluel gesetzt, wo ich mir dank eines alten Mannes, den ich im Dorf getroffen hatte und der glaubte mir bestätigen zu können, dass sie dort gelebt hatten, die Ankunft von Jacques und Madeleine ausmalen konnte – sie war schwanger, doch unter dem schweren schwarzen Kleid, das die Frauen im Périgord das ganze Jahr über trugen, konnte man nichts davon ahnen. Es war ein Nachmittag im Herbst. Ich erblickte den Karren, der zu mir heraufkam, den Hang entlang, über den der Himmel bereits die ersten Streifen der Nacht breitete

Der Karren kommt vor der Tür des kleinen Hauses zum Stehen, einem langen und niedrigen, mit rötlichen Ziegeln gedeckten

Gebäude auf halber Höhe eines kleinen Hügels. Es liegt an einem Weg, der sich zu einem Kastanienwald hinaufwindet. Ihm gegenüber, auf der anderen Seite eines kleinen sandigen Hofs, ein kleineres, ebenfalls mit Ziegeln bedecktes Gebäude, das über es zu wachen scheint. Jacques hilft seiner Frau und seinen Kindern vom Wagen zu steigen, dann stößt er wortlos die Tür auf, die nicht verschlossen ist, und das aus gutem Grund: Das Innere des Hauses ist völlig leer. Das zeigt sich, sobald er die Kerze anzündet, die er zwischen seinem Hemd und seiner Haut getragen hat, um sie vor dem Regen zu schützen.

Danach geht er zu dem an der Decke hängenden Leuchter, prüft, ob der Docht ins Öl eintaucht, und zündet ihn an. Ein wärmeres Licht als das der Kerze erleuchtet schwach den Raum, und ein großer Kamin kommt zum Vorschein, in dessen Nähe aufgestapeltes Holz liegt.

»Kümmere dich um das Feuer!«, sagt er zu seiner Frau, »ich fange derweil an abzuladen.«

Und zu den beiden Kindern, die zitternd neben ihm stehen:

»Kommt mit! Wir brauchen nicht lange.«

Er kennt sich ein wenig aus, da er vor drei Wochen anlässlich der Unterzeichnung des Pachtvertrags schon einmal hier gewesen ist. Damals hat er das Holz am Kamin aufgestapelt und sich im Haus sowie im angrenzenden Scheunenstall umgesehen. Er geht hinaus, seine beiden Kinder folgen ihm – zwei Mädchen, Amélie und Marie, zwölf und zehn Jahre alt. Ihre älteren Geschwister leben nicht mehr bei ihnen: Sie sind auf Bauernhöfen in Stellung, wie es in einer Zeit Brauch ist, in der man vom frühesten Kindesalter an sein Brot verdienen muss.

Er spannt das Pferd aus, führt es in den Stall, lässt es vor einem Heuballen stehen und entschließt sich, es später abzureiben. Es ist dringender, die von der Plane nur unzureichend geschützten

Möbel abzuladen, also macht er sich mit seinen zwei Töchtern sogleich an die Arbeit. Zwei Bettstellen, zwei Strohsäcke, eine Truhe, ein Tisch und vier Stühle geben dem Zimmer mit dem Boden aus gestampfter Erde ein wenig Leben, zumal auch das Feuer im Kamin brennt und Madeleine eine Suppe vom Vortag aufwärmt; sie hat sich die Mühe gemacht, sie mitzunehmen.

Der Vater und seine beiden Töchter rücken am Kamin zusammen und zittern noch lange. Sobald sie sich erholt haben, geht Jacques zur Tür und sagt:

»Ich werde mich um das Pferd kümmern.«

Das Tier gehört ihm nicht: Ein Freund aus Carsac hat es ihm geliehen, und er hat versprochen, es so schnell wie möglich zurückzubringen. Außerdem fürchtet er, dass sich das Pferd erkältet und krank wird. Ausgerüstet mit einer Kerze betritt er den Stall, greift nach einer Handvoll Stroh und beginnt, den Rücken des Tieres kräftig abzureiben, dann verstreut er auf dem Boden einen frischen Ballen Stroh und kehrt wieder ins Haus zurück, wo ihm erneut wohlige Wärme entgegenschlägt. Er setzt sich hin, füllt zuerst seinen beiden Töchtern und seiner Frau, dann sich selbst auf und sagt dabei nicht ohne einen Anflug von Stolz:

»Nun ist es so weit! Wir sind zu Hause!«

Als sie lächeln – allerdings ist es ein armseliges Lächeln, das mehr Furcht als echte Freude ausdrückt – fügt er hinzu:

»Zumindest ein Dach über dem Kopf. Es wurde auch Zeit.«

Das Feuer im Kamin hat die Feuchtigkeit des kleinen Hauses, das seit mehr als einem Monat unbewohnt ist, vertrieben, die früheren Halbpächter sind Anfang September weggezogen.

»Ihr werdet sehen«, sagt Jacques, »wir werden es gut haben.«

Madeleine pflichtet ihm schüchtern bei und sagt:

»Morgen wird es nicht regnen. Mir scheint, der Wind hat gen Norden gedreht.«

Sie brauchen nicht lange, um ihre Suppe zu essen, dann geht Jacques wieder zum Kamin, während seine Frau und seine Töchter den Tisch abdecken.

»Heute Nacht«, sagte er, »rücken wir die Betten in die Nähe des Kamins. Morgen, wenn alles trocken ist, werden wir sie an ihren Platz stellen.«

Es gibt nur zwei Kammern, hinten am Ende der Küche, drei Räume im Ganzen, doch sie sind leicht zu heizen: Man braucht nur die Türen tagsüber aufzulassen.

»Das Beste ist, wir gehen jetzt schlafen«, sagt Madeleine.

Die Mädchen legen ihre Obergewänder ab, sie behalten ihre Hemden an, legen sich in ihr Bett und drehen sich zur Wand. Jacques und Madeleine entkleiden sich ebenfalls, nachdem sie noch einmal Holz nachgelegt haben, und legen sich auch hin. Nach einer Viertelstunde durchzieht sie endlich wohlige Wärme. Draußen rüttelt der Wind an den Dachziegeln und kündet den Winter an. Erschöpft fallen sie sogleich in einen unruhigen Schlaf, belastet von den Bedrohungen des Unbekannten, wie immer, wenn man nicht weiß, was der nächste Tag bringen wird.

Der erste Tag ihres neuen Lebens geht zu Ende. Julien, mein Großvater ist noch nicht geboren, aber ich bin sicher, dass er schon im Bauch seiner Mutter die Angst vor dieser Lebensveränderung gespürt hat, jener irrwitzigen Hausforderung, die sie hierher geführt hat, an diesen den Winden ausgesetzten Hang, am Beginn eines verfrüht einbrechenden Winters, der einiges befürchten lässt.

2

Am nächsten Tag machte sich Jacques sehr früh auf den Weg zu dem Pachtherrn; nicht ohne Furcht, denn ihre erste Begegnung einen Monat zuvor war alles andere als warmherzig gewesen. Der Mann wohnte in einem großen Bürgerhaus, das auf den Ruinen eines jener kleinen Schlösser errichtet worden war, wie sie so zahlreich im Périgord vorkommen. Es regnete nicht mehr, aber es war kälter als am Vorabend, und der Himmel, der über dem aschgrauen Wald besonders klar wirkte, glitzerte im Sonnenlicht. Das Gut lag weniger als zwei Kilometer entfernt und ungefähr auf gleicher Höhe mit dem Pachthof, das heißt es lag am Hang über dem kleinen Tal, das wegen der Überschwemmungen durch den Bach und den Sumpf in der Schlechtwetterzeit immer feucht war. Vom Schloss aus verbreiterte sich das Tal im Norden in Richtung Sainte-Nathalène, wo es zwischen Bach und Wald Raum für Felder bot.

Am Ende meiner Nachforschungen habe ich entdeckt, dass dem Eigentümer in diesem Tal zwei Pachthöfe gehörten, doch sie brachten nur einen geringen Ertrag, da die viel zu schmalen Äcker wenig hergaben und auf den Wiesen mehr Schilf als gutes Gras wuchs. Der Mann war quasi durch seine Kinder, die in die Stadt gezogen waren, ruiniert worden, und so hatte er es im Alter, von dem er sich eigentlich Ruhe und Frieden erhofft hatte, nicht leicht. Er hatte keinen Verwalter und kümmerte sich selbst um die Halbpächter.

Das schmiedeeiserne Tor des Schlosses stand immer offen, aus dem einfachen Grund, weil es lange nicht betätigt worden und verrostet war. Eine geschotterte Allee führte zu einer Terrasse und weiter zu einer Tür mit einem fein ziselierten Türklopfer aus Eisen. Jacques hatte ihn zweimal betätigt, und der Besitzer war sogleich erschienen, als habe er bereits hinter seinem Sprossenfenster gelauert. Er trug Gamaschen, eine grob gerippte Hose und einen Jägerkittel und ließ seinen Halbpächter nicht ins Innere des Hauses ein.

»Komm mit!«, hatte er gesagt.

Dieses Duzen, diese Grobheit hatte Jacques bei ihrer ersten Begegnung unangenehm überrascht, doch er hatte sich bemüht, darüber hinwegzusehen. Er war dem Besitzer, der es eilig zu haben schien, bis zu einem Nebengebäude gefolgt, das als Stall diente.

»Da«, hatte der Mann gesagt: »Zwei Kühe und zehn Schafe. So war es vereinbart, nicht wahr?«

Jacques hatte genickt, die Tiere losgebunden und sie mit einem Stock, den er mitgebracht hatte, ins Freie getrieben.

»Pass gut auf sie auf«, hatte der Besitzer gesagt. »Du weißt, wenn du eins verlierst, musst du es ersetzen.«

Wieder hatte Jacques zustimmend genickt.

Mit den Worten: »Du kannst jetzt gehen!«, hatte der Mann das Gespräch beendet, und in seiner Stimme schwang Ungeduld mit.

»Danke!«, hatte Jacques gesagt, doch er konnte sich nicht entschließen zu gehen, irgendwie erhoffte er sich eine zusätzliche Geste, wenigstens ein ermutigendes Wort, etwas, das ihn an diesem eisigen Morgen anlässlich seines Neubeginns erwärmte.

Zu jener Zeit, das habe ich überprüft, beinhalteten die Halbpachtverträge rücksichtslose Regelungen zugunsten der Besitzer. Da gab es nichts zu verhandeln, und Jacques wäre es ohnehin nicht eingefallen. In ihm steckte zu viel von der alltäglichen Unterwürfigkeit eines Bediensteten, mit der er seit mehr als dreißig Jahren in Carsac lebte, das heißt von dem Alter an, als er am

Ende seiner Kindheit angefangen hatte, in gebeugter Haltung die Erde zu bearbeiten. Dennoch hatte er den Sprung gewagt, trotz aller Risiken, trotz des Winters, der vor der ersten Ernte überstanden werden musste.

Es war ferner vereinbart worden, dass dem neuen Halbpächter die Kastanien zustanden, die sich während dieses ersten Winters noch im Trockenraum befanden. Mit dem Sack Mehl, den er mitgebracht hatte, und der Milch von den Kühen hoffte er bis zum Frühling über die Runden zu kommen, ohne dass seine Familie Hunger litt. Wenn erst einmal die erste Ernte eingefahren und das Gemüse geerntet wäre, würde alles besser werden, jedenfalls setzte er seine Hoffnung darauf, als er den Rückweg zum Pachthof antrat, wo seine Frau und die Kinder auf ihn warteten.

Sobald er angekommen war, war Madeleine zu ihm in den Stall gekommen, wo er sich um die Tiere kümmerte, und hatte ihm eine schlechte Nachricht verkündet:

»Ich habe mir die Kastanien im Trockenraum angesehen. Die meisten sind verschimmelt. Es gibt eine undichte Stelle im Dach.«

Jacques konnte eine Geste der Verärgerung nicht unterdrücken, und da sie begriff, dass es besser war, ihn nicht noch mehr zu beunruhigen, fuhr sie mit zuversichtlicherer Stimme fort:

»Es muss noch welche im Wald geben. Ich werde sie heute Nachmittag zusammen mit den Mädchen aufsammeln.«

»Gut!«

Das war alles, was er sagte. Nach einer kurzen Pause sprach er weiter: »Es ist erst zehn Uhr. Ich werde das Pferd und den Karren nach Carsac zurückbringen.«

»Kann das nicht bis morgen warten?«

»Nein, ich habe es versprochen.«

»Dann iss ein wenig, ehe du gehst. Es ist sehr kalt, und du wirst nicht vor Einbruch der Dunkelheit zurück sein.«

Er folgte seiner Frau ins Haus, froh darüber, die Wärme der Feuerstätte zu spüren, und bemerkte, dass die Betten in die Zimmer getragen worden waren; das Haus war geputzt, der irdene Topf und die Suppenterrine standen bei den Feuerböcken beim Kamin, bereit, ihren Lebensunterhalt zu gewährleisten. Die Brotsuppe und der Wein, den er zusammen mit der Brühe, die auf dem Tellerboden übriggeblieben war, trank, verliehen ihm wieder neue Kräfte. Eine angenehme Wärme durchströmte seinen Körper, denn diese Mahlzeit, das traditionelle »chabrot« des Périgord, vereinigte Wein und Brot miteinander, die wichtigsten Nahrungsmittel zu jener Zeit für die Männer wie für die Frauen.

Ohne länger zu verweilen, war er bei Nordwind aufgebrochen. Den Hinweg der sechsundzwanzig Kilometer langen Strecke hatte er mit dem Pferd zurückgelegt, den Rückweg zu Fuß. Aber das schreckte ihn nicht, denn er war es gewohnt, zu Fuß zu gehen, da er niemals auch nur das einfachste Fortbewegungsmittel besessen hatte. Ich habe diesen Weg mehrfach abgeschritten, um meine Fußstapfen in die von Jacques und Madeleine zu setzen. Nach fünf oder sechs Kilometern trifft man auf die Dordogne, die die Straße eskortiert, dann stößt man auf die Hauptachse von Souillac nach Sarlat, und wenn man sie ungefähr noch einmal so viele Kilometer weiter verfolgt hat, biegt man rechts ab und bahnt sich einen Weg durch Dickicht und Wälder in Richtung Saint-Vincent. Es ist ein Weg der Hoffnung, des Mutes, aber auch der Angst. Ich weiß es, denn immer wenn ich ihn ging, hatte ich diese Empfindung einer Gefahr, eines dunklen Schicksals, das sich zusammenballt. Seitdem glaube ich an das Gedächtnis der Gene, an etwas in uns, das sich daran erinnert, was die Männer und Frauen, die uns vorangegangen sind, erlebt haben.

An jenem Tag erreichte Jacques, der das Tier am Zügel führte, sein Ziel gegen drei Uhr nachmittags und machte sich sogleich wieder auf den Rückweg, nachdem er nur eine Scheibe Brot und ein Glas Wein angenommen hatte, das ihm der Mann anbot, der ihm das Pferd geliehen hatte. Es war klar und kalt, doch von der Dordogne her stieg Nebel auf, und er ahnte, dass er die Dunkelheit mitbrachte. Tatsächlich erlosch der Glanz der Himmels schon ab fünf Uhr, der Nordwind erhob sich, und ein eisiger Schatten legte sich über die Wiesen und Felder zu beiden Seiten des Weges.

Als er die große Straße erreichte, sah Jacques nichts mehr. Zum Glück tauchte der Mond aus dem Nebel auf und leitete ihn ein wenig. Ihm war kalt. Er war unruhig, aber froh: Das neue Leben, das er sich so sehr gewünscht und erhofft hatte, würde am nächsten Tag wirklich beginnen. Er erwartete keine Wunder, sondern nur die Möglichkeit, selbst über sein Tagewerk zu entscheiden. Niemand würde mehr zu ihm sagen: »Heute gehst du dorthin, du machst jetzt das, und wenn du fertig bist, tust du dies.« Nein, fortan würde er selbst entscheiden, was er tat. Es war nicht das vollkommene Glück, doch es kam ihm sehr nahe.

Um zehn Uhr nachts langte er durchgefroren und mit schweren Beinen zu Hause an, doch Madeleine erwartete ihn und füllte ihm sogleich die Suppe auf, die sie zwischen den Feuerböcken warmgehalten hatte.

»Es waren noch einige Kastanien da«, sagte sie. »Wir haben sie alle aufgesammelt. Ich habe einige gekocht, wenn du willst.«

Er willigte ein, fühlte sich wohl, dachte an das Bett, das ihn vollends wärmen würde. Seine Augen waren voller Hoffnung, als er zu ihr sagte:

»Siehst du, dass wir recht hatten. Es wird niemanden mehr geben, der uns sagt, was wir zu tun haben.«

Sie nickte und lächelte.

»Geh schnell schlafen, du musst müde sein.«

3

Der erste Winter in Saint-Vincent wurde einer der längsten und strengsten seit Menschengedenken. Das ist höchst ungewöhnlich im Périgord, wo sich seit Urzeiten von sehr weit her kommende Bevölkerungsgruppen aufgrund des sanften Klimas angesiedelt haben. Aber in jenem Jahr fiel sogar Schnee, was in diesem Tal eine große Seltenheit war, und er blieb einige Tage liegen, sodass man nicht viel mehr tun konnte, als sich um die Tiere zu kümmern und Holz zu schlagen.

Jacques und Madeleine besaßen einige Ersparnisse, doch sie waren dafür vorgesehen, im Frühling Federvieh zu kaufen, und vielleicht ein Ferkel, das ihnen Fleisch für ein Jahr liefern würde, wenn es einmal groß war. Bis dahin ernährten sie sich nur von Suppe, Milch und Kastanien. Gerade genug, um nicht zu verhungern, aber sie hatten es vorausgesehen und so gewollt. Madeleine buk alle vierzehn Tage Brot: zwei große runde Laibe mit einer dicken Kruste, die nach vier oder fünf Tagen hart wurden und schwer zu schneiden und schließlich noch schwerer zu kauen waren, wenn sie nicht in Brühe eingeweicht wurden.

Zu Weihnachten wohnten sie der Mitternachtsmesse in der kleinen Kirche von Saint-Vincent bei: ein schöner Gottesdienst, der ihnen Mut gab, und nach dessen Ende der Pfarrer, der sie nicht kannte, Madeleine und ihre Töchter beiseite nahm, um sie an ihre Pflichten zu erinnern. Dieser Pfarrer war ein anständiger Mann, und er wollte sich vor allem davon überzeugen, dass es ihnen an nichts fehlte.

Zu jener Zeit verfügten die Pfarrer, mehr noch als die Bürgermeister, über eine unangefochtene Autorität in der Bevölkerung, zumal sie den weniger Bemittelten oft eine große Hilfe waren. Die Großherzigkeit, die sie an den Tag legten, brachte ihnen die Treue der Ärmsten ein, die sich sonst sicher von der Religion abgekehrt hätten, aus Mangel an Zeit oder weil sie nicht über einen Glauben verfügten, der sie dazu brachte, ihr Schicksal bereitwilliger anzunehmen.

»Haben Sie vielen Dank«, sagte Madeleine. »Wenn wir nicht eher gekommen sind, so deswegen, weil mir das Gehen schwerfällt. Doch nach der Niederkunft werden Sie uns jeden Sonntag in der Messe sehen.«

»Gut so!«, entgegnete der Pfarrer. »Ich werde in der nächsten Zeit bei Ihnen hereinschauen.«

Sie kehrten schnell nach Hause zurück und gingen sogleich schlafen, um Brennholz zu sparen.

Am nächsten Tag, dem Weihnachtstag, kamen Henri, ihr ältester Sohn, und Henriette, ihre älteste Tochter zu Besuch – eine freudige Überraschung. Außer Suppe und Kastanien gab es Kartoffeln mit Speck, den Madeleine in weiser Voraussicht am Tag zuvor gekauft hatte. Die beiden Ältesten klagten nicht über ihre Lage: Sie waren in anständigen Häusern untergebracht und wurden gut verköstigt. Sie machten sich um vier Uhr herum wieder auf den Heimweg, noch vor Einbruch der Dunkelheit.

Mitte Januar gab es keine Kastanien mehr, und im Februar ging ihnen das Mehl aus. Jacques fragte beim Gutsbesitzer an, ob der ihm nicht einige Monate vorstrecken könne, aber dieser lehnte das rundum ab; er brachte sogar seinen Verdruss zum Ausdruck, dass er einen so wenig vorausschauenden Halbpächter eingestellt hatte. Sie mussten etwas hinzukaufen, was nicht schwierig war, da die Ernte des vorangegangenen Jahres gut ausgefallen war, doch ihre geringen Ersparnisse verringerten sich dadurch drastisch.

Der Pfarrer, dem sich Madeleine anvertraut hatte, fand für Amélie einen Platz bei Bauern in Saint-Crépin, einem Dorf fünf oder sechs Kilometer von Saint-Vincent entfernt.

»Behalten Sie Ihre Marie bei sich«, sagte er. »Sie werden sie im Augenblick der Niederkunft gut gebrauchen können. Wir werden sie im Herbst in Stellung geben, das ist früh genug.«

Amélies Weggang fiel Jacques und Madeleine sehr schwer, denn sie war zerbrechlich und wirkte wie ein verwundeter Vogel. An dem Tag, als sie sich zu Fuß auf den Weg zu ihrer Herrschaft machte, weinte Madeleine, und Jacques floh in den Wald, um Holz zu schlagen. Er hieb mit seiner Axt bis zum Abend drauflos, und als er heimkam, sprach er kein einziges Wort.

Bei diesem Thema wird mir bewusst, dass meine beiden Großväter und Großmütter mit zwölf Jahren in Stellung kamen, um bei anderen zu dienen. Diese Trennung verschaffte den Kindern die Möglichkeit, dass sie genügend zu essen bekamen, wenn die Familien zu viele Mäuler zu stopfen hatten oder ein Mann im Haushalt fehlte. Solche Abschiede fanden auch noch fast dreißig Jahre später als der von Amélie statt, denn in der ländlichen Gesellschaft, die nach wie vor an ihren starren Traditionen und dem angestammten Eigentum an Grund und Boden festhielt, hatte sich nichts weiterentwickelt. Es musste erst ein Krieg ausbrechen, wie es 1914 der Fall war, damit eine Veränderung in Gang kam, die erst in den sechziger Jahren des letzten Jahrhunderts ihr Ende fand. Die Menschen litten darunter, jedoch nicht so, dass sie sich auflehnten: Es war das übliche Schicksal derer, die nur von ihrer Hände Arbeit lebten.

Als der Frühling kam, konnte Jacques in Saint-Vincent endlich damit beginnen, die Felder zu bearbeiten und vorzubereiten, indem er die beiden Kühe vor den Pflug spannte, die sich als störrisch erwiesen und sich nicht leicht führen ließen. Er hätte lieber einen Ochsen oder ein Pferd gehabt, doch im Viehbestand des Pachthofes gab es dergleichen nicht. Es fiel ihm schwer, den Pflug in der Spur zu halten, der häufig umkippte. Seine Tochter Marie ging voran, um die Tiere zu führen, doch es fehlte ihr an Entschlossenheit, und außerdem konnte sie ihre Mutter nicht zu lange allein lassen, da die Stunde der Niederkunft nahte.

Madeleine spürte die ersten Wehen an einem Morgen im April, und mit Hilfe einer Hebamme aus Saint-Vincent, die Marie herbeiholte, brachte sie gegen Mittag ohne große Schmerzen einen Jungen zur Welt. Mein Großvater war geboren. Sie nannten ihn Julien Élie. Er war nicht dick, machte aber einen kräftigen Eindruck, das bemerkte Jacques, als er zum Mittagessen heimkehrte – er war bereits im Morgengrauen aufs Feld arbeiten gegangen, ehe Madeleine die ersten Wehen spürte, und niemand hatte Zeit gehabt, ihm Bescheid zu geben.

Das Kind wurde in einen Korb gelegt, Marie kümmerte sich um den Haushalt, während ihre Mutter auf die Reinigungsmesse am Ende des Wochenbettes wartete und über ihren Sohn wachte. Zu jener Zeit blieben die Frauen drei Wochen im Bett, was ihrer Gesundheit, besonders dem Kreislauf, schadete und Folgen hinterließ, an denen sie ihr ganzes Leben zu leiden hatten. Marie wusch die Windeln des Kindes am öffentlichen Waschplatz, in der Nähe der kleinen Brücke über dem Bach, der sich unten am Hügel entlangschlängelte. Jacques mühte sich allein mit der Feldarbeit ab, aber er wusste, dass dies nicht lange so bleiben würde: Bald konnten seine Frau und seine Tochter ihm helfen. Das Schwerste war überstanden. Es ging auf die schöne Jahreszeit zu, das Heumachen, die Ernte. Er war zufrieden und beruhigt: Die Geburt war gut verlaufen, sie würden alle zusammen arbeiten können und endlich das Leben führen, von dem sie immer geträumt hatten.

4

Das Leben hätte nun seinen normalen Lauf nehmen können, doch es gab einen unvorhergesehenen Faktor, der ihre Pläne durchkreuzte: Sie mussten eine Amme zu Hilfe holen, da Madeleine nicht genügend Milch hatte, und diese musste natürlich bezahlt werden, wenn auch nur bescheiden. Das waren unvorhergesehene Ausgaben, die ihre Ersparnisse weiter schrumpfen ließen. Im Februar hatte Jacques für einen Großgrundbesitzer Holz geschlagen und sich durch ein Ferkel entlohnen lassen, das er im Stall großzog und welches ihm Fleisch für das nächste Jahr liefern würde. Einstweilen gaben sie sich mit Geflügel zufrieden, denn es kam nicht in Frage, die Lämmer zu behalten, sie mussten verkauft werden. Sie brauchten das Geld, um vor der Erntezeit Mehl und einige Geräte zu kaufen, die im Haus fehlten.

Bei der Aufteilung des Jungviehs beanspruchte der Pachtherr die schönsten Lämmer, unter dem Vorwand, dass der Widder eigentlich ihm gehöre; er habe ihn ihnen kostenlos zur Verfügung gestellt. Was sollte Jacques dazu sagen? Er erklärte sich einverstanden und nahm die Sache nicht weiter krumm: Ihm blieben immer noch fünf Tiere, nie im Leben war er so reich gewesen. Er konnte davon allerdings nur vier verkaufen, denn ein Schaf fand er tot auf der Weide, und nach den Bestimmungen des Pachtvertrags war es an ihm, es zu ersetzen. Der Notar in Sainte-Nathalène hatte ihm all das erklärt. Aber er war nicht in der Lage, es zu überprüfen, denn er konnte nicht lesen und seine Frau auch nicht. Er hatte also dem Notar vertraut und darauf geachtet, sich die einzelnen Klauseln peinlich genau zu merken, die ihn an den Pachthof banden. Doch man hatte ihm nicht alles gesagt. Das begriff er, als plötzlich seine Mitarbeit und die seiner Frau bei der Heuernte des anderen Pachthofes und der Wiesen, die der Pachtherr selbst verwaltete, eingefordert wurde.

Er war darüber verdrossen und unterdrückte die Wut, die in ihm aufstieg, denn er kam sich vor, als sei er wieder in seine alte Abhängigkeit als Knecht geraten. Seine Verstimmung zeigte er nur innerhalb seiner eigenen vier Wände, wo Madeleine die rechten Worte fand, um ihn zu beruhigen:

»Der andere Halbpächter wird uns helfen, wenn wir an der Reihe sind. Du wirst sehen, das wird uns noch sehr nützlich sein.«

Die Frauen in meiner Familie haben sich schon immer bemüht, die Wutausbrüche ihrer Männer in ruhigere Bahnen zu lenken. Sie verkörperten das Maß, die Vernunft, die Sanftheit angesichts der übertriebenen Gesten oder Worte, die im Grunde nur der Zurückweisung einer offenkundigen Ungerechtigkeit entsprangen, der sich der Stolz ihrer Ehemänner nicht unterwerfen konnte. So haben meine Großmütter mütterlicher- wie väterlicherseits ihre ganze Geduld und vielfältige Listen aufgewandt, um manche Dramen abzuwenden, die ihre Familie in Gefahr gebracht hätten. Ich war sehr oft Zeuge solcher Szenen, wobei ich mich fragte, ob diese Geschmeidigkeit nicht eher ein Ausdruck ihrer Zerbrechlichkeit als ihr Charakter war. Oder ob er nicht ganz einfach der Angst entsprang, ihre Kinder einer Gefahr ausgesetzt zu sehen, denn beide ließen einen sehr ausgeprägten Mutterinstinkt erkennen – wie es sicher bei den meisten Frauen der Fall war, wobei nicht alle unter so prekären Bedingungen lebten.

Madeleine hatte recht: Der zweite Halbpächter namens Garissou kam mit seinem ältesten Sohn zu ihnen, um beim Mähen und Einfahren des Heus zu helfen. Er war ein großer und starker Kerl, der jedoch nicht viel redete. Sein Sohn ähnelte ihm und arbeitete genauso ausdauernd wie sein Vater. Abends behielten Jacques und Madeleine die beiden zum Essen da, konnten ihnen jedoch nicht einmal die kleinste vertrauliche Mitteilung entlocken. Jacques hatte gehofft, zu erfahren, wie sie über ihren gemeinsamen Pachtherrn dachten, doch vergeblich. Er hatte begriffen, dass er von dieser Seite nichts zu erwarten hatte, was über die von dem Besitzer verfügten Pflichtleistungen hinausging.

So war es auch bei der Ernte im August, als Jacques sich zusammen mit Madeleine auf die Felder des Pachtherrn und des anderen Halbpächters begab und Julien in Maries Obhut ließ. Als der Weizen eingefahren war, musste er mit dem Dreschflegel gedroschen werden. Die Säcke mussten dann mit dem Besitzer geteilt werden, wobei der sich wiederum anspruchsvoll gebärdete und die Säcke in der Scheune auswählte und genau kontrollierte, ob nicht einer beiseite geschafft worden war.

»Ich bin nicht unehrlich«, sagte Jacques zu ihm. »Ich habe nie jemanden geprellt.«

»Alle Halbpächter sagen das«, antwortete der Besitzer, »aber alle sind Diebe. Ich habe in dieser Hinsicht schon einiges an Lehrgeld bezahlt.«

»Sie tun mir unrecht, wenn Sie so etwas von mir denken«, sprach Jacques weiter.

»Bei mir zu Hause bin ich der Herr, und ich denke, was ich will«, entgegnete der Besitzer. »Hast du dich über etwas zu beklagen? Wenn ja, musst du es mir nur sagen, es herrscht kein Mangel an Halbpächtern. Wenn nicht, lädst du die Säcke auf den Karren und bringst sie zu mir.«

Madeleine hatte den Wortwechsel gehört, kam heran, fasste ihren Mann am Ärmel und zog ihn zur Seite.

»Komm!«, sagte sie zu ihm. »Sei vernünftig, wir werden uns nicht gleich bei der ersten Verteilung aufregen!«

Sie half ihm, die Säcke auf den Karren zu laden, doch sie mochte den Blick ganz und gar nicht, den ihr der Pachtherr zuwarf, als sie auf dem Nachhauseweg an ihm vorüberging.

Am nächsten Tag brachte Jacques sein Korn zu einer der vielen Mühlen im Tal, wo ihm der Müller versprochen hatte, es so schnell wie möglich zu mahlen: Sie hatten kein Mehl und fast kein Brot mehr. Acht Tage später waren sie gerettet. Die Säcke lagerten sicher im Trocknen in der Scheune, so war die Gefahr, dass sie hungern mussten, vorerst gebannt. Bald würden sie die Kartoffeln ernten, Kastanien sammeln, das Schwein schlachten, das im Stall gegenüber dem Haus Fett ansetzte. Angesichts von so viel Sicherheit versuchte Madeleine ihrem Mann beizubringen, dass er besser daran täte, seinen Stolz beiseite zu schieben.

»Noch nie hatten wir so viel wie jetzt«, sagte sie zu ihm. »Die Gutsbesitzer sind alle gleich, das weißt du doch. Also ärgere dich nicht, wohin sollen wir denn sonst gehen?«

Er versprach es ihr, doch trotz allem blieb in ihm eine Verletztheit und ein Gefühl der Bitternis gegenüber dem Mann zurück, der sie so schlecht behandelte.

Im Herbst kam es immerhin zu keinem Zwischenfall bei der Verteilung der Kastanien, die sie in den Wäldern oberhalb des Hauses sammelten. Der Winter stand vor der Tür, als der Pfarrer von Saint-Vincent ihnen Bescheid gab, er habe wie versprochen einen Platz für Marie gefunden.

Madeleine und ihre Tochter begaben sich mit inneren Vorbehalten zur Pfarrei: Keine von beiden hatte das Bedürfnis, sich so schnell zu trennen, und im Übrigen war es auch nicht notwendig, ganz im Gegenteil, Marie war ihrer Mutter eine große Hilfe.

»Überlegen Sie es sich gut«, sagte der Pfarrer. »Ich habe eine gute Stelle für sie gefunden, wo sie gut behandelt wird: Man findet nicht alle Tage einen Platz bei einem Notar.«

»Wir danken Ihnen sehr«, antwortete Madeleine, »ich werde mit meinem Mann darüber sprechen. Ich komme morgen wieder zu Ihnen.«

An diesem Abend kam es am Tisch zu einem lebhaften Wortwechsel zwischen Madeleine und ihrem Ehemann:

»Sie ist erst elf Jahre alt«, verteidigte sich Madeleine, »und wir haben alles, was wir für das kommende Jahr brauchen. Warum muss sie uns dann so schnell verlassen?«

»Die anderen sind im selben Alter fortgegangen.«

»Sie waren immerhin ein wenig älter.«

»Und wer sagt uns, dass wir etwas finden werden, wenn es wirklich nötig ist? Wir sollten es uns nicht mit dem Pfarrer verderben, wir würden es nur bedauern.«

Madeleine drehte sich zu ihrer Tochter und fragte:

»Was sagst du dazu, meine Kleine? Für dich wäre es doch sehr schlimm, wenn du uns so früh verlassen müsstest, nicht wahr?«

»Du darfst nach Sarlat«, schaltete sich Jacques ein, »so eine schöne Stadt, und außerdem noch zu einem Notar!«

»Ich werde das machen, was ihr möchtet«, murmelte Marie.

Bis zum Ende der Mahlzeit sprachen sie nichts weiter. Als Jacques die Schneide seines Messers einklappte, sagte er:

»Du musst gehen, Mädchen. Es ist besser, eine Sache anzunehmen, als ihr hinterherzulaufen.«

Madeleine wagte nicht dazwischenzutreten. Sie seufzte, stand auf und kümmerte sich um ihren Sohn, der nach ihrer Milch verlangte.

Acht Tage später geleitete sie ihre Tochter mit einem Schreiben des Pfarrers zu Fuß nach Sarlat und ließ sie in der Obhut einer eleganten Frau mit sanfter Stimme, deren Perlenkette sie sehr beeindruckte. Sie ging ein wenig beruhigt wieder fort, ihren Sohn trug sie wie auf dem Hinweg in einem Korb, und sie ruhte sich von Zeit zu Zeit aus, um ihren Arm zu entlasten ... Ich sehe sie auf der Straße, von Gewissensbissen gepeinigt, wie sie daran denkt, umzukehren und ihre Tochter zurückzuholen, sie bleibt stehen, geht langsam weiter, ganz langsam, als ob eine schwere Bürde auf ihren Schultern lastet. Sie ist sich ihrer erdrückenden Verantwortung bewusst, ihr ist, als hätte sie ihr Kind ausgesetzt, und es zerreißt ihr das Herz, doch sie hat gelernt, damit umzugehen, an diesem Tag wie auch schon bei den vorangegangenen Trennungen. Sie wird nicht umkehren. Sie seufzt, doch sie kehrt wieder nach Saint-Vincent zurück, ihr Kopf ist tiefer geneigt und ihr Schritt ein wenig schwerer.

»Ich glaube, es wird ihr dort gutgehen«, sagt sie zu ihrem Mann, als sie das Haus betritt, als wollte sie sich damit selbst beruhigen. »Sie kommt uns Weihnachten besuchen. Die Frau hat es mir versprochen.«

»Siehst du«, entgegnet er, »du hättest dir keine Sorgen zu machen brauchen.«

Die Tage verstrichen, vom Nordwind gebeutelt, es ging auf den Winter zu. Im November und Dezember standen Arbeiten im Wald und an den Umzäunungen an. Madeleine kümmerte sich vor allem um ihren Sohn, das Kochen und das Federvieh. Sie wartete ungeduldig auf das Jahresende, wenn sie ihre Kinder wiedersehen würde, die sie nicht hatte bei sich behalten können und die ihr so fehlten. Sie kamen alle, Marie inbegriffen, die zwei Tage blieb. Sie erzählte von ihrem Leben dort in Sarlat, dem Vergnügen, das ihr das Einkaufen in der Stadt bereitete, von der Hilfe, die sie der sehr betagten Kammerfrau leistete und die sie bald ersetzen würde. Sie beklagte sich nicht, im Gegenteil, und Madeleine war erleichtert. Sie begleitete ihre jüngste Tochter bis nach Sarlat, kehrte abends vollkommen durchgefroren zurück und dachte dabei, um sich zu trösten, an ihren Sohn, der in seiner Wiege auf sie wartete.

5

So ging das Jahr, in dem Julien geboren wurde, zu Ende. Er schlief am Kamin, und ich bin überzeugt, dass er weder unter der Kälte noch an Hunger litt. Er trank Milch und aß Mehlsuppe aus Weizen oder Mais. Damals hatte man keine Zeit, sich um die Kinder zu kümmern, sie warteten gut eingepackt darauf, dass man ihnen die notwendige Aufmerksamkeit entgegenbrachte, das heißt die Windeln wechselte und ihnen zu essen gab. Sie hinderten einen in gewisser Weise an der Arbeit, eine Belastung, die zusätzlich zu dem erschöpfenden Alltag bewältigt werden musste. Bei den meisten Kindern blieben durch dieses zu feste Wickeln geschwächte oder verkrümmte Glieder zurück, doch das war bei Julien nicht der Fall. Im Gegensatz zu vielen Kindern jener Zeit litt er an keiner körperlichen Beeinträchtigung, obwohl er klein blieb und eine eher schwache Konstitution hatte, da seine Mutter während der Schwangerschaft an Erschöpfung gelitten hatte.

Es ist anzunehmen, dass er von den Schwierigkeiten seiner Eltern nichts mitbekam, wenigstens nicht in den ersten Lebensjahren, trotz der zahlreichen Konflikte mit dem Gutsherrn, der von Tag zu Tag anspruchsvoller wurde. Madeleine gelang es nur mit Mühe, Jacques zu beschwichtigen, dessen Charakter zur Auflehnung und sogar zur Gewalttätigkeit neigte, bis dahin, dass sie sich manchmal vor ihm fürchtete, obwohl er niemals die Hand gegen sie erhob. Als sie bemerkte, dass sie wieder schwanger war, wagte sie nicht, ihm davon zu erzählen. Zu jener Zeit fühlten sich die Frauen in dieser Situation oft schuldig, vor allem wenn ihre Ehemänner ihren Verdruss darüber zum Ausdruck brachten.

Man kann den Fortschritt in diesem Bereich gegen Ende des 20. Jahrhunderts durch die Erleichterung, die die Empfängnisverhütung für die Frauen bedeutete, kaum ermessen. Wir haben bereits vergessen, in welche Verzweiflung sie die Ankündigung einer unerwünschten Schwangerschaft stürzte. So viele Tabus und Verbote türmten sich vor ihnen auf! An vorderster Stelle stand natürlich die Kirche, aber daneben herrschte auch eine im Laufe von Jahrhunderten der Unterwürfigkeit entstandene bestimmte Art von Moral, die dazu verpflichtete, die Last der Traditionen, die im sakralen Bereich wurzelten, zu tragen, die Pflicht, das Leben um jeden Preis weiterzugeben. Es ist wahrscheinlich, dass alle Familien vor dem sogenannten Veil-Gesetz* unter dieser Situation zu leiden hatten, die dem, was Madeleine in jenem Frühling erlebte, im Grunde ganz ähnlich war. Es war sehr gefährlich, abzutreiben: Viele Frauen starben, nachdem sie »Engelmacherinnen« in die Hände gefallen waren. Zu dem Schuldgefühl kam noch die Angst hinzu – ein weiterer Grund, der eine Frau daran hinderte, solch eine Entscheidung gelassen in Erwägung zu ziehen. Ich bin mir sicher, dass Madeleine trotz ihrer Erschöpfung und ihrer labilen Gesundheit nicht daran dachte. Sie begnügte sich damit, ihre Schwangerschaft so lange wie möglich zu verbergen, doch vor den großen Sommerarbeiten musste sie sich Jacques offenbaren, denn sie wurde zu offenkundig.

»Bist du dir sicher?«, fragte er niedergeschlagen.

»Leider.«

* Dieses nach Simone Veil benannte Gesetz von Januar 1975 stellt Abtreibungen unter bestimmten Bedingungen straffrei und ergänzt das sog. Neuwirth-Gesetz von 1972, das die Empfängnisverhütung legalisiert.

Sie saßen einander eines Abends im Mai am großen Tisch gegenüber.

»Es lief alles zu gut«, murrte er.

»Wenn wir nur Marie zu Hause behalten hätten«, seufzte sie.

Er glaubte einen Vorwurf in der Stimme seiner Frau herauszuhören, obwohl dies nicht stimmte: Es handelte sich nur um eine Feststellung, eine offenkundige Tatsache, die sie bedauerte.

»Und wann wird es so weit sein?«

»Im September.«

Als erster Gedanke kam ihm die Frage, ob seine Frau in der Lage sein würde, bei den Heuarbeiten und der Ernte mitzuarbeiten, doch er stellte ihr diese Frage nicht: Er wusste, dass sie tapfer war, dass sie bis zum Äußersten ihrer Kräfte gehen würde.

Und so war es. Zunächst half sie bis zur Dunkelheit bei der Heuernte, beim Einfahren, nachdem sie tagsüber ohne zu klagen das Heu gewendet, das Essen zubereitet und den Haushalt erledigt hatte. Sie konnte sich danach bis zur Ernte ein wenig ausruhen, doch dann fehlten ihr die Kräfte, als es daran ging, die Sichel zu ergreifen, und sie kam Ende Juli vor der Zeit mit einer Tochter nieder, die nicht lebte. Sie wäre beinahe selbst gestorben und verdankte ihr Leben nur dem Arzt von Saint-Vincent, der sie persönlich nach Sarlat transportierte, wo sie achtundvierzig Stunden lang zwischen Leben und Tod schwebte.

Währenddessen gelang es Jacques, die Ernte zu Ende zu bringen, die ihnen Brot für das kommende Jahr liefern würde. Seinen Sohn nahm er dabei in einem Korb mit, unter dem verärgerten Blick des Pachtherrn, der überzeugt war, das die Gegenwart eines Kindes bei der Arbeit der Effizienz schadete. Acht Tage später war Madeleine schon wieder zur Stelle, mit schlotternden Beinen und stumm ob ihres Schmerzes – dem Gram, ihr Kind verloren zu haben und der körperlichen Pein als Folge der Operation –, doch sie war fest entschlossen, sich um ihren Sohn und ihren Mann zu kümmern. Der einzige Trost, den sie aus diesem Ereignis zog, bestand in der Gewissheit, dass sie künftig keine Kinder mehr bekommen konnte: Eine Erleichterung, durchaus, aber auch ein Schmerz, wenn sie an den kleinen Körper dachte, den sie sieben Monate lang getragen und den man ihr nicht einmal gezeigt hatte.

Doch die Arbeit drängte, und es wäre für sie undenkbar gewesen, auch nur eine ihrer festen Pflichten nicht zu erfüllen, das heißt die Erledigung des Haushalts, die Sorge um das Federvieh, die Tiere, die Felder und demnächst dann die Mitarbeit an der Weinernte, sodass sie nach den endlosen Tagen in einen abgrundtiefen Schlaf fiel.

Von Zeit zu Zeit durchfuhr sie Gedanke an ihr Kind wie ein Blitz, sie weinte darüber im Verborgenen und tröstete sich mit dem Gedanken, dass sie eine Last weniger zu tragen hatte, sie würde etwas aufatmen und sich ihrem Sohn widmen können; so konnte sie wieder neue Kräfte sammeln, die durch die tägliche Arbeit verbraucht waren.

Im Oktober war die Kastanienernte reichlich ausgefallen, und das erfüllte die ganze Hausgemeinschaft wieder mit Hoffnung: Es würde ihnen während des Winters an nichts fehlen. Das Holz war eingeholt, es gab Mehl, um Brot zu backen, und dank der Kastanien und des Fleischs vom Schwein würden sie ausreichend zu essen haben. Und als ob es ihnen Recht geben wollte, begann das neue Jahr mit klaren Tagen ohne Regen und Nebel, die das Beste hoffen ließen.

6

Doch sie hatten ihre Rechnung ohne den Pachtherrn gemacht, der bei der Verteilung der Lämmer im folgenden Frühling neue Forderungen stellte und aufgrund der Tatsache, dass sie zu mager waren, zwei zusätzliche Tiere als Anteil forderte. Jacques lehnte das ab und sagte:

»Eins, das geht noch, auch wenn Sie nicht das Recht dazu haben, aber zwei, das kommt überhaupt nicht in Frage.«

»Jetzt sag nur noch, dass ich ein Dieb bin!«, empörte sich der Besitzer.

»Ich habe nichts Derartiges gesagt«, antwortete Jacques. »Ich will Gerechtigkeit, das ist alles.«

»Nun, dann wirst du sie bekommen«, entgegnete er. Dann fügte er drohend hinzu: »Noch ehe die Woche zu Ende geht.«

In der Tat trat der Notar, der den Pachtvertrag aufgesetzt hatte, drei Tage später ohne anzuklopfen bei ihnen ein, als sie gerade zu Mittag essen wollten, und setzte sich an den Tisch, ohne dass ihn jemand dazu aufgefordert hatte. Aus seiner Ledertasche holte er geheimnisvolle Dokumente hervor und erklärte Jacques und Madeleine, die sehr davon beeindruckt waren, dass eine so wichtige Person sich nur ihretwegen hierher begeben hatte, dass bei der Verteilung der Tiere und Bodenerträge eventuelle Wertminderungen der vorangegangenen Jahre berücksichtigt werden müssten.

»Hier bitte! Seht selbst!«, rief er aus und hielt ihnen den Vertrag vor die Augen:

»Da steht es!«

»Wir können nicht lesen«, sagte Jacques. »Ich habe es Ihnen doch schon gesagt, als ich unterschrieben habe.«

Weder Jacques noch Madeleine hatten zu einer Zeit, wo die religiösen Institutionen mit der Schulbildung betraut waren, die außerdem nicht kostenlos war, auch nur den geringsten Unterricht erhalten. Sogar die III. Republik, in der Julien zur Welt kam, hatte große Schwierigkeiten – wir werden es noch sehen –, alle Kinder zur Schule zu schicken. Wenn sie sich auch wie jedermann auszudrücken vermochten, waren weder Jacques noch Madeleine in der Lage, einem Mann des Gesetzes die Stirn zu bieten.

»Es ist nicht Sache Ihres Pachtherrn, die Folgen zu tragen«, sagte der Notar eisig und mit geringschätziger Miene.

»Ich habe überhaupt nichts im Wert gemindert«, erwiderte Jacques. »Das Gras für die Schafe war nicht gut genug. Wir hätten nicht mähen sollen, es hatte nicht genug geregnet.«

»Sie hätten sich vorher darüber Gedanken machen sollen!«

»Er hat darauf bestanden! Ich wollte es nicht.«

»Ich habe keine Zeit zu verlieren«, entschied der Notar. »Ich bin nur gekommen, um Sie an die Klauseln Ihres Vertrags zu erinnern, und ich bin beauftragt, Ihnen zu sagen, dass, wenn Sie sich nicht fügen, nicht ich wiederkommen werde, sondern ein Gerichtsvollzieher.«

»Ein Gerichtsvollzieher!«, rief Jacques aus. »Das möchte ich gern sehen!«

»In Ihrem Interesse wäre es besser, wenn Sie ihn nicht sähen«, sagte der Notar und erhob sich.

Und während er sie mit einem leichten Kopfnicken grüßte, fügte er hinzu:

»Jedenfalls, Sie sind gewarnt.«

Madeleine begleitete ihn bis zur Tür. Sie schloss sie eilig hinter ihm, als wolle sie die Gefahr draußen halten, und ging zu ihrem Mann zurück, der immer noch vor Zorn zitterte. Sie setzte sich ihm gegenüber auf einen Stuhl und murmelte:

»Es ist doch keine große Sache. Weißt du, ein Lamm mehr oder weniger …«

Und als er sie mit jenem bösen Blick anschaute, vor dem sie immer Angst hatte, sagte sie:

»Wir haben doch mehr, als wir zum Leben brauchen.«

Jacques stieß einen tiefen Seufzer aus und schien sich angesichts dieser unbestreitbaren Wahrheit zu entspannen.

»Julien hat es hier gut«, sprach sie weiter. »Es fehlt ihm an nichts.«

Jacques Blick wanderte von seinem Sohn zu seiner Frau.

»Genau deshalb!«, sagte er. »Ich denke nicht an mich, sondern an ihn.«

Er schlug plötzlich mit der Faust auf den Tisch und rief:

»Ich will Gerechtigkeit, für ihn und für mich! Ich will nicht, dass er eines Tages so behandelt wird, wie man mich heute behandelt! Ich will, dass er lesen und schreiben lernt, damit er sich verteidigen kann!«

»Wir können ihn ja zur Schule schicken, wenn wir hierbleiben«, sagte Madeleine. »Sie ist weniger als einen Kilometer entfernt. Wir beide werden mit der Arbeit schon alleine fertig.«

Und da sie begriff, dass er diesem Argument Gehör schenkte, sprach sie weiter:

»Anderswo wäre es nicht sicher, ob das ginge.«

Er musterte sie eine Weile schweigend, dann schien ihn dieser Gedanke zu beruhigen.

»Gib ihm die zwei Lämmer, die er verlangt«, sagte sie. »Wir brauchen sie nicht.«

Jacques senkte den Blick, antwortete nicht und ging hinaus.

Sobald der Nachmittag angebrochen war, begab er sich jedoch zum Schloss, und der Zwischenfall war zu Madeleines großer Erleichterung vergessen.

Ein wenig später, Mitte Juni, als Jacques auf der Wiese am Bach Heu wendete und Madeleine sich gerade fertig machte, zu ihm zu gehen, um ihm das Mittagessen zu bringen, tauchte der Gutsbesitzer auf dem Pachthof auf und überraschte sie in der Küche. Sie hatte ihn nicht kommen hören, denn er kam zu Fuß. Zunächst blieb sie vor Überraschung wie angewurzelt stehen, zumal er nicht angeklopft hatte und plötzlich lächelnd in der Türöffnung stand, er, der sich normalerweise so feindselig und nachtragend verhielt.

»Ich bin gerade hier vorbeigekommen und hatte Durst«, sagte er und näherte sich dem Tisch. »Du hast nicht zufällig ein Glas Wein für mich?«

Ebenso wie ihr Mann mochte sie dieses plumpe Duzen nicht, seine Art und Weise, sie seine Überlegenheit, seine unanfechtbare Macht spüren zu lassen. Wortlos stellte sie ein Glas auf den Tisch und schenkte ihm ein, wobei sie darauf achtete, auf der anderen Seite des Tisches zu bleiben, da sie vor ihm auf der Hut war.

Er trank, seufzte und blieb eine ganze Weile regungslos stehen und betrachtete sie. Verlegen machte sie sich in der Küche zu schaffen und vermied es seinem Blick zu begegnen. Dann fragte sie, da er keine Anstalten machte zu gehen:

»Wollen Sie noch ein Glas?«

»Nein, danke«, sagte er.

»Dann werde ich zu meinem Mann gehen. Er wird schon auf mich warten.«

»Warte«, sagte der Mann. »Du wirst doch wohl ein bisschen Zeit haben.«

»Nein, ich habe es eilig.«

»Ich will dir nichts Böses«, sagte er, »im Gegenteil. Weißt du, wenn dein Mann nicht so starrköpfig wäre, würde es für euch gut laufen.«

Sie wich instinktiv zum Kamin zurück.

»Nun, ich wollte eigentlich sagen: für dich.«

Sie hatte begriffen, warum er gekommen war, und schwieg.

»Ich bin sicher, dass du viel liebenswürdiger sein kannst. Du bist nicht wie er. Wir beide könnten ganz gut miteinander auskommen, meinst du nicht?«

»Sie haben die beiden Lämmer bekommen, die Sie wollten«, sagte sie und hoffte immer noch, dass sie sich hinsichtlich seiner Absichten getäuscht hatte. Trotzdem wich sie weiter zurück, als er auf die andere Seite des Tisches kam und kein Hindernis sie mehr trennte.

»Spiel nicht die Ahnungslose«, sagte er, »Du weißt genau, was ich will, und es wäre besser, du gibst es mir, wenn du keinen Ärger haben willst.«

»Gehen Sie!«, sagte sie.

»Komm! Sei vernünftig«, sprach er weiter.

Sie dachte an ihren Sohn, der draußen spielte, und rief nach ihm: »Julien! Julien! Komm her!«

Gleichzeitig ergriff sie den Feuerhaken und hielt ihn vor sich.

»Gehen Sie!«, sagte sie.

Der Gutsbesitzer wurde blass, sein Gesicht verschloss sich und wurde wieder zu der strengen Maske, die sie so gut kannte und fürchtete.

»Das wird dir noch leidtun!«, sagte er. »Glaub mir, das wirst du noch bedauern!«

In diesem Moment erschien Julien in der Türöffnung und blinzelte mit den Augen, da er aus der Sonne in den Halbschatten der Küche kam.

»Komm!«, sagte sie. »Komm her!«

Der Kleine trat ein, stürzte auf sie zu und hängte sich an ihren Rock. Sogleich drehte sich der Besitzer um und ging hinaus. Sie verharrte einen langen Moment wie gelähmt, das Herz klopfte ihr bis zum Hals, und sie streichelte den Kopf ihres Kindes, das trotz seiner drei Jahre spürte, dass seine Mutter in Gefahr war. Dann schien sie wieder zum Leben zu erwachen, sie füllte eilig ihren Korb und machte sich auf den Weg zu der Wiese, wo Jacques mit Garrissou arbeitete. Noch immer zitterte sie wegen des Vorfalls, doch eines wusste sie genau: Niemals würde sie ihrem Mann anvertrauen, dass der Pachtherr sie in ihrem Haus überrascht hatte, denn Jacques wäre fähig gewesen, ihn zu töten. Sie wusste, dass sie dieser neuen Gefahr allein die Stirn bieten musste.

Wie alle Frauen kannte sie diese Gefahr seit ihrer Jugendzeit. Sie hatte Jacques sehr früh in ihrem Leben kennengelernt, da sie auf demselben Gut wie er diente. Wahrscheinlich war sie dort Kammermädchen oder Köchin gewesen, er hingegen hatte auf den Feldern gearbeitet. Höchstwahrscheinlich sind die beiden einander anlässlich der Mahlzeiten während der großen Sommerernte begegnet, und sie werden begriffen haben, dass ihre einzige Rettung darin lag, zu heiraten und fortzugehen. Wenngleich die Gutsherren gern fordernd und allmächtig gegenüber den Männern und vor allem gegenüber den Frauen auftraten, missbrauchten zum Glück nicht alle diese Situation.

7

Seit jenem Tag lebte sie in ständiger Angst und wunderte sich nicht mehr über die vom Gutsbesitzer angezettelten Streitereien, doch vertraute sie ihrem Mann die wahre Ursache nicht an. Wenn sie auf dem Pachthof allein blieb, behielt sie immer einen Gegenstand in Reichweite und beobachtete aufmerksam die Umgebung. Doch sie wusste, dass sie nicht lange dort bleiben konnten, denn es drohte Unheil.

Dennoch ging ein weiteres Jahr vorüber, und sie tat ihr Möglichstes, alle Fallen zu umgehen, zu kämpfen, nie aufzugeben, getragen von der Liebe zu ihrem Sohn und ihrem Mann. Der Winter wurde sehr kalt und verbannte sie ins Innere des Hauses, doch sobald der Frühling kam, bestand sie darauf, Jacques zu folgen und ihm zu helfen, auch wenn er versicherte, dass er sie nicht brauche. Sie spürte immer eine Bedrohung, die über ihr hing, und schützte sich so gut sie konnte, doch das Schicksal, das ihnen auflauerte, offenbarte sich in ganz anderer Weise, als sie fürchtete.

In jenem Jahr legte sich von Mitte Mai an eine extreme Hitze über das Tal, sie versengte die Felder und Wiesen und steigerte sich in den ersten zwei Juniwochen dermaßen, dass genau zu dem Zeitpunkt, als die Heuernte anstand, Gewitter aufzogen. Jacques wollte sie um eine Woche verschieben, doch der Pachtherr bestand darauf, dass er am 15. anfing, und drohte, ihm die Hilfe von Garissou und dessen Sohn zu entziehen, wenn er noch länger wartete.

Sie begannen also mitten in der erstickenden Gluthitze, die nichts Gutes verhieß, mit der Mahd. Auch die Nächte brachten kaum

Abkühlung. Und tatsächlich ließ sich, kaum dass das Heu gemäht war, am Horizont im Westen Donnergrollen vernehmen, doch das Gewitter entlud sich etwas weiter nördlich, und am nächsten Tag herrschte wieder dieselbe unerträgliche Hitze. An jenem Tag half Madeleine Jacques, Garissou und dessen Sohn beim Zusammenraffen des Heus, um es noch vor Einbruch der Dunkelheit einzuholen. Sie hatten gerade noch Zeit, eine Fuhre mit dem Karren in die Scheune zu bringen, doch als sie sich anschickten, den Rest zu holen, ließen sich wieder dieselben Donnerschläge wie am Tag zuvor vernehmen, und binnen kürzester Zeit zogen mächtig gebauchte schieferfarbene Wolken über den Hügeln auf.

Es war fünf Uhr nachmittags. Trotz Madeleines Befürchtungen – sie hatte große Angst vor Blitzen – beschloss Jacques, mit Garissou zur großen Wiese zurückzufahren, wo das Heu zu verrotten drohte, wenn es zu nass würde.

»Bleib hier«, sagte er zu seiner Frau. »Du kannst mir beim Abladen helfen, denn Garissou muss nach Hause.«

»Geh' nicht«, sagte sie, »wenn das Heu nass wird, lassen wir es eben acht Tage länger trocknen.«

»Und wenn das Wetter schlecht wird? Wenn es acht Tage lang regnet?«

Äußerst besorgt ließ sie ihn schließlich ziehen. Sie machte sich Vorwürfe, dass sie ihre Angst nicht im Griff hatte und ihm in gar keiner Weise behilflich sein konnte.

Auf der Wiese angekommen, hatten sie gerade noch Zeit, das Heu aufzuladen, doch als sie sich mit dem Karren auf den Weg zum Pachthof machten, fielen bereits die ersten Tropfen. Garissou und sein Sohn versuchten, Jacques zum Bleiben zu überreden, doch er wollte nicht auf sie hören und fuhr los, während die beiden Männer in der Hütte Schutz suchten, die am Rand der Wiese stand. Jacques war schweißbedeckt. Die Kühe, verstört und kopflos wegen des Gewitters, waren widerspenstig und kamen aus Furcht vor den Blitzen nur schwer voran. Jacques schrie, brüllte, schlug mit seinem Stachelstock auf sie ein und hoffte, noch vor der sich ankündigenden Sintflut ans Ziel zu gelangen, doch dafür war es zu spät. Der Himmel öffnete seine Schleusen mit apokalyptischem Grollen über ihm, noch bevor er das Ende der Wiese erreicht hatte – ein Regen, der ihm zunächst warm erschien, mit der Zeit jedoch immer kälter vorkam, je mehr er sich dem Hof näherte.

Als er ihn eine halbe Stunde später erreichte, war er völlig durchnässt, das Heu ebenso. Da es nicht möglich war, es in die Scheune zu bringen, fuhr er den Karren in den Schuppen und ging wütend ins Haus, um sich, zitternd vor Zorn und Kälte, in Sicherheit zu bringen. Er zog sich um und legte die nassen Kleider zum Trocknen auf eines der Salzfässer. In diesen Holzbehältern bewahrte man das Salz auf, sie standen zu beiden Seiten des Kamins. Madeleine gab ihm heißen Wein zu trinken, doch ihm wollte einfach nicht warm werden. Eine Stunde später zitterte er immer noch vor Kälte, während sie jammerte:

»Und all das für ein bisschen Heu!«

»Wir haben nie genug im Winter. Glaubst du, dass wir nichts Besseres zu tun haben, als Heu dazuzukaufen?«

Draußen wütete immer noch das Gewitter über den Wiesen und tauchte das Land in einen unendlichen, grauen Schleier, durch den man nichts mehr erkennen konnte.

»Alles wegen diesem verfluchten Gutsbesitzer!«, rief Jacques aus. »Wenn ich nicht auf ihn gehört hätte, wäre es nicht so weit gekommen.«

»Es nützt nichts, sich deswegen zu grämen«, sagte Madeleine, die immer versuchte, die Dinge herunterzuspielen und wusste, wie gefährlich dieses Thema werden konnte.

Und als er immer noch zitterte und ihm nicht wieder warm wurde, schlug sie vor:

»Wenn du dich hinlegst, mache ich dir eine Wärmflasche, dann wird es dir gleich besser gehen.«

»Ich soll mich um sieben Uhr abends ins Bett legen wie ein Taugenichts?«, knurrte er. »Hast du keinen besseren Vorschlag?«

»Dann essen wir! Die Suppe wird dir guttun.«

Sie aßen schnell und schweigend zu Abend, dann flüchtete er wiederum an den Kamin, nachdem er Holz nachgelegt hatte. Er hielt seine Hände über das Feuer und spürte, wie endlich ein wenig Wärme durch seinen Körper strömte. Draußen regnete es noch immer, und es war so dunkel, dass das Licht der Öllampe obwohl der doppelte Docht tief in das Öl eintauchte, den Raum kaum zu erleuchten vermochte.

»Ich lege mich hin«, sagte er, »mir tut alles weh.«

»Ich räume zu Ende auf und komme dann zu dir«, sagte Madeleine.

Die Wärme des Bettes und die seiner Frau taten ihm eine oder zwei Stunden lang gut. Es gelang ihm einzuschlafen, aber um Mitternacht wachte er mit Schüttelfrost auf. Sie machte ihm noch einmal heißen Wein und legte ihre Hand auf seine Stirn: Sie war heiß.

»Morgen wird's dir besser gehen.«

Doch am nächsten Tag, nach einer sehr unruhigen Nacht, zitterte er immer noch und fing an zu husten. Als Madeleine vorschlug, den Arzt zu holen, herrschte er sie an:

»Nur wegen einer Erkältung? Das ist nicht nötig. Es wird von alleine vorbeigehen.«

Er wollte aufstehen, was ihm auch gelang, sah den Regen, der seit dem Vortag ohne Unterbrechung herunterkam, und sagte:

»Ich wusste es … ich wusste es.«

Im Verlauf des Vormittags hustete er immer mehr, doch er widersetzte sich ein weiteres Mal mit aller Macht ihrem Vorschlag, einen Arzt zu verständigen. Um ihr zu zeigen, dass es ihm besser ging, stand er auf und sah nach, in welchem Zustand das Heu im Schuppen war, doch er musste sich hinlegen, sobald er wieder zurückkam, denn seine Beine trugen ihn nicht mehr. Kalter Schweiß lief ihm über das Gesicht, er zitterte am ganzen Körper, Fieber setzte ein, das immer stärker wurde. In der folgenden Nacht fing er an, zusammenhanglose Wörter von sich zu geben, und Madeleine glaubte zunächst, er habe einen Albtraum, doch in Wirklichkeit phantasierte er. Am nächsten Morgen begriff sie den Ernst der Lage und rannte Hals über Kopf los, um den Arzt in Saint-Vincent zu verständigen, der jedoch erst gegen zehn Uhr eintraf. Dieser Mann war es gewohnt, die Bauern, die ihn immer zu spät riefen, mit einfachen Maßnahmen zu behandeln. In seiner Stimme schwang keinerlei Unmut mit, als er Madeleine auf ihre Fragen antwortete:

»Rippenfellentzündung! Sie haben es geahnt, oder? Es ist schon die dritte, die ich nach diesem Unwetter sehe.«

Er verschrieb Kräutertees, damit der Kranke ausreichend schwitzte, Senfwickel und Schröpfköpfe, um den Rücken damit zu behandeln, dann ging er mit den Worten:

»Ich komme heute Abend wieder vorbei. Wenn es ihm dann nicht besser geht, müssen wir entscheiden, was wir machen.«

Der Tag wurde furchtbar: Jedes Mal, wenn Jacques hustete, hatte er das Gefühl, als würde es ihm die Brust zerreißen, und Madeleine eilte an sein Bett, stützte ihn, half ihm, wieder zu Atem zu kommen, und ging dann zurück in die Küche, wo sie neben ihrem Sohn vor dem Kruzifix, dessen Schmuck aus Buchsbaumzweigen an Ostern gesegnet worden war, zu beten begann.

Der Arzt kam mehrere Male wieder, doch es gelang ihm nicht, das Fieber zu senken. Die Krankheit ließ nicht nach, im Gegenteil: Es war unverkennbar, dass sie sich mit jeder Stunde weiter ausbreitete. Madeleine war verzweifelt und ließ ihren Mann nicht allein, nahm ihn in den Arm, sprach mit ihm, versuchte, ihn zu wärmen. Trotz ihrer fürsorglichen Pflege und ihrer liebevollen Gegenwart konnte sie ihn nicht retten: Er starb in der folgenden Nacht durch Ersticken, obwohl sie ihn anflehte, sie nicht allein zu lassen. Julien schlief im Nebenzimmer und erfuhr erst am Morgen, dass sein Vater »in den Himmel gegangen« war.

Er war vier Jahre alt. Hat er an jenem Morgen wirklich begriffen, dass er seinen Vater nie mehr wiedersehen würde? Ich denke, nein, denn Kinder können sich keine Zukunft ohne diejenigen vorstellen, die immer um sie sind. Hat er in jenem Moment sehr gelitten? Sicher nicht: Er war zu klein, um wirklich zu verstehen, was geschah. Im Verlauf seines Lebens hat er wenig darüber gesprochen, denn es war ihm nur eine undeutliche Erinnerung geblieben, in die sich vor allem die Spuren der Erschütterungen eingegraben hatten, die dieser Tod in den darauffolgenden Tagen auslöste. Viel stärker als durch dieses Drama war seine Kindheit geprägt durch die zerbrechliche Gegenwart seiner alleinstehenden Mutter und das Gefühl des Bedrohtseins durch die dunklen Mächte, die die Welt regierten.

8

Jacques Signol muss eigentlich in Saint-Vincent oder auch in Carsac, seinem Geburtsdorf, beerdigt worden sein. Wie ich schon erwähnte, habe ich nach seinem Grab gesucht und vergeblich die Archive der Gemeinden durchstöbert. Nirgendwo zeugte eine Spur, ein Dokument von seinem kurzen Leben. Er wurde in das Nichts, aus dem er hervortrat, zurückversetzt und blieb nur noch in der Erinnerung einiger weniger lebendig, darunter seine Frau und seine Kinder; und heute bin ich es, der versucht, seinem Leben wieder die Legitimität und die Bedeutung zu verleihen, die es für seine Nachkommen allein schon durch die Tatsache hatte, dass er sich seinem Schicksal widersetzte und versuchte, einen Ausweg aus der Zwickmühle zu finden, in der er seit seiner Geburt steckte.

Was hat sich damals abgespielt? Vermutlich das, was im Falle der Männer und Frauen, die kaum eine individuelle Existenz besaßen und nichts die Zeit Überdauerndes verkörperten, dem Üblichen entsprach. Am wahrscheinlichsten dürfte es sein, dass Madeleine sich kein Einzelgrab leisten konnte und Jacques in einem Massengrab beerdigt wurde – das Schicksal der meisten Armen zu jener Zeit –, und zwar in Gegenwart all ihrer Kinder, die zu diesem traurigen Anlass angereist waren.

Ferner ist es wahrscheinlich, dass die Kinder am selben Abend wieder aufbrachen, denn ihre Herrschaften erlaubten es ihnen in den allermeisten Fällen, ihre Arbeit nur einen einzigen Tag zu unterbrechen, und darüber hinaus musste nachgewiesen werden, dass außergewöhnliche Umstände vorlagen. So war Madeleine von der kommenden Nacht an allein mit ihrem Sohn Julien, mit dem sie ihre Ratlosigkeit nicht teilen konnte, denn er war noch zu klein. Ich nehme stark an, dass sie ihn in jener Nacht mit in ihr Bett nahm und er ihr die Wärme gab, die verhinderte, dass sie der Verzweiflung erlag, in die sie der brutale Tod ihres Mannes gestürzt hatte.

Düstere Gedanken hinderten sie daran, Schlaf zu finden: Es bestand kein Zweifel, dass sie von ihrem Pachthof verjagt werden würde, es sei denn, sie würde vor dem Ansinnen des Gutsbesitzers kapitulieren. Doch das wäre überhaupt nicht in Frage gekommen, und so war es dieser Vorsatz, den sie in der Dunkelheit ihres Zimmers fasste, aus dem sie in ihrem tiefsten Innern die Kraft für den neuen Kampf schöpfte, der ihr bevorstand. Für den Tod ihres Mannes konnte sie vielleicht nichts, ihn aber hintergehen, das würde sie nie und nimmer tun. Ob als Tagelöhnerin oder Bedienstete, sie wie auch ihr Mann waren es gewohnt, sich von jung an gegen feindselige Gewalten zu behaupten, und sie würde den gemeinsamen Kampf aus Notwendigkeit und aus Treue fortsetzen. Sie hatte keine andere Wahl, und sie konnte kämpfen.

Also machte sie sich am nächsten Tag mit ihrem Sohn an der Hand auf den Weg, um anderswo Arbeit zu suchen – eine zarte, schwarze Gestalt, die mit eigensinnigem Schritt auf die Bauernhöfe zugeht. Sie zögert vor der Schwelle, fragt bescheiden, ob es nicht vielleicht eine Arbeit für sie gäbe. Um ihre Willenskraft zu stärken und nicht zu resignieren, sagt sie sich immer wieder, dass es die Zeit der großen Sommerarbeiten ist – Heu einholen, Ernte, Weinlese – und dass die Bauern immer Bedarf an einem Paar zusätzlicher Hände haben.

Sie nimmt die Straße nach Proissans, nicht die nach Carsac. Warum? Vielleicht, weil sie weiß, dass sie dort nichts zu erwarten hat. Die Tatsache, dass sie ihre Familie verlassen hat, hat einen

Graben geschaffen, zu einer Zeit, als man sich nicht freiwillig von seinen Eltern oder denen trennte, die einen unterstützten. Wahrscheinlicher ist wohl, dass es dort niemanden mehr gab und diese Tatsache der Auslöser war, dass sie Jacques nach Saint-Vincent gefolgt war, in der Hoffnung, mit ihm ein besseres Leben führen zu können.

Nachdem sie mehrere Stunden vergebens gesucht hat – die meisten Häuser sind leer, da alle schon auf den Feldern arbeiten – setzt sie sich auf eine Böschung im Schatten einer Kastanie und isst ein Stück Brot, das sie sich mit Julien teilt. Das Kind fragt sich, was passiert ist, stellt jedoch keine Fragen. Sie spürt stark das Vertrauen, das ihr von ihrem Sohn entgegenkommt, es ermuntert sie, sich wieder auf den Weg zu machen, zumal es auf zwölf Uhr mittags zugeht und die Bauern bald wieder zum Essen auf ihre Höfe zurückkehren werden.

Drei Kilometer von Proissans entfernt führt ihr Weg sie zum Schloss von Roussie, ein großes Gut von Wäldern, Feldern und Wiesen. Ich bin selbst dort gewesen, nicht ohne Ergriffenheit, auf der Suche nach einer Spur von ihr oder Julien. Das Schloss ist ein riesiges Gebäude, das am äußersten Ende einer langen Allee aus herrlichen Linden auftaucht, wenn man durch das Tor geht, das zu einem Park mit sorgfältig gepflegtem Rasen führt. Ich sagte »auftaucht«, denn man kann es von der Straße aus nicht sehen. Doch dann erscheint es mit einem Mal in seiner beeindruckenden Macht: An der rechten Seite hat es einen rechteckigen Turm mit Zinnen, in der Mitte einen imposanten Rundturm und links einen Geschützturm mit Zwillingsfenstern. Die drei majestätischen Türme umrahmen Doppeltore, deren Eisenbeschläge aus einer vergangenen Zeit stammen.

Es ist zu groß für Madeleine, zu imposant. Ich selbst habe dieses Gefühl gehabt, als ich in den Hof kam, und konnte nicht lange vor dieser Fassade stehenbleiben, die noch heute von einer beunruhigenden Macht zeugt. Sie hält Juliens Hand mit festem Griff und kehrt, so ging es auch mir, um. Sie beschleunigt ihren Schritt, als habe sie verbotenes Gelände betreten, doch in der Allee hält ein Gespann auf ihrer Höhe an. Es wird von einem in schwarzen Samt gekleideten Mann mit Filzhut gelenkt, was auf eine gewisse gesellschaftliche Position schließen lässt. Es ist der Verwalter. Er fragt Madeleine bedächtig, was sie hier suche, und sobald sie es ihm zögernd erklärt hat, erwidert er:

»Ich habe erfahren, was geschehen ist. Hier ist nach dem Unwetter auch ein Mann krank geworden.«

Und da sie sich nicht traut, etwas zu erwidern:

»Wir brauchen immer ein Paar Hände, vor allem in dieser Jahreszeit. Wenn Sie wollen, können sie hier arbeiten. Es gibt dort oben Gemeinschaftswohnungen, wo Sie bleiben können.«

Und er zeigt auf ein paar einstöckige Gebäude auf einem Hügel außerhalb der Ringmauer des Schlosses. Ihre Ziegeldächer schimmern durch die Eichen hindurch.

»Ich habe noch einige Möbel auf dem Pachthof«, sagt sie, »die ich gerne mitnehmen möchte.«

»Wir werden sie holen, machen Sie sich keine Sorgen.«

»Wann?«, fragt sie. Und dann – denn sie muss an die Bedrohung durch den Gutsbesitzer denken – fügt sie noch hinzu:

»Ich kann dort nicht bleiben.«

Der Verwalter überlegt einen Augenblick, dann schlägt er vor:

»Morgen Nachmittag, wenn Sie wollen.«

Sie hat keine andere Wahl, als diesem Mann zu vertrauen, den sie nicht kennt, der ihr aber keine Angst macht, weil er sie siezt und respektvoll mit ihr spricht, was sie nicht gewohnt ist. In seinem Blick liegt ein warmherziger, ehrlicher Schimmer, der sie ebenfalls dazu bewegt, seinen Vorschlag anzunehmen.

»Ich werde dort sein und auf Sie warten.«

Sie macht sich also ein wenig erleichtert zurück auf den Weg nach Saint-Vincent, doch es ist ihr bewusst, dass sie dem Gutsbesitzer gegenübertreten muss, ehe sie den Hof endgültig verlässt. Eine unbezwingbare Angst erfasst sie, sie verlangsamt ihren Schritt und fragt sich, ob es nicht besser wäre, fortzugehen, weit, weit weg von hier, und diesen verfluchten Ort für immer hinter sich zu lassen, der ihr ihren Mann genommen hat. Dann überkommt sie eine gewaltige Müdigkeit, und sie schickt sich darein, mit ihrem Sohn auf dem Arm, der zu erschöpft ist, um weiterzulaufen, nach Hause zurückzukehren.

9

Madeleine traf kurz vor Einbruch der Dunkelheit, die in dieser Jahreszeit sehr spät einsetzte, zu Hause ein. Es überraschte sie keineswegs, zehn Minuten später den Besitzer auftauchen zu sehen, der ihr aufgelauert haben musste. Sie ergriff ihren Feuerhaken und befahl Julien, in ihrer Nähe zu bleiben. Seit sie eine Lösung gefunden hatte, wie sie hier wegkommen konnte, fühlte sie sich stärker, aber sie wusste auch, dass sie vor dem Mann, der ihr hier gegenüberstand, sehr auf der Hut sein musste.

»Wir müssen miteinander reden«, sagte er und setzte sich breitspurig ans Tischende.

Sie flüchtete sich auf die andere Seite und blieb dort stehen, ohne den Feuerhaken loszulassen, den anderen Arm hatte sie um Juliens Schulter gelegt.

»Das ist nicht nötig«, sagte sie, »ich gehe morgen weg.«

»Was heißt das, du gehst morgen weg?«, rief er aus. »Und wo willst du hingehen?«

»Ich bin im Schloss von Proissans angenommen worden.«

»Es gibt kein Schloss in Proissans. Was ist das für eine Geschichte?«

»Ich meine, im Schloss von Roussie.«

Er war erstaunt über die Initiative, die sie so schnell ergriffen hatte, während er glaubte, sie wäre ihm ausgeliefert.

»Du hast hier einen Pachtvertrag«, sagte er, »du wirst erst gehen, wenn ich es gut finde.«

»Ich gehe morgen Nachmittag«, wiederholte sie.

»Dann musst du eine Rücktrittsentschädigung bezahlen.«

Sie fing an zu zittern und wusste nicht, was sie antworten sollte, er aber sprach weiter:

»Es ist die Zeit der großen Ernte. Du musst mindestens bis November bleiben, um mitzuhelfen.«

»Ich gehe morgen fort«, wiederholte sie, nicht mehr ganz so selbstsicher.

»Ich werde deine Möbel beschlagnahmen.«

»Das macht nichts. Ich werde morgen gehen.«

Angesichts dieser Starrköpfigkeit überkam ihn eine wahnsinnige Wut, er ging um den Tisch herum, bedrohte sie und riss Julien von ihrer Seite, stieß ihn in das Nebenzimmer und schloss ihn ein. Dann kam er, immer noch wütend, auf sie zu und wollte sie überwältigen und auf den Tisch zwingen, doch sie schlug ihn mit dem Haken auf den Kopf, und er stürzte mit einem lauten Schrei zu Boden. Sie verlor den Kopf, glaubte, sie hätte ihn getötet, befreite ihren Sohn und floh in die Nacht hinaus in Richtung Saint-Vincent, wo sie nach kurzem Zögern an die Tür des Pfarrhauses klopfte.

Der Pfarrer hörte ihr zu, beruhigte sie und willigte ein, mit ihr zurück zum Pachthof zu gehen. Sie machte sich also in Begleitung des Gottesmannes auf den Rückweg, doch ohne ihren Sohn, den sie in der Obhut der Dienstmagd gelassen hatte. Der Pfarrer trug eine Lampe und schien sich keine Sorgen bezüglich dessen zu machen, was er vorfinden würde. Als sie die große Wohnküche betraten, lag da tatsächlich kein Körper mehr, das Haus war leer.

»Sehen Sie«, sagte er, »es ist nichts Schlimmes.«

Ihre Beine gaben nach, und sie musste sich einen Augenblick hinsetzen, denn sie hatte sich bereits ausgemalt, dass man sie ins Gefängnis stecken und ihr ihren Sohn wegnehmen würde.

»Kommen Sie!«, sagte der Pfarrer. »Sie können heute Nacht

im Pfarrhaus schlafen, und ich werde Sie morgen begleiten, wenn Ihre Möbel abgeholt werden. Ich verspreche es Ihnen.«

Sie gingen wieder zurück, und in der Pfarrei gelang es ihr, an der Seite ihres Sohnes einzuschlafen, nachdem sie sich mit einer heißen Suppe, die man ihr aufgetischt hatte, gestärkt hatte. Sie war unendlich erleichtert, nicht straffällig geworden zu sein und den Rest ihres Lebens im Gefängnis verbringen zu müssen.

Am Vormittag ging sie nicht zum Pachthof – der Pfarrer war mit seiner Messe und der Vorbereitung seiner Sonntagspredigt beschäftigt –, sondern erst am frühen Nachmittag, nach einem kargen Mittagessen, das sie kaum anrührte, weil sich ihr der Magen zusammenkrampfte.

Als sie bei drückender Junihitze ankamen, standen die Türen der Ställe offen. Drinnen war kein einziges Tier mehr: weder Schafe, noch Kühe, noch ein Schwein. Schweigend stießen sie die Tür des Hauses auf, und Madeleine konnte ein Stöhnen nicht unterdrücken: Alle Möbel waren verschwunden.

»Machen Sie sich nichts draus«, sagte der Pfarrer, »ich werde mit ihm reden. Warten Sie unterdessen auf den Wagen vom Schloss.«

Sie hatte Angst allein zu bleiben, doch es gab keine andere Lösung. Sie setzte sich vor dem Haus auf die kleine Steinbank in den Schatten, wo sie zusammen mit Jacques so oft dem Einbrechen der Nacht zugesehen hatte. Julien saß neben ihr, sie dachte an die verschwundenen Möbel, die sie unter vielen Opfern zusammen mit ihrem Mann gekauft hatte, aber sie weinte nicht. Seit Jacques' Tod hatte sie keine Tränen mehr, sie war nur noch ein Block, der darum kämpfte, einer Bedrohung zu entkommen und sein Kind zu behalten.

So blieb sie fast eine Stunde lang regungslos, vor Schmerz erstarrt sitzen, fand aber die rechten Worte, um ihren Sohn zu beruhigen, der nicht verstand, was vorging. Sie fühlte sich schwach und hilflos und hatte nur noch einen Gedanken: diesem Ort des Unglücks um jeden Preis zu entfliehen.

Der Pfarrer kam gleichzeitig mit dem Karren des Schlosses zurück, der von einem Mann gelenkt wurde, der nicht der Verwalter war. Dieser tauchte unmittelbar danach mit dem Gespann auf, mit dem er am Tag zuvor durch die Lindenallee gefahren war.

»Es ist nichts zu machen«, sagte der Pfarrer, »er will nichts hören. Er gibt vor, dass er nur seinen Schaden ausgeglichen hat und, falls nötig, vor den Richter ziehen wird.«

»Ich kenne ihn gut«, entgegnete der Verwalter, »das wundert mich nicht, er ist ein alter Nörgler und Pedant, der gerne Prozesse führt.«

Die beiden drehten sich zu Madeleine um, der es angesichts von so viel Ungerechtigkeit die Sprache verschlagen hatte. Sie war leichenblass und unfähig, auch nur die kleinste Entscheidung zu treffen.

»Machen Sie sich keine Sorgen«, sagte der Verwalter, »wir haben dort oben alles Nötige, um Sie zu beherbergen. Was ihre Möbel angeht, werde ich mit Monsieur de La Durantie sprechen.«

Madeleine wagte nicht einmal zu fragen, wer Monsieur de La Durantie war, sie hätte gern ihren Dank ausgedrückt, konnte aber nur nicken. Der Verwalter forderte sie auf, auf den Karren zu steigen, was sie, ermutigt vom Pfarrer, schließlich tat. So verließ sie den Pachthof von Saint-Vincent, ärmer als sie gekommen war. An die Hinterwand des Fuhrwerks gelehnt, hielt sie Julien fest, der auf ihrem Schoß saß. Mit seinen vier Jahren war ihm das Drama, das sie erlebte, nicht wirklich bewusst, doch sie erzählte ihm später ziemlich oft davon. Und durch ihn ist die Erzählung dieses Abschieds bis zu mir gedrungen, zweifellos durch die zeitliche Entfernung und die Erinnerung ein wenig entstellt.

Dank seiner Schilderung habe ich die Angst vor Entbehrung, mit der Julien lange lebte, verstehen gelernt, eine Angst, die im Zusammenleben mit dieser Frau entstand, die im Alter von etwas über vierzig Jahren alles verloren hatte und nichts weiter als die Kleider besaß, die sie am Leibe trug.

10

Der Verwalter brachte sie in einem kleinen niedrigen Häuschen unter. Es umfasste nur einen einzigen Raum und musste ein ehemaliger Schweinestall gewesen sein, der irgendwann so hergerichtet worden war, das ein Bedienstetenpaar dort leben konnte. Rechts neben dem Kamin stand eine Salzkiste, auf die man sich setzen konnte, um sich aufzuwärmen. In der Mitte nahmen ein kleiner Tisch und drei Stühle den ganzen Raum ein. An der Wand dem Eingang gegenüber stand ein niedriger Küchenschrank mit zwei irdenen Töpfen, einer Suppenschüssel, einem Fetttopf, zwei Pfannen; ganz hinten befand sich ein Bett, das groß genug war, dass zwei Personen darin schlafen konnten.

Erleuchtet wurde der Raum von einer Öllampe, die über dem Tisch an der Decke hing, ein trübes Licht auf den Boden aus breiten Steinplatten warf und das dunkle Zimmer nur notdürftig zu erleuchten vermochte, denn das Tageslicht gelangte nur durch ein kleines Fenster hinein, das für diesen Zweck viel zu schmal war.

Der Verwalter erklärte Madeleine, dass sie sich morgens und abends um die Schweine zu kümmern habe und tagsüber auf den Feldern arbeiten müsse.

In dem an das Häuschen angrenzenden Schuppen zeigte er ihr den Sichter, mit dem das Mehl von der Kleie für die Tiere getrennt wurde, dann führte er sie zum Schweinestall, der ein Stück weiter weg lag, abseits der Gemeinschaftswohnungen der Bediensteten. Als er ihr alle Örtlichkeiten gezeigt und ihr ihre Arbeit erläutert hatte, erklärte er, dass sie freie Unterkunft, Kleidung und Kost bekommen würde und dazu zehn Francs pro Jahr.

Bezüglich des Abendessens bräuchte sie sich keine Sorgen zu machen, er würde ihr Brot, Rüben und Kartoffeln für ihre Suppe bringen lassen.

»Danke, Monsieur«, sagte sie, als er sie zurückbegleitet hatte.

»Monsieur Joseph«, sagte er.

Und wohlwollend fügte er hinzu:

»Für heute richten Sie sich erst einmal ein. Ich werde Ihnen am Abend Philippe schicken, er wird Ihnen helfen, die Schweine zu versorgen.«

Sie wagte nicht zu fragen, wer Philippe war, und ging hinein, um in ihrer neuen Bleibe ein wenig Ordnung zu schaffen – niedergeschlagen, aber dennoch glücklich, dass sie ein Dach über dem Kopf und eine Arbeit gefunden hatte, beruhigt durch die Gewissheit, dass ihr Sohn hier wenigstens genug zu essen haben würde.

Sie unternahm nicht einmal mehr etwas, um ihre Möbel aus dem Pachthof zurückzubekommen. Die Erntezeit forderte bereits den Einsatz aller freien Hände. So auch der ihren, die keine Übung darin hatten, mit der Sichel umzugehen, sondern immer die Garben mit einer Schnur zusammengebunden hatten. Damit sie in Ruhe arbeiten konnte, sperrte sie Julien in ein Holzfass am Feldrand und stellte auf diese Weise sicher, dass er nicht entwischte. Die Anwesenheit der ungefähr zwanzig Erntehelfer, die sie nicht kannte, schüchterte sie ein, sie sprach nicht mit ihnen, aß abseits zusammen mit ihrem Sohn und fühlte sich unentwegt beobachtet, allerdings ohne irgendwelche Animositäten.

Abends kehrte sie erschöpft heim. Sie trug Julien trotz ihrer Müdigkeit auf dem Arm und musste sich dann auch noch um die Tiere kümmern. Zum Glück gab es Philippe, der vorbeikam, um ihr zu helfen. Er war der Älteste unter den Bediensteten. Er ging auf die Sechzig zu, war sehr mager, hatte sehr dunkle Augen und nervöse Ticks, sodass er denen, die ihn nicht näher kannten, unheimlich war. Aber er hatte sich mit Madeleine angefreundet, und bei Einbruch der Dunkelheit blieb er manchmal und aß zusammen mit ihr die Suppe, was ihr gewisse Anspielungen seitens der anderen Bediensteten eintrug.

Zu jener Zeit waren die Bedingungen der Frauen auf dem Land alles andere als beneidenswert, denn sie wurden meistens als Mägde für alles betrachtet. Es existierte ein Art Hierarchie, in welcher die Bediensteten die unterste Schicht darstellten, sie waren willkürlich und nach Belieben einsetzbar und kamen im Rang nach dem Personal, das im Haus arbeitete: Gouvernante, Köchin oder Kammerfrau. Die Bedingungen der Witwen waren noch prekärer, vor allem wenn sie ein Kind zu versorgen hatten. Verheiratete sich eine verwitwete Frau neu, kam das einem Wunder gleich. Das Einzige, was die Männer an Frauen in einer so geschwächten Position interessierte, war der Vorteil, den sie daraus ziehen konnten, auf keinen Fall wollten sie sich mit ihnen belasten. Sie mussten sich in Acht nehmen, stets auf der Hut sein und zusehen, dass sie außerhalb ihrer Häuser nicht zu lange allein blieben. So auch Madeleine, die die Gesellschaft der Männer gewissenhaft mied, außer wenn sie durch die Feldarbeit dazu gezwungen war.

Drei Viertel der Bediensteten lebten in dieser Ansiedlung von vier Häuschen außerhalb der Ringmauer des Schlosses, die anderen im rechten Flügel des größten Turms neben der Küche. Letztere nahmen nur an den Erntearbeiten teil. Die übrige Zeit arbeiteten sie im Park oder im Schloss selbst. Sie verhielten sich ein wenig geringschätzig gegenüber den anderen aus den Gemeinschaftswohnungen, obwohl der Verwalter keinen Unterschied zwischen ihnen machte.

Madeleine hatte große Angst vor einer riesigen Sau, die ihre Ferkel gefressen hatte, und Philippe hatte es übernommen, sich um sie zu kümmern. Julien hatte noch größere Angst vor ihr als seine Mutter und weigerte sich, in die Nähe des Schweinestalls zu gehen. Er blieb in sicherer Entfernung stehen und hielt sich die Ohren zu, um nicht das durchdringende Quieken der ungefähr fünfzehn Schweine zu hören, die sich aufeinander stürzten und gegenseitig bissen, wenn es darum ging, zu dem widerlichen Inhalt der Eimer zu gelangen, der aus großen Trögen direkt auf den Boden gekippt worden war.

Jeden Abend fragte Philippe Madeleine, ehe er heimging, demütig:

»Also, wenn Sie wollen, bis morgen?«

»Bis morgen, Philippe«, antwortete sie.

Er schaute sie einen Augenblick lang regungslos an, und sie erriet, dass er Zuneigung zu ihr empfand. Sie nahm keinen Anstoß daran, im Gegenteil: Sie spürte, dass seine Gegenwart sie vor den Nachstellungen der alleinstehenden Bediensteten schützte.

Es gelang ihr, die Aufgaben, die man ihr bis zum Ende des Drescharbeiten anvertraute, zur Zufriedenheit auszuführen, danach konnte sie sich endlich ein wenig ausruhen. Wenn die Erinnerung an Jacques zu übermächtig wurde, biss sie trotz ihrer Trauer die Zähne zusammen, nahm Julien auf den Schoß und versuchte ihm die Lieder vorzusingen, die sie immer gesummt hatte, als er in seinem Korb schlief, damals, als sie noch nicht dieser furchtbaren Einsamkeit ausgesetzt war. Doch er entwischte ihr und lief zu den Kindern der anderen Bediensteten, um mit ihnen zu spielen, was sie keineswegs enttäuschte, sondern freute: Ihr Sohn war voller Lebensfreude und schien den Kummer vergessen zu haben. Von nun an würde sie ganz für ihn leben, der ihrem verstorbenen Mann so stark ähnelte.

Jedoch nahm Philippes Beharrlichkeit sehr schnell bedenkliche Züge an: Es war offensichtlich, dass er zärtliche Gefühle für sie hegte und sich auf Dauer nicht mit einer bloßen »Freundschaft« zufrieden geben würde. Zum Glück war er kein Mann, der sich ihr in irgendeiner Weise aufgedrängt hätte. Er zog es vor, sich ihr eines Abends anzuvertrauen, vor dem Essen, als sie alleine waren.

»Wissen Sie, was mich in ihre Nähe zieht?«, sagte er. »Ich habe keine bösen Absichten, Madeleine, es ist einfach Zuneigung.«

Und als sie schwieg, fuhr er fort:

»Ja, sogar etwas mehr.«

So viel Taktgefühl bei einem Mann, der an die rauen Sitten der Landarbeiter gewöhnt war, verwunderte und rührte sie. Sie fand leicht ein »Abwehrmittel«, indem sie ihm ohne die leiseste Feindseligkeit antwortete:

»Der Tod meines Mannes liegt noch nicht lange zurück, und ich leide noch zu sehr darunter. Ich bin sicher, dass Sie das verstehen können.«

Er wurde verlegen und entschuldigte sich.

»Natürlich verstehe ich das.«

Er seufzte und sagte dann:

»Nehmen Sie es mir bitte nicht übel, was ich Ihnen da gerade gesagt habe. Ich werde Ihnen wie bisher zur Seite stehen.«

Sie war gerührt. Sie kannte die Kräfteverhältnisse durch und durch – und dies waren die ersten respektvollen Worte, die sie seit langer Zeit vernahm. Sie fand darin den Trost, der ihr half, die unendliche Müdigkeit zu ertragen, die sich abends oft auf ihre Schultern legte.

11

Acht Tage nach dem Ende der Drescharbeiten kam der Verwalter zu Madeleine, um ihr mitzuteilen, der Gutsbesitzer, Monsieur de La Durantie, wolle mit ihr reden. Sie solle am nächsten Tag pünktlich um zehn Uhr zum Schloss kommen und vor der Tür des kleinen Turms warten. Sie glaubte, man wolle sie wieder wegschicken und vertraute sich Philippe an, der sie beruhigte: Um derlei Dinge würde sich nicht der Gutsherr selber kümmern, sondern Joseph. Doch was sonst? Philippe wusste es nicht. Äußerst besorgt über das, was sie erwartete, verbrachte Madeleine die Nacht damit, sich Fragen zu stellen, die sie so quälten, dass sie keinen Schlaf fand.

Am nächsten Tag, nachdem sie die Schweine gefüttert hatte, wusch sie sich gründlich, zog sich an und frisierte sich sorgfältig, dann machte sie sich, etwas unsicher auf den Beinen, sehr frühzeitig auf den Weg zum Schloss, denn sie fürchtete, Missfallen zu erregen, wenn sie zu spät käme. Sie wartete länger als eine Viertelstunde vor der Tür und traute sich nicht, den bronzenen Türklopfer zu bedienen. Mit Erleichterung sah sie Joseph auftauchen, dessen dunkler Blick sie wider Willen verwirrte. Er führte sie am Arm in einen großen gefliesten Raum und sagte, wobei er sie zum ersten Mal duzte:

»Hab keine Angst. Dir passiert nichts.«

Er klopfte an eine mit beigefarbenem Damast bespannte Tür und verkündete, nachdem eine laute und tiefe Stimme ihn zum Eintreten aufgefordert hatte:

»Sie ist da, Monsieur.«

Joseph machte ihr ein Zeichen, sie solle eintreten, doch sie fürchtete, ihre Beine würden sie nicht bis dorthin tragen. Sie drückte fest Juliens Hand – sie hatte ihn mitgenommen, um sich stärker zu fühlen –, und so gelang es ihr, die Türschwelle zu überwinden, doch sie blieb gleich wieder wie angenagelt stehen, als sie der Majestät der Räumlichkeiten ansichtig wurde. Ein riesiger bordeauxroter Teppich mit langen goldenen Fransen bedeckte die Mitte des Raumes, dessen gebohnertes Parkett glänzte. An der hinteren Wand, vor dem der gewaltige Schreibtisch stand, dessen Füße auf Kupferschalen ruhten, zog eine Bibliothek aus hell glänzendem polierten Eichenholz den Blick auf sich, ebenso die mit blaugestreiftem Damastgewebe bespannten Seitenwände. Niemals zuvor hatte sie einen ähnlichen Ort betreten und war sie einem solchen Luxus begegnet, nicht einmal im Wohnhaus der Gutsherren von Carsac, wo sie einige Zeit gearbeitet hatte.

Monsieur de La Durantie hatte sich hinter seinem Schreibtisch aus Mahagoniholz erhoben, auf dem alle möglichen Arten Nippes standen und lagen, darunter eine Lampe aus Gagatperlen und eine Schreibunterlage aus grünem Leder. Er war ein großer und magerer Mann mit scharfen Zügen, einer langen gebogenen Nase, der sich im alten Stil kleidete und Reitstiefel trug.

»Joseph hat mir diese Geschichte von den Möbeln erzählt«, sagte er ohne jede Einleitung. »Ich habe mich darum gekümmert, aber es ist nichts zu machen, man müsste klagen.«

Verstört murmelte Madeleine:

»O nein, Monsieur, nein! Das ist wirklich nicht nötig.«

Er zog überrascht die Brauen zusammen und schien sie jetzt erst richtig wahrzunehmen. Dann fragte er:

»Diese Möbel gehörten Ihnen, ja oder nein?«

»Ja«, gelang es ihr zu stammeln. »Mein Mann und ich haben sie uns Stück für Stück zusammengekauft, als wir uns in unserem Pachthof einrichteten.«

»Nun denn?«, fragte der Mann ungeduldig, der ihre Haltung nicht verstand.

Wie hätte sie ihm auch klarmachen sollen, wie verwirrend die Tatsache für sie war, dass man sich um ihre kleinen Probleme kümmerte, zumal sie sich ihren Herren alleine schon deswegen verpflichtet fühlte, weil sie sie auf ihrem Schloss aufgenommen hatten.

»Ich brauche sie nicht«, sagte sie, »ich habe hier alles, was ich benötige, und dafür danke ich Ihnen.«

Sie wollte nur noch eines: diesen Raum verlassen, wo sie sich so fehl am Platz fühlte, sie war überzeugt, dass sie so viel Aufmerksamkeit nicht verdiente.

»Nun, wie entscheiden Sie sich?«, fuhr Monsieur de La Durantie fort, der immer ungeduldiger wurde. »Ich kann alles Notwendige veranlassen, wenn Sie wollen. Die Leute, die auf meinem Gut leben, stehen unter meinem Schutz. Joseph wird Ihnen das gewiss gesagt haben.«

Sie wagte nicht, diesem Mann in die Augen zu blicken, zu groß, zu mächtig erschien er ihr; sie hätte es angesichts ihrer eigenen Kleinheit als völlig unschicklich empfunden, sein Angebot anzunehmen.

»Danke, Monsieur«, sagte sie, »aber nein, das ist wirklich nicht nötig. Ich will Ihnen keine Scherereien verursachen.«

»Darum kümmere nicht ich mich, sondern mein Anwalt.«

»Ich bitte Sie, nein, vielen Dank«, wiederholte Madeleine, und ihre Augen füllten sich mit Tränen.

Der Herr des Hauses schien verblüfft und warf Joseph, der nur verständnislos mit den Schultern zuckte, einen fragenden Blick zu. Angesichts solcher Demut und Selbstverleugnung waren die beiden Männer fassungslos. Sie konnten nicht verstehen, wie schwer die über viele Jahre getragene Bürde der Demütigung und des Gehorchenmüssens wog, die Last eines Schicksals, von dem sie nun wusste, dass es sich grausam zeigte, wenn man sich ihm zu entziehen suchte. Seit einiger Zeit hegte sie die Überzeugung, dass Jacques noch leben würde, wenn sie den Pachthof nicht übernommen hätten. Dieser vage, kaum formulierbare Gedanke war es, der Madeleine dazu drängte, ihr Los zu akzeptieren.

»Ganz wie Sie wollen«, sagte der Herr des Hauses, nun offenbar verstimmt. »Sie können wieder an Ihre Arbeit gehen.«

Nachdem sie sich noch ein letztes Mal bei ihm bedankt hatte, floh sie eher, als dass sie ging. Sie suchte in ihrem Haus Zuflucht und schloss die Tür hinter sich ab. Sie hatte nicht einmal bemerkt, dass Joseph auf ein Zeichen von Monsieur de La Durantie hin im Büro zurückgeblieben war. Sie hat nie irgendetwas von dem erfahren, was die beiden Männer miteinander sprachen, doch sie behielt von dieser Begegnung eine Art Scham zurück, als hätte sie sich widerrechtlich einen Status angemaßt, den sie nicht verdiente.

Bei der Erwähnung dieses für sie so verwirrenden Erlebnisses muss ich wieder an das Gedächtnis der Gene denken und an jene Empfindung, die ich lange Zeit, vielleicht bis ich dreißig war, hatte: Bei gewissen Veranstaltungen und in Gegenwart bestimmter Persönlichkeiten kam ich mir oft vor, als hätte ich nicht das Recht, dort zu sein, oder als seien gewisse Orte für mich tabu. Das erste Mal erging es mir so an jenem Tag, als ich den großen Hörsaal der Rechtswissenschaften in der Universität von Limoges betrat und mich von Söhnen und Töchtern von Notaren und Anwälten umgeben sah, deren Kleidung und Gewandtheit bewirkten, dass ich mich rundum unwohl fühlte. Durfte ich mich überhaupt dort aufhalten, ich, der Urenkel von Madeleine und Enkel von Julien, die beide weder lesen noch schreiben konnten? Ich brauchte lange, um dieses unbewusste Erbe in mir zum Erlöschen zu bringen, das heute ganz verschwunden ist. Aber wie vieler Generationen bedarf es, bis eine Familie den Platz erreicht, den sie in der Gesellschaft verdient? Wie viel Zeit braucht es, bis die Demut zu einer Kraft, die Arbeit ein anerkanntes Verdienst wird und der Erfolg eine Legitimation nach sich zieht?

Madeleine hat Julien oft erzählt, wie sie damals ins Schloss »eindrang«, und durch ihn ist die Geschichte zu mir gelangt. Genauso wie die Ereignisse, die ihm seit seinem fünften Lebensjahr im Gedächtnis geblieben sind. Wie ich schon sagte, er sprach wenig und vertraute sich eigentlich nur seiner Frau, meiner Großmutter, an. Und wenn ich diese Vergangenheit kenne, so deswegen, weil sie sie an ihren ältesten Sohn weitergegeben hat, den ich glücklicherweise sehr viele Jahre später kurz vor seinem Tod in Sarlat noch ausfragen konnte ...

12

Mit ihren schwarzen, hochgesteckten Harren war sie noch schön; nicht mager, sondern rundlich, mit matter Haut, nicht sehr groß, aber gut proportioniert. Es ist sehr wahrscheinlich, dass sie Joseph, der über Philippe stand und zu einer Art Beschützer für sie wurde, was immer er auch von ihr begehrt haben mag, nicht verweigern konnte. Sicher rechtfertigte sie das durch die Überzeugung, dass sie auf diese Weise ihren Sohn beschützen konnte und sie beide dadurch die Gefahren, denen sie sich ausgesetzt empfand, nicht mehr zu fürchten brauchten. Niemand hat je diesen Tatbestand bezeugt. Aber ich sehe nicht, wie sie sonst hätte handeln können, und bin in Anbetracht der zu jener Zeit herrschenden Sitten überzeugt, dass sie schließlich einwilligte, sich einem Mann anzuvertrauen, der ihr obendrein vom ersten Tag an durchaus nicht gleichgültig war.

Für Philippe war diese Annäherung schmerzvoll, er kämpfte jedoch nicht gegen den Verwalter: Er war nicht in der Lage, mit ihm zu konkurrieren.

Er gab sich damit zufrieden, auf Distanz zu gehen, so aß er nicht mehr mit Madeleine zu Abend, half ihr jedoch weiterhin, da er nicht ganz auf ihre Gegenwart verzichten konnte. So stellte sich ein neues Gleichgewicht ein, das niemand je in Frage stellte, zumal alles ganz im Verborgenen geschah, denn Monsieur da La Durantie war kein Mann, der auch nur die geringste Liederlichkeit auf seinem Anwesen geduldet hätte.

Julien wuchs also ohne wirkliche Sorgen und schmerzliche Erinnerungen auf, wenigstens bis zu seinem sechsten Lebensjahr.

Die einzige quälende und eindeutige, die bis zu mir gelangte, ist die an das Holzfass, in das ihn seine Mutter am Feldrand einsperrte, damit sie ungestört arbeiten konnte. Man muss annehmen, dass ihn diese Freiheitsberaubung sehr geprägt hat, da er sie seinen Kindern anvertraute, darunter meinem Vater, der mir auch oft davon erzählte als einer Notwendigkeit, die offenbarte, unter welch harten Bedingungen sie ihr Leben durchstehen mussten.

Mit sechs Jahren befand Madeleine ihn jedoch für stark genug, mit ihr zusammen zu arbeiten. Er war nicht groß für sein Alter, aber untersetzt und kräftig. Jedenfalls kräftig genug, um ihr bei der Ernte zu helfen, die Garben zusammenzubinden, nach der Mahd die Grasschwaden mit einer Holzforke zusammenzurechen und abzulegen, bei der Weinernte die Reihen zwischen den Rebstöcken abzulaufen und die vergessenen Trauben einzusammeln oder ihr beim Auswringen der Leintücher am Waschplatz zu helfen, der sich in einer schattigen Senke fünfhundert Meter vom Schloss entfernt befand.

Julien mochte diesen kühlen Ort sehr gern, wo er in Ruhe herumstreifen konnte, während seine Mutter die Bettlaken einseifte. Er suchte Salamander und Kaulquappen, manchmal auch Fische, die zwischen seinen ungeübten Händen hindurchglitschten. Die zwei großen Wäschen – eine im Frühling, eine im Herbst – brachte alle Frauen aus den Gemeinschaftswohnungen und dem Schloss in Bewegung. Es war der einzige Moment, wo er ein wenig Freiheit genoss, die ansonsten sehr begrenzt war, denn die übrige Zeit verlangte Madeleine, dass er sich nicht zu weit von ihr entfernte.

Sie wehrte sich dagegen, dass er mit anderen Jungen seines Alters spielte, nicht, weil sie Angst um ihn hatte, sondern weil sie glaubte, dass es unerlässlich war, ihn früh an die Arbeit zu gewöhnen, die für jemanden, der nichts besaß außer seinen beiden Händen, eine Art lebenswichtiger Notwendigkeit darstellte, durch die er sich seinen Lebensunterhalt verdienen musste. Und so kam es in seinem siebten Lebensjahr während der Erntezeit zu einem Zwischenfall, der sich tief in Juliens Erinnerung einprägte und ihn lange Zeit verfolgte. An jenem Nachmittag war sie damit beschäftigt, die Getreideschwaden zusammenzuharken, um sie dann zu Garben zusammenzubinden. Sie hatte ihn fortgeschickt, um Bindegarn vom Karren am Feldrand zu holen. Sie war bereits gereizt, weil er es sich seines hatte abnehmen lassen, sie bückte sich, streckte die Hand aus und fasste ins Leere. Er stand neben ihr und sprach, während er den Kopf hob, die Worte aus, die ihm sein ganzes Leben lang keine Ruhe lassen würden:

»Warum ist der Himmel blau?«

Er hatte die Backpfeife nicht kommen sehen, die ihm eine Schuld aufbürdete, deren Gründe er nicht ganz ermessen konnte, die ihn aber betäubt und ratlos zurückließ. Seine Mutter arbeitete in der prallen Sonne, es war sehr heiß, sie war erschöpft, und anstatt ihr zu helfen betrachtete er den Himmel und stellte eine Frage, die so ungehörig war, dass er sie als Vergehen empfand, während er mit der Hand nach seiner Wange fühlte.

Sie hatte ihn nie zuvor geschlagen. Dies war das erste Mal. Er begriff, dass er nicht das Recht hatte, solche Fragen zu stellen, die so weit von ihren alltäglichen Sorgen entfernt waren. Wie sie sollte er sein Leben über den Ackerboden gebeugt verbringen, der sie ernährte, alle seine Kräfte dafür geben, an nichts anderes denken. Er merkte sich diese stumme Lektion, entwickelte jedoch daraus eine Auflehnung, die immer stärker wurde, ohne dass sie jemals zum Ausdruck gekommen wäre, zumindest nicht vor seinem zwölften Lebensjahr.

Sicher litt sie unter dieser Härte, zu der sie gezwungen war, aber sie fand die Kraft, damit fertig zu werden. Und wenn sie sich weigerte, Julien in die Schule von Proissans oder Sainte-Nathalène zu schicken, dann zweifellos deshalb, weil sie ihn rechtzeitig an dieses Leben gewöhnen wollte, für das er ihrer Meinung nach bestimmt war.

Das Verstörende daran ist die Tatsache, dass sich offenbar keine Stimme erhob, die sich diesem Willen widersetzt hätte. Wie erwähnt, war der Schulbesuch zu jener Zeit schon kostenlos, doch keiner hat sie daran erinnert, nicht einmal der Verwalter, nicht einmal Monsieur de La Durantie. Niemand.

Ich will gern glauben, dass die staatliche Schule nach Schwefel roch und mit der kirchlichen Lehre kollidierte, die in allen Dörfern herrschte, selbst wenn sie noch so abgelegen waren. Aber warum ist Julien dann nicht ein oder zwei Jahre lang »zu den Nonnen« gegangen? Weil der Unterricht dort bezahlt werden musste? Weil Madeleine die Hilfe ablehnte, die ihr gewiss angeboten worden war? Es ist diese Ablehnung, diese Resignation, die mich immer wieder am meisten beindruckt an dieser Frau, die durch ihre Herkunft und den Tod ihres Mannes auf tragische Weise aus der Bahn geworfen worden war. Jedenfalls hat dieses Kind nie lesen und schreiben gelernt, jenes Kind, das nie mehr den Kopf dem Himmel zuwandte und später seiner Mutter wegen dieses Handicaps, zu dem sie es verurteilt hatte, sicher Vorwürfe machte.

Nur am Sonntag nahmen sie sich die Zeit, in aller Eile zum Friedhof zu gehen, um sich einen Augenblick lang vor dem Ort ohne Namen zu sammeln, wo der Vater des einen und der Ehemann der anderen ruhte. Es lagen nur fünf Kilometer zwischen dem Schloss und Saint-Vincent-le-Paluel; fünf Kilometer mit sanften Hügeln, Wäldern, Wiesen, dann führte die Straße in das Tal hinunter, wo sich die Bäche wanden. Doch was ein angenehmer Spaziergang hätte sein können, wurde rasch zu einem gehetzten Lauf, über den sich Julien mit der Zeit nicht einmal mehr wunderte.

Sobald er am Wegrand stehenblieb, Pilze suchte oder mit den Augen ein Eichhörnchen verfolgte, das an einer Eichel knabberte, schimpfte sie mit ihm und zwang ihn weiterzugehen, einen Schritt zuzulegen, in der Überzeugung, dass ihre gesamte Zeit den Menschen zur Verfügung zu stehen hatte, die sie aufgenommen hatten und ernährten. Dies war ihre Art, ihre Dankbarkeit zum Ausdruck zu bringen. Sie wusste es nicht besser. Die arme Frau glaubte, sie bliebe ihr ganzes Leben lang denen verpflichtet, für die sie vom Morgengrauen bis zur Dunkelheit arbeitete.

13

Nicht einmal im Winter kamen sie zur Ruhe. Tagsüber musste den Bediensteten geholfen werden, die im Wald Holz schlugen, morgens und abends waren die Tiere zu versorgen, die Gänse und Enten zu stopfen und abends mit einem Holzhammer Walnüsse zu zerkleinern. Julien gefiel das recht gut, denn während er mit den Händen beschäftigt war, genoss er es, auch einmal andere Stimmen als die seiner Mutter zu hören, die Legenden des Périgord erzählten, in denen oft der »lébérou«, der verhexte Ziegenbock*, die wilde Jagd oder die weiße Dame vorkamen. Sie aßen dann Kastanien und tranken Glühwein dazu, und manchmal hatte das Kind das Gefühl, Teil einer großen Familie zu sein.

Eine seltene Belohnung hellte ihm diese nicht enden wollenden Tage auf. Madeleine knetete und backte mit Philippes Hilfe das Brot für die Bediensteten, die in den Gemeinschaftswohnungen lebten, und bei dieser Gelegenheit bereitete sie für Julien eine Art Fladenbrot zu, in das sie einige Rosinen steckte. Eine echte Gaumenfreude, ein Fest, auf das er ungeduldig wartete, doch sie gab ihm den Kuchen nur heimlich, als würde sie sich deswegen ihrer Herrschaft gegenüber schuldig machen.

Als Julien acht Jahre alt war, nahm sie ihn an einem Ostersonntag zum ersten Mal mit nach Sarlat. Normalerweise kamen ihre

* Der Lébérou ist ein populäres Fabelwesen des Périgord. Es hat die Gestalt eines Ziegenbocks, der seinen Opfern auf den Rücken springt und sich von ihnen so lange herumtragen lässt, bis er von ihnen ablässt. Die kleinen Kinder werden ermahnt, abends rasch nach Hause zurückzukehren, damit der Lébérou sie nicht erwischt.

Kinder einmal im Jahr, um sie auf dem Schloss zu besuchen, doch in diesem Frühling war Marie krank geworden, ihre Herrschaft war besorgt und hatte Madeleine verständigt.

Es herrschte schönes Wetter, als sie sich auf den Weg machten, nachdem die Tiere versorgt waren. Julien war glücklich: Endlich würde er die Stadt sehen, von der er so viel gehört hatte. Man musste fünf Kilometer quer durch einen Kastanienwald gehen, auf einer Straße, die so schmal war, dass kaum zwei Fuhrwerke aneinander vorbeikamen und auf der reger Betrieb herrschte. Viele Menschen waren unterwegs in die Stadt, und Julien konnte, anderthalb Stunden nach dem Aufbruch, das Geläute ihrer Kirchenglocken hören, die die Gläubigen zur Hauptmesse riefen. Sein Herz begann schneller zu schlagen, als sie auf der Höhe anlangten, von wo aus er von einem Augenblick auf den anderen die rötlichen Ziegel der Dächer und die verschlungenen Straßen erblickte. Dieser Anblick war für ihn etwas Gewaltiges, Unvorstellbares, denn er kannte bisher nur Saint-Vincent und das Schloss von La Roussie.

Menschen, die völlig anders gekleidet waren als die auf dem Schloss, kamen ihnen entgegen oder überholten sie, während sie die Gasse hinuntergingen, die zum Kirchplatz führte, auf dem es von Menschen wimmelte. Am meisten verwunderte ihn, dass die Menschen seine Mutter und ihn nicht grüßten, was im Widerspruch zu dem stand, was auf ihrem Gut Sitte und Brauch war, doch schien sie dem keine Bedeutung beizumessen. Er betrachtete die Häuser aus Naturstein, von denen einige Sprossenfenster besaßen, die Läden mit ihren merkwürdigen Schaufenstern voller Dinge, von denen er nicht hätte sagen können, wozu sie dienten, die Männer, Frauen und Kinder, die zur Kirche eilten, in Kleidern, wie er sie noch nie gesehen hatte. Er bemerkte, dass diese Leute nicht mit gesenktem, sondern mit erhobenem Kopf durch die Welt gingen, und er begriff von jenem Sonntag an, dass man hier ein anderes Leben führte als er.

Seine Mutter schien das alles nicht zu sehen. Sie eilte mit ihrem flotten und eigensinnigen Schritt durch die Gassen, ohne sich umzudrehen, hielt ihn fest an der Hand, um ihn nicht zu verlieren, und zog ihn, wenn er langsamer wurde, mit einer ruckartigen Bewegung mit sich, die ihre Ungeduld verriet. Sie war wie besessen von dem Drang, keine Zeit zu verlieren, denn sie wollte das Vertrauen ihrer Herrschaft nicht missbrauchen, die ihr einen freien Tag zugestanden hatte.

Unten am Platz angekommen, bog sie links ab, folgte einer kleinen gepflasterten Gasse, die sich zwischen den Häusern mit mittelalterlichen Fassaden hindurchschlängelte und hundert Meter weiter auf einem anderen, größeren Platz herauskam, der eigentlich ein Marktplatz war. Madeleine ging einige Schritte auf der linken Seite bergauf und pochte an eine Tür, die mit einem bronzenen Klopfer versehen war. Da sich niemand zeigte, klopfte sie noch einmal, bis ihnen irgendwann eine junge Frau in weißer Schürze öffnete.

»Madame ist in der Messe«, sagte sie, »aber sie hat mir gesagt, dass Sie hereinkommen können.«

Am äußersten Ende des ersten Raumes, einer Art Wartezimmer, geleitete sie das Zimmermädchen rechts zu einer Treppe, die zu Maries Zimmer im zweiten Stockwerk führte. Diese war sehr blass und lag im Bett. Ihr Kopf ruhte auf einem großen Kissen.

»Küss' deine Schwester«, sagte Madeleine zu Julien, nachdem sie ihr selbst rasch einen Kuss auf die heiße Stirn gedrückt hatte.

Er kannte sie kaum, da sie kurz nach seiner Geburt in Stellung gegangen war, doch er fühlte sich unbehaglich beim Anblick dieser jungen Frau, die so blass und leidend aussah.

»Du kannst unten warten«, sagte Madeleine, als hätte sie sein Unbehagen erraten.

Er lief hinunter in das Wartezimmer des Notariats, setzte sich einige Minuten hin, stand dann wieder auf und ging zum Fenster. Dort schaute er fasziniert den Kindern beim Spielen auf dem Marktplatz zu, er hatte das Bedürfnis, sich zu ihnen zu gesellen, doch etwas hielt ihn davon ab. Dennoch trat er nach einer Weile vor die Haustür. Er getraute sich nicht weiter, setzte sich auf die Treppenstufe und betrachtete diese verbotene Welt, die ihn in großes Erstaunen versetzte, vor allem die Art, wie die Frauen gekleidet waren, von denen die meisten Handschuhe, Pelzmäntel und Stiefeletten trugen, deren Lackleder ganz anders glänzte als die lehmigen Stiefel seiner Mutter. Einige Männer trugen schwarze Samtjacketts mit riesigen Krawatten, die gegen die mit Silberkettchen behängten Westen abstachen. Die Kinder trugen Matrosenanzüge und hohe Schuhe, die weit bis über die Knöchel reichten, während Juliens Füße nackt in dem Strohbett seiner Stiefel ruhten.

Er spürte eine Art Grummeln in den Tiefen seines Magens und suchte Zuflucht im Haus, wo das Stubenmädchen ihn in die Küche führte und ihm eine Schale mit heißer Schokolade zu trinken gab. Eine halbe Stunde verstrich, in der Julien den Inhalt seiner Schale bis zum letzten Tropfen genoss und sich darin übte, so zu laufen wie die Frauen und Kinder, die er auf der Straße gesehen hatte. Dann kam die Hausherrin und unterhielt sich lange leise mit Madeleine. Sie ähnelte all den Damen, die er auf der Straße gesehen hatte, das heißt sie war sehr elegant und imponierend, und als sie den Pelzmantel abgelegt hatte, schimmerte eine Perlenkette an ihrem Hals auf.

Als sie sich gegen zwölf Uhr verabschiedeten, glänzten Madeleines Augen vor Dankbarkeit gegenüber der Frau, die ihr und ihrer Tochter so viel Aufmerksamkeit schenkte. Sie nahm Julien wieder fest an die Hand, doch anstatt dieselbe Gasse wie auf dem Hinweg zu nehmen, wählte sie die große Straße mit den Geschäften auf beiden Seiten, Läden, von denen einer anziehender als der andere war. Sie blieb manchmal stehen, aber nur für einen kurzen Moment, dann fuhr sie zusammen, als würde sie aus einem verbotenen Traum auftauchen.

In der Mitte dieser großen Straße, die von allen nur »la traverse« genannt wird, bog Madeleine rechts ab, um zum Kirchplatz zu gelangen, wo sie hergekommen waren. Dort kaufte sie ihrem Sohn, der gar nicht wusste, wie er ihr danken sollte, einen goldenen und mit Zucker gepuderten »Tortillon«. Er schmeckte köstlich. Er verzehrte ihn im Stehen, an eine Mauer gelehnt, neben Madeleine, die aus ihrer Manteltasche ein Stück Brot und Käse geholt hatte. Danach tranken sie einen Schluck mit Wasser verdünnten Wein aus einer kleinen Flasche, die mit einem Graskorken verschlossen wurde, und machten sich wieder auf den Rückweg.

Julien sollte sich lange an diesen außergewöhnlichen Tag erinnern. In seiner Vorstellung wurde Sarlat mit der Zeit zum Zentrum des Universums, dem einzigen Ort, wo es möglich war, ein anderes Leben zu führen, ein Leben, das Hoffnung, ja Glück zuließ und nicht der Aussichtslosigkeit verfallen war, die denen vorbestimmt zu sein schien, mit denen er immerzu verkehrte.

Die Rückkehr ins Schloss und das Füttern der Tiere am Abend müssen ihn sicher deprimiert haben. Er trug von nun an die Gewissheit in sich, dass die Welt anders sein konnte als dieser dreckige Schweinestall, wo die Sauen, wenn man nicht achtgab, ihre Ferkel auffraßen, oder dieses dunkle Haus, in das kaum Tageslicht drang. Doch was konnte er tun, um all dem zu entkommen? Er war noch zu jung, er brauchte die Nähe seiner Mutter, zudem wusste er, dass er ihr nützlich war. Mit seinen acht Jahren wäre es für ihn unvorstellbar gewesen, sie zu verlassen.

14

Er fand sich also mit seinem Schicksal ab, nahm wieder seinen Platz an ihrer Seite auf den Feldern ein und half ihr nach Kräften, nicht nur dort, sondern auch in dem dunklen Haus, in dem sie lebten, und die Wochen und Monate vergingen in der Gleichförmigkeit der Tage, vor der stets gleichbleibenden Kulisse des Gutes, an das sie für immer gebunden waren.

Er lebte wie alle Bediensteten, das heißt er arbeitete von morgens bis abends und ernährte sich vor allem von Gemüsesuppe, die mit ein wenig ranzigem Fett oder Geflügelknochen angereichert war, und trank den traditionellen »Chabrol«, die im Teller übriggebliebene Brühe, der Rotwein beigemischt wurde. Zu den Festen gab es Geflügel, Eier, ein wenig Schweinefleisch und vor allem Brot, das ihnen ohne Einschränkung zur Verfügung stand. So kam es, dass er wie auch Madeleine nie Hunger litten. Er wuchs heran, wurde kräftiger, auch wenn er von kleiner Statur war, und härtete sich durch die Arbeit ab, da er im Sommer wie im Winter draußen zu tun hatte.

Er lernte alle Feldarbeiten – die Arbeiten im Frühjahr und im Herbst, das Säen, das Heumachen, die Ernte, das Dreschen, die Weinlese, das Wenden der Schwaden, das Sammeln der Walnüsse und der Kastanien, das Aufbrechen und Ausnehmen der Nüsse, das Reparieren von Werkzeugen, das Errichten von Zäunen, das Beschneiden der Weinstöcke. Die einzigen Kenntnisse, die er sich in dieser Phase seines Lebens erwarb, waren die erprobten Regeln der damaligen Landwirtschaft: Alles, was über der Erde wächst, muss bei zunehmendem Mond gesät werden, alles was unter der

Erde wächst, bei abnehmendem Mond, der Dünger muss richtig dosiert werden, das Brachfeld darf nicht vernachlässigt werden, das kleinste Stückchen Boden muss genutzt werden.

Zum Glück erinnerten ihn während dieser ganzen Zeit zwei Reisen nach Sarlat daran, dass andere Menschen nicht mit gesenktem Kopf lebten, sondern die Augen zum Himmel erhoben. Diese offensichtliche Tatsache wirkte so in ihm nach, dass er schließlich die Kraft fand, sich seinem vorgezeichneten Schicksal zu widersetzen.

Ich stelle mir vor, mit welcher Verblüffung Madeleine seine Bitte vernommen haben muss, als er ihr mit zwölf Jahren sagte, er wolle fortgehen, um einen Beruf zu erlernen.

»Was für einen Beruf?«, fragte sie erstaunt. »Du hast gelernt, wie man das Land bestellt.«

»Ich will das nicht mehr. Ich will Maurer werden.«

»Maurer? Wieso denn das?«

»Darum.«

Wie hätte er auch zugeben sollen, dass er zweimal nacheinander in Sarlat und Proissans einen fünfzehnjährigen Jungen gesehen hatte, der mit zum Himmel gewandten Gesicht einen Mörteleimer an einem Gerüst hochzog?

Sie wehrte sich und fragte:

»Du willst mich also verlassen?«

»Meine Brüder und Schwestern sind mit zwölf weggegangen, du hast es mir oft erzählt.«

»Heute gibt es nichts mehr, was uns dazu zwingt. Du siehst doch, dass wir hier alles haben, was wir brauchen.«

»Ich will mir meinen Lebensunterhalt selbst verdienen.«

Dieses Argument verfehlte seine Wirkung auf Madeleine nicht. Dennoch sah sie nicht ein, dass sie sich von ihrem Sohn trennen sollte, dem einzigen ihrer Kinder, das noch bei ihr lebte. Alle anderen waren verheiratet, außer Marie, die endlich von einem geheimnisvollen Leiden geheilt, seitdem aber sehr zart geblieben war. Wenngleich sie nicht weit von La Roussie entfernt wohnten, sah sie sie ihrer Meinung nach doch viel zu selten. Julien gab jedoch nicht nach und rebellierte dermaßen, dass er das energische Eingreifen des Verwalters provozierte, den Madeleine zu Hilfe gerufen hatte. Monsieur Joseph sah es nur ungern, wenn ein Junge fortging, dessen Bestimmung es war, Knecht zu werden und dessen Energie bei der Arbeit er schätzte.

»In einigen Jahren wirst du heiraten und in diesem Haus wohnen«, sagte er zu ihm. »Dann wird deine Mutter Kammerfrau im Schloss werden, so wird sie es im Alter besser haben. Sie braucht dann im Winter nicht mehr draußen zu arbeiten, das Leben wird weniger anstrengend für sie sein, verstehst du?«

»Ja, ich verstehe«, sagte Julien, »aber ich will Maurer werden. Dieser Beruf gefällt mir.«

»Und woher weißt du das?«

»Ich bleibe an den Baustellen stehen, um ihnen bei der Arbeit zuzuschauen.«

»Sei vernünftig! Du siehst doch, dass es nicht möglich ist.«

»Dann werde ich eben einfach gehen.«

Niemand glaubte ihm, und alles blieb zunächst beim Alten. Doch sein Vorsatz wurde stärker, anstatt zu verblassen, und so ging er mitten im August nach der Ernte fort, wie er es angekündigt hatte, und er nahm wie selbstverständlich die Straße nach Sarlat. Er irrte zwei Tage und zwei Nächte dort durch den Ort, drückte sich in der Nähe des Hauses des Notars herum, wo Marie arbeitete, traute sich jedoch nicht, nach ihr zu fragen, da er nicht wusste, wie sie reagieren würde. Er schlief unter einem Baum auf dem Marktplatz und ging zu den Baustellen, wo man schließlich den unbekannten Knaben bemerkte.

Achtundvierzig Stunden später wurde er von der Polizei aufgegriffen, die ihn zurück nach La Roussie brachte, wo Madeleine ihn ohne den geringsten Vorwurf empfing. Im Gegenteil: Sie hatte solche Angst ausgestanden, dass sie kapitulierte.

»Das Einzige, worum ich dich bitte, ist, dass du nicht zu weit von mir fortgehst«, sagte sie zu ihm.

Ein Monat verging, an dessen Ende sie ihr Versprechen einlöste: Julien begann als Lehrling bei einem Maurermeister in Proissans, der auf dem Schloss gearbeitet hatte und Beziehungen zu dem Verwalter unterhielt, den Madeleine schließlich überzeugt hatte, ihren Sohn ziehen zu lassen.

Das war Juliens erster Sieg, und zweifellos war es der wichtigste im Hinblick auf seine künftige Familie, seine Kinder und Enkelkinder, zu denen ich gehöre. Dieser Mann, der nicht die geringste Bildung genossen hatte, hatte gespürt, dass er sich nicht für immer an die Landarbeit binden durfte. Es liegt mir fern, zu behaupten, dass die landwirtschaftlichen Bediensteten am Anfang des 20. Jahrhunderts als Leibeigene wie im Mittelalter betrachtet wurden, aber durch ihre Abhängigkeit, die Tag und Nacht bestand, durch ihre Versklavung an einen Boden, der ihnen nicht gehörte, waren sie zu einer Knechtschaft verurteilt, die wir heute Lebenden uns nicht mehr vorstellen können. Da hatte also ein Kind von zwölf Jahren mit seinem Instinkt und seiner Intelligenz die Lösung gefunden. Eine Lösung, die ihm das Recht verschaffte, das Gesicht dem Himmel zuzuwenden statt den Blick auf den Boden zu senken. Madeleines Backpfeife hatte ihm das Leben gerettet. Er wusste es noch nicht, er ahnte es nur, doch er hatte, indem er davonlief, die Kraft gefunden, sein Schicksal zu bezwingen. Und noch viele Jahre später habe ich diese Kraft in den schwarzen Augen von Julien wiedergefunden. Ich sah, dass er die Herausforderung durch die Härten des Lebens angenommen hatte, sah den unbeugsamen Lebenswillen, der stärker als die Furcht war, wegen seines Handicaps, nicht lesen und schreiben zu können, von denen getäuscht zu werden, die über diese Waffen verfügten, die er als lebensnotwendig ansah.

Beim Niederschreiben dieser Zeilen betrachte ich sein Foto und habe, obwohl er nun schon so lange tot ist, das Bedürfnis, ihm zu danken; ihm zu sagen, dass ohne ihn, ohne seinen Entschluss, mein Vater sicher nicht die notwenige Schulbildung hätte erhalten können; dass unsere Familie sicher nicht die Stufen eines letztendlich raschen gesellschaftlichen Aufstiegs hätte erklimmen können – und dass ich selbst schließlich nicht der Schriftsteller geworden wäre, der heute von seinem Leben erzählen kann, um ihn zu würdigen, wie er es verdient, und zu zeigen, wie lang und schwierig sein Weg war.

15

Er hatte keineswegs den bequemsten Weg gewählt. Er musste um fünf Uhr aufstehen und zu Fuß zum Haus des Handwerkers gehen: morgens wie abends drei Kilometer, nach einem langen Arbeitstag. Von dort aus musste er sich zu den Baustellen begeben, meistens auf dem Karren, und zudem fungierte er als Lehrling auch als Handlanger für die Steinmetze, die die Mauern hochzogen und den Mörtel anrührten. Außerdem bestand seine wichtigste Aufgabe über Monate hinweg darin, die Arbeiter, die Sand und Kalk mischten, mit Wasser zu versorgen und es auf Anforderung zuzugießen, auf die Gefahr hin, Vorwürfe einstecken zu müssen, wenn er auf sich warten ließ oder sich ungeschickt anstellte. Am Ende des Tages musste er auch die Mörtelkellen und Eimer putzen, und wehe ihm, wenn die Werkzeuge am nächsten Morgen nicht sauber waren!

Unter den Arbeitern waren die Sitten rau und Schikane keine Seltenheit. Nur einen Monat nach seiner Ankunft traf ihn die Mörtelkelle eines Vorarbeiters im Gesicht, weil er ihn nicht ausreichend mit Wasser versorgt hatte. Diese Züchtigung blieb ihm so präsent, dass er davon noch in seinen letzten Tagen erzählte. Ich denke, es ging ihm darum, uns zu erklären, wie hart sein Leben gewesen war, und sicher wollte er uns auch vor Augen führen, wie erfolgreich er in diesem schwierigen Handwerk war.

Er ließ sich nicht entmutigen und hielt durch, bis er die nächste Etappe angehen konnte. Das bedeutete: Mit vierzehn Jahren war er so weit, dass er endlich eine Schaufel benutzen und den Mörtel anrühren durfte. Die Schikane hörten dann auf, und er konnte mittels eines Seils und eines Flaschenzugs die Eimer an den Gerüsten bis ganz nach oben hochziehen. Die Tatsache, dass er diese Kunst beherrschte, bewirkte, dass er als nützlich betrachtet wurde und nicht länger als eine Last. Der Lehrjunge vor ihm war Maurer geworden, so wie auch er es am Ende dieser Lehrzeit werden würde.

Der Meister, ein anspruchsvoller, aber gerechter Mann, gab ihm am Ende der Woche ein Geldstück. Stolz brachte er es Madeleine mit, die ganz beglückt war, als sie sah, dass er etwas Geld verdiente, doch Kost und Unterkunft wurden nicht vergütet. Für die Mittagspause nahm er einen Proviantbeutel mit ein wenig Suppe, Brot und Käse und eine kleine, mit einem Graskorken verschlossene Weinflasche mit. Abends aß er zusammen mit seiner Mutter, die auf ihn wartete, auch wenn er spät nach Hause kam, das heißt meistens gegen neun Uhr und im Sommer erst bei Einbruch der Dunkelheit.

Sie hatte ihre Einstellung ihm gegenüber geändert, zumal er sich niemals beklagte und ihr sonntags half, obwohl sie ihn um nichts bat. Er träumte nur von einem: auf ein Gerüst zu steigen und dort, statt immer nur Steine zu behauen, eine Wand zu mauern. Die Arbeiter behandelten die Steine nur oberflächlich, Hauptsache, sie konnten sie aufeinanderschichten. Keiner von ihnen praktizierte wie die echten Maurergesellen die Kunst der unterschiedlichen Verbandarten, wie zum Beispiel den Schwalbenschwanz oder den Bogenverband. Es handelte sich um einfache Maurerarbeiten, die aus den unmittelbaren Notwendigkeiten heraus durchgeführt wurden, meistens mit den Materialien, die sich an Ort und Stelle fanden.

Julien musste noch warten, bevor er Besitzer eines eigenen Fausthammers und eines Meißels wurde. Er durfte nur die Schaufel benutzen, aber es war schon ein Vergnügen, Kalk und

Sand im rechten Verhältnis mischen zu können, den Mörtel zu den Maurern hinaufzuziehen, die ihn eilig ergriffen und auf die Steine strichen, ehe sie die nächsten mit sicheren und präzisen Handbewegungen daraufsetzten, die er sich durch sorgfältige Beobachtung einprägte und ganz im Geheimen übte.

Während dieses vierzehnten Lebensjahres erlebte er einen schweren Unfall auf einer Baustelle mit. Der älteste der Arbeiter stürzte vom fünf Meter hohen Gerüst und brach sich beide Beine. Mit Juliens Hilfe brachte der Meister den Verletzten zu sich nach Hause, nachdem er die Beine geschient hatte. Es existierte zu dieser Zeit keine Versicherung für Arbeitsunfälle. Die Verzweiflung der Frau des Arbeiters, als sie ihren Mann so erblickte, erschütterte Julien. Er hatte niemals an die Gefahren dieses Berufes gedacht, zog es jedoch nicht einen Augenblick lang in Betracht, einen Rückzieher zu machen: Er war fest entschlossen, den einmal gewählten Weg weiter zu verfolgen, ohne Rücksicht auf die Risiken.

Im folgenden Sommer heiratete Marie in Proissans einen Mann, den sie bei ihren Herrschaften in Sarlat kennengelernt hatte, und wurde Madame Mespezat. Julien fühlte sich etwas weniger einsam, besuchte seine Schwester recht regelmäßig und freute sich, dass er seiner Mutter gelegentlich Nachrichten von ihr überbringen konnte.

Madeleine stand vor ihrem fünfundfünfzigsten Geburtstag, als Monsieur Joseph sie wie versprochen als Kammerfrau ins Schloss holen ließ. Es wurde Zeit, denn sie fühlte sich nach einem langen Arbeitsleben verbraucht und erschöpft. Sie würde also das kleine Haus verlassen, das sie zehn Jahre zuvor aufgenommen hatte, und in einem Dachzimmer im Schloss wohnen.

Julien war also auf die Gastfreundschaft seiner Schwester angewiesen, die einwilligte, ihn gegen eine bescheidene Summe von einigen Sous zu beherbergen und zu verköstigen. Sein Chef willigte ein, ihm angesichts der Aufgaben, die er inzwischen selbstständig bewältigte, diese Summe auszubezahlen. Es blieb zwar kein einziger Sou von diesem kleinen Gehalt übrig, aber er brauchte nichts, da er genug zu essen bekam und eine Unterkunft hatte.

So vergingen zwei weitere Jahre, die mit Madeleines Tod im Alter von siebenundfünfzig Jahren im Winter endeten. Wie einst ihr Mann hatte sie sich in der kaum geheizten Dachkammer erkältet, sie hatte sich nicht geschont und eine Lungenentzündung bekommen, gegen die sie mit den kümmerlichen Kräften, die ihr noch geblieben waren, angekämpft hatte. Julien war von dem Verwalter informiert worden und besuchte sie an einem Sonntag. Wie er sie so verhärmt schwach und schwer atmend vorfand, wurde ihm klar, dass sie diese Krankheit nicht überstehen würde.

»Wie dein Vater«, murmelte sie.

Er versuchte etwas zu sagen, wollte zum Ausdruck bringen, was für eine gute Mutter sie ihm gewesen war, doch es gelang ihm nicht. Er hatte nie gelernt, Gefühle in Worte zu fassen, die nur von Schwäche zeugten, unnützes Geschwätz waren – vergeudete Zeit. Dennoch blieb er bei ihr. Er konnte sich nicht damit abfinden, dass er sie verlassen musste, machte einen zögernden Versuch, ihre Hand zu ergreifen, und ließ schließlich trotz des Hilferufs in ihrem Blick, in dem langsam das Licht erlosch, davon ab.

Er küsste sie flüchtig auf die Stirn, ehe er ging, und verließ das Schloss in dem Wissen, dass er sie nicht mehr lebend wiedersehen würde. Tatsächlich starb sie zwei Tage später, und erst als er die Nachricht erhielt, überfiel ihn der Schmerz, den er unterdrückt hatte. Er verbarg ihn, leugnete ihn, doch dann überfiel ihn umso schmerzlicher die Erinnerung an ihren Mut zu der Zeit, als sie

Witwe wurde, an die Fürsorge, die sie ihm entgegengebracht hatte, die Selbstlosigkeit, die sie ihm so oft bezeugt hatte …

Wie auch im Falle von Jacques weiß ich nicht, wo Madeleine begraben wurde. Kein Grab in Saint-Vincent, kein Grab in Carsac und kein Grab in Proissans, dem Dorf in der Nähe des Schlosses von La Roussie. Ich habe es mehrere Male geprüft, da ich mich nicht – wie ich bereits sagte – mit dem vollkommenen Verschwinden, diesem Nichts, dem sie anheimgefallen waren, abfinden wollte. Julien kannte den Ort natürlich, doch er hat nie von ihm gesprochen, weder mit seiner Frau, noch mit seinen Kindern. Es war, als wollte er ein für alle Mal einen Strich unter die Umstände ihres Lebens – und ihres Todes – ziehen, sie in die Vergangenheit verbannen und um jeden Preis vergessen.

Es ist wahrscheinlich, dass er am Tag der Beerdigung alle seine Brüder und Schwestern wiedersah, die wie immer sofort nach der Zeremonie heimkehrten. Am Abend war er allein mit Marie und konnte sich mit ihr über ihre verstorbene Mutter unterhalten. Ihre Gegenwart war ihm sicher hilfreich, sogar wertvoll, da sie die Einzige war, die von der Zeit, als er mit seinem Vater und seiner Mutter zusammenlebte, erzählen konnte, zumal er gerade jetzt das Gefühl hatte, dass er sich ohne Rückhalt in eine feindselige und furchterregende Welt wagte.

Auf diese Weise wurde er vor der Zeit erwachsen und widmete von nun an all seine Zeit seinem Beruf, mit dem einzigen Ziel, endlich die Erlaubnis zu erhalten, auf ein Gerüst zu steigen und das Gesicht dem Himmel zuzuwenden.

16

Zwei Jahre vergingen, ohne Abwechslung, ohne wirkliche Freude, doch sie bestärkten ihn in seiner Überzeugung, die richtige Entscheidung getroffen zu haben. Wie erhofft übergab ihm sein Meister mit achtzehn Jahren eine Maurerkelle und einen Fausthammer, und er konnte damit anfangen, die Mauern zu bauen, von denen er geträumt hatte. Sein Stolz war so groß wie die Dankbarkeit, die er dem Handwerker entgegenbrachte, dessen Vertrauen ihn wunschlos glücklich machte. In wenigen Monaten war er ein echter Arbeiter geworden, er wurde etwas besser bezahlt, und selbst für seine persönlichen Bedürfnisse blieb ihm nach dem an Marie ausgezahlten Kostgeld etwas übrig.

Dieser ging es nicht gut: Ihre Gesundheit war immer labil gewesen, und Julien hatte die Reise nach Sarlat nicht vergessen, bei der er sie so blass und leidend auf dem Krankenlager vorgefunden hatte. Sie brachte einen Sohn mit Namen Albert zur Welt und starb einen Monat später, ohne dass man herausfand, woran sie wirklich gelitten hatte. Dieser unvorhergesehene Tod, kurz nach dem seiner Mutter, erschütterte Julien ein weiteres Mal, denn Marie war jung und nicht durch das Leben verbraucht. Ihm wurde klar, dass kein Mensch vor so einer Tragödie sicher war, und ihm war, als würde es immer einsamer um ihn, als habe er jegliche Hilfe und Unterstützung verloren und lebe in ständiger Gefahr. Ich wette, dass er niemandem davon etwas erzählte – wem hätte er sich auch anvertrauen sollen? –, dass er die Zähne zusammenbiss und sich in seine Arbeit flüchtete, die seine einzige Sicherheit, seine einzige Welt geworden war.

Er musste das Haus seiner Schwester verlassen, denn ihr Mann hatte ein kleines Kind zu versorgen und war mit den häuslichen Pflichten überfordert. Im Übrigen wollte er in seinem Haus keinen Mann beherbergen, der ihn ständig an seine verstorbene Frau erinnerte. Julien fand Zuflucht bei seinem Meister, ganz hinten in der Werkstatt, wo der Kalk gelagert wurde. Ein kleines, notdürftig durch einen Holzofen beheiztes Zimmer wurde eilig hergerichtet und mit einer Bettstelle, einem Tisch und zwei Stühlen ausgestattet. Julien brauchte nichts weiter, denn er besaß nur die Kleider, die er auf dem Leib trug, und schaffte es nicht einmal, seine Arbeitskleidung, die überall geflickt war, zu erneuern.

Nachdem er auf diese Weise eine Unterkunft gefunden hatte, kam er allmählich zur Ruhe, zumal er wusste, was Zuverlässigkeit bedeutete: Er zählte seine Überstunden nicht, wurde den anderen vorgezogen, weil er stets vor Ort war, und bereitete abends nach der Heimkehr das Material für den nächsten Tag vor. So wurde er zum Vertrauensmann des Meisters, flüchtete sich in dieses beschränkte Leben, das ihm Halt gab, und sorgte sich nicht um die Zukunft und die finsteren Mächte, die ihm auflauerten und sich eines Abends in Gestalt der Ankunft einiger Polizisten zeigten, die ihm eine Vorladung zur Musterung in Sarlat überbrachten.

Das geschah im Herbst 1901, am Beginn eines Jahrhunderts, in dem sich die Welt schneller verändern sollte als in allen vorangegangenen. Julien war gerade achtzehn Jahre alt geworden. Er war allein, er konnte weder lesen noch schreiben, aber er arbeitete und verdiente seinen Lebensunterhalt. Er war höchst erstaunt über die Tatsache, dass man ihn anderswo außer in Proissans kannte, und diese Entdeckung rief in ihm eine gewisse Sorge hervor.

So begab er sich an jenem Morgen nicht ohne Furcht auf den Weg nach Sarlat und fand sich unter jungen Leuten seines Alters im großen Saal des Rathauses wieder, wo die Musterung unter Vorsitz eines Polizeioffiziers stattfand. Es war sicher nicht der Umstand, nackt vor diesen Herren in Anzug oder Uniform zu stehen, der ihn am meisten verletzte, sondern die Tatsache, zugeben zu müssen, dass er Analphabet war. Ich ahne die hochgezogenen Augenbrauen, die Verblüffung der hohen Beamten, ihre Verständnislosigkeit, doch wird er wahrscheinlich nicht der Einzige gewesen sein – wenigstens hoffe ich das –, denn das republikanische Gesetz, das die unentgeltliche und verbindliche Schule einführte, war noch nicht so weit umgesetzt wie zwanzig Jahre später.

Er wusste nicht, dass ihn dieser Makel zur Infanterie verurteilte, das heißt, dass er als Kanonenfutter im großen Massaker ausersehen war, das sich schon auf der Schwelle zur Grundschule ankündigte, wo gelehrt wurde, dass es unabdingbar sei, Elsass und Lothringen zurückzuerobern. Er hatte niemals vom Elsass und von Lothringen gehört, außer vielleicht in den Erzählungen während der Abende beim Nüsseknacken, doch hatte er nicht mehr die leiseste Erinnerung daran.

Es war Tradition, am Ende der Musterung im Gasthaus zu schlemmen und das Ereignis zu feiern, indem man sich betrank, um zu zeigen, dass man jetzt ein Mann war. Im Verlauf dieses feuchtfröhlichen Mahles musste er sarkastische Äußerungen über sich ergehen lassen, die ihn demütigten: Er hieß Signol und hatte nicht einmal seinen Anwesenheitszettel signieren können. Die wenigen Analphabeten der Gruppe trugen keine derartigen Familiennamen, die billigen Spott geradezu herausforderten. Also war er es, der zum schwarzen Schaf wurde, zum ausersehenen Opfer, das jede Männerversammlung unter dem Einfluss des Alkohols braucht. Er parierte so gut er konnte, das heißt mit Schweigen, bot dem Spott stumm und eigensinnig die Stirn, hätte sich beinahe geprügelt, rückte dann aber davon ab. Dieser Makel, den er immer weniger verbergen konnte, war unüberwindbar, das begriff er an jenem Tag, und die Erkenntnis war niederschmetternd. Bestürzt empfand er etwas, das er nicht definieren konnte, was jedoch weit schlimmer war als die Scham: Es war seine Schuld, dass er nicht wie seinesgleichen war, und er fühlte sich mitschuldig, dass in einem Land, das seit Jahren die Ausrottung des Analphabetentums auf seine Fahnen geschrieben hatte, nach wie vor ein solch unhaltbarer und inakzeptabler Zustand herrschte.

Am Nachmittag zogen die jungen Leute seines Jahrgangs durch die Straßen, indem sie die Zeichen ihrer von nun an anerkannten Männlichkeit zur Schau stellten: Hüte, Tand, Kokarden mit der Tricolore, verschiedene Artikel, die ihren neuen Status der Tauglichkeit für den Kampf um ihr Land bestätigten. Dazu wurden patriotische Lieder gesungen, der schlechte Wein auf die Gassen gespuckt, dann dem weitergezogenen Aufzug hinterhergerannt – aufgeheizt durch das Gefühl einer von höchster Stelle erhaltenen Anerkennung, dem Versprechen bevorstehenden Ruhmes.

Sobald sich der Zug anschickte, durch die Hauptstraße von Sarlat zu ziehen, bog Julien allein in die Straße nach Proissans ein, wo die Arbeit auf ihn wartete. Er war leicht beunruhigt durch den Zipfel der grölenden und müßiggängerischen Welt, den er erlebt hatte, und suchte Zuflucht bei den einzigen Sicherheiten, die ihm zu Verfügung standen und deren Grenzen ihn beruhigten: sein Zimmer, die Baustellen, sein Meister, sein karges Einkommen. Sie stellten die einzigen sicheren Ankerpunkte dar. Alles Übrige war unbekanntes Terrain, das er meiden musste, um sich nicht in Gefahr zu bringen.

Das Leben ging weiter, hart, armselig, schweigsam, in der Gemeinschaft eines kleinen Teams – fünf Arbeiter und ein Meister –, dazu kam die Befriedigung, ordentlich seine Arbeit zu erledigen und jeden Tag ein wenig dazuzulernen. All das half ihm den kurzen Ausflug in die andere Welt zu vergessen, der ihm nur seine Kleinheit und Zerbrechlichkeit gezeigt hatte, neben den Gefahren, die drohten, wenn er sich mehr auf sie einließ.

Die eigentlichen Gefahren lagen jedoch vor ihm, denn er musste bald Abschied nehmen, und zwar für drei Jahre. Seit dem Freycinet-Gesetz vom Juli 1889 dauerte der Militärdienst tatsächlich drei Jahre. Er wurde 1905 auf zwei Jahre verkürzt, doch Julien, der im Mai 1902 eingezogen wurde, hatte dann seine drei Jahre bereits vollendet. Er war also einer der Letzten, der seinen Wehrdienst nach den Bestimmungen dieses Gesetzes, das im Übrigen eine aktive Reservezeit von neun Jahren vorsah, ableistete.

Die Rechnung ist schnell aufgemacht: 1905 plus 9 = 1914. Nicht die Landwehr, sondern die Schützengräben warteten auf ihn, den etwas über Dreißigjährigen. Von all dem wusste er glücklicherweise nichts. Wie würde er sonst wohl reagiert haben? Ich glaube, dass er sich auf jeden Fall gefügt hätte, denn er war nicht stark genug, sich gegen eine Autorität aufzulehnen, deren Vertreter ihn mit all ihrem Wissen und ihrer Macht erdrückten. Und er war überzeugt, dass er von den Männern, die er in Sarlat in Anzug und Uniform kennengelernt hatte, einiges zu befürchten hatte.

II Der Himmel

17

Sein Weg hatte ihn nie weiter als bis Sarlat geführt, und er war noch nie mit dem Zug gefahren. Ich stelle mir vor, mit welcher Angst er sich an jenem Morgen auf den Weg zum Bahnhof machte, nachdem er sich von seinem Meister verabschiedet hatte, der ihm einige Geldstücke zusteckte und dabei sagte:

»Mach dir keine Sorgen. Ich nehme dich wieder, wenn du zurückkommst. Drei Jahre sind schnell vorbei.«

Er hatte nichts entgegnet, seinen kleinen Leinensack über die Schulter gehängt und Proissans mit dem Gefühl verlassen, dass er den Weg zu seinem Bestimmungsort nicht finden würde. Denn die Welt da draußen erschien ihm immer noch genauso feindselig und unverständlich, und aufgrund seiner Schüchternheit und des ausgeprägten Bewusstseins, absolut unbedeutend zu sein, stellte sich ihm jeder noch so kleine Schritt als schwierig und riskant dar.

Er wird sich zweifellos ohne große Probleme am Bahnhof von Sarlat kundig gemacht haben. Dort nahm er den Zug nach Souillac, von wo es eine direkte Verbindung nach Paris gab. Die Sitzbänke der dritten Klasse waren damals alles andere als komfortabel, und die Reise dauerte lange – fast zehn Stunden –, sodass er kurz vor Einbruch der Dunkelheit in der Hauptstadt ankam. Fassungslos erblickte er durch die Glasscheibe ihre riesigen Ausmaße, die grauen Wohnblöcke, die mit Droschken überfüllten Straßen, die Kraftwagen und Doppeldeckerbusse.

Man kann leicht verstehen, was für einen Schock das für diesen jungen Mann von neunzehn Jahren bedeutete, der bis dahin in einem Radius von zwanzig Quadratkilometern gelebt hatte und nichts von der Außenwelt und den Großstädten wusste! Und was für eine Bewährungsprobe, sich kundig zu machen, seinen Weg zu finden, in der Dunkelheit zum anderen Bahnhof zu gelangen, dort den richtigen Zug nach Dijon zu nehmen, dann den über Besançon in Richtung Mulhouse und schließlich den nach Montbéliard und Belfort, seinem Zielort. Ich sehe ihn, wie er mit gesenktem Kopf auf dem Bürgersteig läuft, er bleibt stehen, zögert, einen der vorbeieilenden Passanten anzusprechen, die ihm einen Blick zuwerfen, ihn dann jedoch ignorieren, als existiere er nicht. Er spricht sehr schlecht Französisch, drückt sich leichter in dem Dialekt des Périgord aus, den er seit seiner Kindheit spricht.

Es war tatsächlich die wichtigste Aufgabe der ersten Grundschullehrer, ihren Schülern Französisch beizubringen, indem sie ihnen auf die Finger schlugen, sobald ihnen auch nur ein Wort im Dialekt entfuhr. Ein gnadenloser Kampf, den sie unbeirrt ausfochten, da sie überzeugt waren, dass eine gemeinsame Sprache eine Nation genauso einte wie ein gemeinsames Staatsgebiet. Es war der wichtigste Auftrag, der ihnen von der III. Republik anvertraut worden war, doch Julien war ihm entkommen. Wie hat er sich verständlich gemacht? Das frage ich mich, während ich diese Zeilen schreibe, und ich versuche die Höhe der Hindernisse abzuschätzen, die sich vor ihm an jenem Tag in Paris auftürmten und die im Verlauf der kommenden Monate noch folgen würden.

Er erreichte Belfort dennoch am frühen Morgen des übernächsten Tages, im frühlingshaften Licht des Monats Mai. Er war erstaunt, plötzlich dort zu sein, mehr als sechshundert Kilometer von zu Hause entfernt, in einer kleinen Stadt, die gerade erwachte, und er wusste genauso wenig wie in Paris, welche

Richtung er einschlagen musste. Er hob das Gesicht zum Himmel, erblickte zu seiner Linken die Berge, ohne zu wissen, dass es sich um die Vogesen handelte. Es schien ihm, als ob sie das Blau berührten und mit ihm verschmolzen, und er fühlte sich ein wenig beruhigt. Hier hatte man einen weiten Blick, es war, als lebte man auf einer erhöhten Warte, und die Passanten, denen er begegnete und die er sich nicht nach dem Weg zu fragen getraute, trugen die Köpfe nicht gesenkt, was in ihm die Überzeugung erweckte, dass sie niemals Landarbeit verrichtet hatten. Es waren Arbeiter, die zur Fabrik gingen und in gar keiner Hinsicht den Bediensteten des Gutes glichen, nicht einmal den Maurern in Proissans. Er irrte eine ganze Weile durch die Straßen von Belfort, ehe er die Kaserne fand, von wo aus man die Festungsanlagen erblickte.

Vom ersten Tag an überraschten ihn die Rauheit des Empfangs und die Heftigkeit der Befehle nicht sonderlich. Er wusste, dass die Außenwelt schlechthin nicht anders als feindselig und bedrohlich sein konnte, insbesondere ihm gegenüber, der über keinerlei Waffe verfügte, mit der er sich hätte wehren können. Im Gegenteil, der straffe Rahmen, dem die Rekruten unterlagen, beruhigte ihn so weit, dass er sich nicht verloren vorkam, wenn er nicht wusste, wohin er sich wenden sollte, um Informationen über Verhaltensregeln zu erhalten. An das Erlernen der Disziplin, die Bedienung der Waffen, die Märsche, die Manöver gewöhnte er sich leicht. Hatte er nicht sein ganzes Leben lang jemandem gehorcht und morgens und abends in Proissans viele Kilometer zurückgelegt?

Er hielt seine Kräfte zusammen, vermied es, aufzufallen, blieb misstrauisch und verbarg seine Sensibilität durch eine Schweigsamkeit, von der seine Zimmergenossen nicht wussten, was sie davon zu halten hatten. Er fand keinen Verbündeten unter den neuen Rekruten, obwohl drei von ihnen wie er Analphabeten waren. Es gab jedoch nichts, was ihn zu den anderen hinzog, denn er wusste, dass ihm kein Mensch helfen konnte; er hatte gelernt, alleine zu kämpfen, seine Kraftquellen in sich selber zu finden – schon lange hatte er begriffen, dass sein Leben ausschließlich das sein würde, was er daraus machen würde.

Ein langer Marsch führte ihn eines Tages zu den Hängen des Ballon d'Alsace, wo sein Regiment eine Woche lang zum Manöver im Feldlager war. Auch darunter litt er nicht. Sobald er aus dem Tannenwald heraustrat und den Kopf heben konnte, erblickte er die Spitze eines hohen Berges; er konnte seine Augen nicht von ihm abwenden und hatte ein Gefühl der Genugtuung, ja, eines Sieges. Er legte den Kopf zurück, bis er auf seinem Tornister ruhte, während er sich von dem grenzenlosen Himmel verzaubern ließ, der so blau, so unendlich blau war. Und er vergegenwärtigte sich den Weg, den er von seinem siebten Lebensjahr an zurückgelegt hatte, während er die eingeschränkte Freiheit genoss, die ihm die Offiziere gewährten, die sich einer eisernen Disziplin verschrieben hatten.

Er zog sich auf die wenigen Sicherheiten zurück, die seine Situation bot, hütete sich vor diesen und jenen und gewöhnte sich an dieses Leben, bei dem die wesentlichsten Dinge – Verköstigung und ein Dach über dem Kopf – gewährleistet waren. Das ging so weit, dass er, als er seinen ersten Urlaub zwischen dem Weihnachtsfest und Neujahr antrat, vollkommen verstört war, als er in den Zug stieg, der ihn zurück ins Périgord brachte.

Nachdem er einen Tag und eine Nacht unterwegs gewesen war, erreichte er Sarlat, das ihm unter der leichten Schneedecke des Vortags ganz unbekannt vorkam. Er schlug den Weg nach Proissans ein, wo ihm sein Meister um sieben Uhr abends etwas zu trinken anbot, ihn jedoch nicht zum Bleiben einlud. Er musste Kunden besuchen, Kostenvoranschläge machen, und das Zimmer, das Julien vor seiner Abreise bewohnt hatte, war nicht mehr frei. Er suchte Zuflucht bei einer seiner Schwestern in Saint-Crepin, die mit einem Mann namens Delrieu verheiratet und bereit war, ihn für die Nacht zu beherbergen. Doch am nächsten Tag musste er wieder fort. Wohin sollte er gehen? Was sollte er mit diesen acht Tagen anfangen, die ihm bewilligt worden waren und ihn in völliger Freiheit, ohne irgendeine Beschäftigung, sich selbst überließen, von allen verlassen, ohne die Ankerpunkte, die er brauchte?

Er entschloss sich, seine anderen Geschwister zu besuchen, die ihm vielleicht ein Bett, ein wenig Aufmerksamkeit, ein wenig Wärme zukommen lassen würden. Henri, sein ältester Bruder, wohnte in der Umgebung von Sarlat. Er lud ihn zum Abendessen ein, beherbergte ihn, forderte ihn aber am nächsten Tag nicht zum Bleiben auf. Alle mussten arbeiten, hatten ihre Aufgaben und ihre Sorgen. Julien wanderte bis nach Groléjac an den Ufern der Dordogne, wo seine Schwester Amélie mit einem Mann namens Vidal verheiratet war. Dort wurde er ebenso warmherzig wie kurz empfangen, und er begriff, dass er allein war. Ganz allein. Statt noch länger durch die Winterkälte und die Orte zu irren, die ihm zwar nicht feindselig begegneten, aber doch fremd geworden waren, fuhr er wieder zurück, zunächst nach Paris, dann nach Belfort, wo er die Zeit bis zur Rückkehr in seine Kaserne im Wartesaal des Bahnhofs verbrachte.

Diese acht Tage hatten ihn mehr erschüttert, als er sich eingestehen wollte. Er hatte festgestellt, dass er ohne die Arbeit, die Position, die ihm Halt gab, die Existenzgrundlage, die er sich verdiente, nichts war. Die Arbeit schützte ihn vor allem. Ohne sie existierte er nicht. Er schwor sich, sich diese Lektion zu merken – eine Lektion, die er niemals vergessen sollte und die er später an seine Kinder für ihr zukünftiges Glück weitergab, als ein Geheimnis, das er mit zwanzig Jahren entdeckt und seitdem eifersüchtig gehütet hatte.

Sicherlich war das der Grund, dass ich von meinem Vater – zu einer Zeit, als in unserem Land noch keine Arbeitslosigkeit herrschte – oft die Worte gehört habe: »Erinnerst du dich? Die Arbeit! Die Arbeit!« Und ich frage mich beim Schreiben dieser Zeilen, während ich daran denke, dass inzwischen fast alle Familien von der Geißel der Arbeitslosigkeit bedroht sind, was er heute wohl über eine Gesellschaft denken würde, die nicht mehr allen ihren Kindern die Möglichkeit bieten kann, zu arbeiten, um sich den Lebensunterhalt zu verdienen?

18

Für Julien ging nach seiner Rückkehr nach Belfort das alte Leben weiter, er fühlte sich sicherer und nicht mehr so einsam unter seinen Kameraden, bei denen er sich schließlich etwas moralische Unterstützung gesucht hatte. Es blieb zwar bei einer oberflächlichen und äußerlichen Aufmunterung, von der er sich nicht blenden ließ, doch sie genügte ihm, um die Wochen und Monate des neuen Jahres ohne allzu große Mühe durchzustehen.

Im nächsten Winter, im Dezember, erkrankte er, nachdem er sich bei Manövern im Schnee erkältet hatte, und er kam mit hohem Fieber auf die Krankenstation, wo er zu fantasieren begann. Dem Major standen nur wenig Mittel zur Behandlung seiner Soldaten zu Verfügung, und er überließ den Heilungsprozess der natürlichen Auslese, überzeugt davon, dass die Stärksten überleben würden, das heißt diejenigen, die am ehesten für den Kampf geeignet waren, durch den Elsass und Lothringen zurückerobert werden und Frankreich seine verlorene Würde wiedergewinnen sollte. Man muss annehmen, dass Julien zu den Kräftigsten gehörte, denn er überlebte und begrüßte den nächsten Frühling, als der Nebel über den Bergen zerriss und die grünen Gipfel wieder hervorkamen, zu denen er aufschauen konnte. Dass dies möglich war, machte ihn glücklich; denn es stellte den unwiderlegbaren Beweis seines Sieges über das Schicksal dar.

Doch was sind die Tage wert, wenn sie sich alle gleichen, sich in nichts voneinander unterscheiden? Sie folgen aufeinander, schwinden dahin und wiegen nicht schwerer als ein vom Wind fortgetragenes Blatt. Nur die Urlaubstage blieben ihm in Erinnerung, wegen der Einsamkeit, in die sie ihn von Neuem stürzten und unter der er auf seine Art schweigend litt.

Ich erinnere mich sehr gut an dieses Schweigen – das allgemeine Schweigen der Männer während der Mahlzeiten. Es waren vor allem die Frauen, die redeten, die Kinder schalten, das Essen auftrugen und Neuigkeiten von den Familienmitgliedern erzählten; aber mein Vater, darin unterschied er sich nicht von seinem eigenen Vater, sprach nicht. Sogar außerhalb der Mahlzeiten: niemals eine vertrauliche Mitteilung, ein liebes Wort, ein Gedanke, der endlich ausgesprochen wurde, was ich mir oft aber vergeblich erhoffte. Schnell hervorgestoßene Äußerungen, um eine Anordnung zu geben, unvermittelte Gesten, kein Wort über sich selbst, seine Hoffnungen, seine Enttäuschungen, seine Erschöpfung oder seine Empfindungen gegenüber seinen Kindern. Diese Männer waren Felsen. Sie wussten, dass ihnen nichts verziehen würde: nicht einmal das kleinste Versagen, die leiseste Schwäche, und entsprechend waren sie gebaut. Nur manchmal glomm ein Schimmer von Zuneigung in ihrem Blick auf, der jedoch rasch wieder erlosch, schnell vergessen war. Und sofort wurden sie wieder zu diesen unzerstörbaren Felsen, die selbst die heftigsten Stürme ihres Lebens niemals zu erschüttern schienen.

Aus diesem Grund, ich sagte es bereits, wissen wir wenig über ihr Leben und das ihrer Eltern. Erst gegen Ende seines Lebens hat mein Vater ein wenig mehr erzählt, das heißt, er hat auf Bitten seiner Enkeltochter hin einige Seiten niedergeschrieben, die nun vor mir liegen. Sie haben es mir ermöglicht, das Wesentlichste zu rekonstruieren. Es sind exakt achtundzwanzig Seiten, in einem kleinen Rechenheft, in denen ein ganzes Leben zusammengefasst ist. Er war damals dreiundsiebzig Jahre alt. Doch diese Seiten sagen nichts über seine Gedanken, seine Gefühle aus: Sie erklären und beschreiben nur die Tatsachen, die Ereignisse, die ihm wichtig erschienen. Sie bringen eine andere Art von Schweigen zum Ausdruck, das vielleicht noch schmerzlicher zu verstehen und anzunehmen ist, denn sie zeugen von der Kraft und der Härte, die er sich auferlegt hatte, um, komme was da wolle, die Aufgabe zu erfüllen, die er sich ein für alle Mal vorgenommen hatte: dafür zu arbeiten, dass seine Kinder einmal ein besseres Leben haben würden als er ...

Julien wurde im Verlauf seines dreijährigen Militärdienstes noch schweigsamer, aber auch kräftiger und gesünder dank der Ernährung, die gewiss nicht von hervorragender Qualität war, den Soldaten jedoch ohne Einschränkungen zur Verfügung stand. Durch die langen Märsche, die Übungen im Kasernenhof, den Einsatz, der von den Offizieren gefordert wurde, die nicht die geringste Schwäche durchgehen ließen, stählte er seine Widerstandskraft, und so waren es keine vollkommen verlorenen Jahre. Am Ende war er erwachsen geworden, ein ausdauernder, rebellischer und verschlossener Erwachsener, der jetzt allerdings besser darauf vorbereitet war, der Welt zu trotzen, in die er am Ende seiner Dienstzeit gestoßen werden würde.

Er nahm nicht an den Trinkgelagen und Freudenfesten in den Straßen von Belfort anlässlich seiner Entlassung teil, und auch in Paris blieb er nicht hängen, trotz der Einladung eines seiner Kameraden, einem Zinkarbeiter, der versprochen hatte, ihm die Hauptstadt zu zeigen. Im Gegenteil, er kehrte so schnell wie möglich ins Périgord zurück, in der Gewissheit, dass ihn dort nicht die Einsamkeit erwartete, sondern die Arbeit mit ihren Sicherheiten, die Zuversicht, sich bald wieder einen Platz erobern zu können, eine Identität und eine Existenz, die den Kampf, den er seit seinem zwölften Lebensjahr geführt hatte, honorierte.

Leider war sein Meister drei Monate zuvor einem Herzschlag erlegen, und niemand hatte seine Nachfolge angetreten. Seine

Witwe war verzweifelt und nicht in der Lage, den Betrieb fortzusetzen. Was sollte er nun tun? An jenem Abend, auf der Straße nach Sarlat, hatte Julien das Gefühl, als ob der Boden unter seinen Füßen nachgab und die ungeheure Hoffnung, die ihn trug, versiegte. Was nützte es, dass er vom Militärdienst erlöst war und drei Jahre lang alles auf sich genommen und ertragen hatte, wenn er den Status, den er sich mit Geduld und Zähigkeit erobert hatte, nicht wiedererlangen würde? Würden sich die letzten zehn Jahre als vergeblich erweisen? So viel Ungerechtigkeit, so viel vergeudeter Mut ... Doch es lag nicht in seinem Wesen zu klagen, zumal er es auch gar nicht gewohnt war. Und im Übrigen, bei wem hätte er sich beklagen sollen?

Es war Mai und schönes Wetter, entlang der Straße rauschten sanft die Wälder, die Wegränder waren mit Blumen bedeckt, auf den Wiesen stand das Gras fett und schwer und kündete die Heuernte an. Es war die Jahreszeit, in der die meisten Landarbeiter auf den Bauernhöfen gebraucht wurden. Julien sah sie von der Straße aus, mit ihren dicken, beruhigenden Mauern und den rötlichen Dachziegeln, aus den Schornsteinen stieg Rauch auf und kündete von behaglichen Behausungen, wo es genug zu essen gab. Er wusste, dass er nur hinzugehen und um Arbeit zu bitten brauchte, und er würde sie bekommen. Einen Augenblick lang spürte er die Versuchung, denn es wäre die einfachste Lösung gewesen, doch sehr schnell sah er davon ab: Das hätte einen Rückschritt bedeutet, all seine Anstrengungen wären vergeblich gewesen, und er hätte im entscheidenden Moment Schwäche gezeigt.

Sein Weg führte ihn schließlich in die Stadt, wo das Leben schon immer, so kam es ihm vor, ganz anders als auf dem Land war und eher dem Niveau entsprach, von dem er träumte. Doch er kannte dort niemanden. Wo sollte er schlafen – es wurde immer später; wo sollte er seinen Hunger, der ihn seit dem Mittag quälte, stillen? Zum Glück hatte er einen kleinen Notgroschen bei sich: seine Ersparnisse der letzten drei Jahre, die er, außer für das Nötigste während seiner Heimaturlaube, kaum angebrochen hatte. Er redete sich ein, dass er eine Woche damit auskommen würde, wenn er ein Zimmer in einer Herberge mietete, vorausgesetzt, er nähme nur einmal täglich eine Mahlzeit zu sich.

Er fand in Le Pontet, einem Viertel am Ortseingang von Sarlat, einen Gasthof in der Nähe der Endstation der Bahnlinie, die die Stadt durchquerte und die Straße nach Montignac mit der nach Souillac verband. Eine alte Herberge für den Güterverkehr, deren Preise ihm nicht übertrieben schienen, auch wenn er sich diesbezüglich nicht sicher war: Er konnte nicht rechnen, hatte aber durch Erfahrung gelernt, was einem Franc, gemessen an seinen täglichen Bedürfnissen, entsprach.

Dort tat er sich, als ein Unbekannter unter den zahlreichen Reisenden, an Suppe und Schmorbraten gütlich. Dann schlief er durch bis zum Tagesanbruch, da er von seiner Reise und dem Hin- und Rückweg nach Proissans erschöpft war. Gleich am nächsten Tag machte er sich auf die Suche nach einer Stelle als Maurer, nachdem er sich beim Herbergswirt, einem Mann von kräftiger Statur, der seine Leute autoritär gängelte, erkundigt hatte.

»Ich kenne kaum Maurer, doch ich werde mich erkundigen«, sagte er.

Julien hatte keine große Neigung, darauf zu warten, denn er wusste, dass er nicht viel Geld besaß und auch dann, wenn er einmal angestellt war, noch eine weitere Woche auf seinen Lohn würde warten müssen. Er lief aufs Geratewohl durch die Stadt, denn seine Schüchternheit, das Gefühl seiner Bedeutungslosigkeit hinderte ihn daran, an irgendwelche Türen zu klopfen. Am Nachmittag erblickte er schließlich einige Arbeiter auf einer Baustelle und wagte es, denjenigen von ihnen anzusprechen, von dem er annahm, dass er die Anordnungen erteilte. Tatsächlich handelte es sich um den Chef, der ihm sagte, er brauche niemanden und seine Truppe sei vollzählig. Julien fragte ihn, ob er nicht einen Kollegen kenne, der einen Arbeiter bräuchte, doch der Mann antwortete ihm kaum und gab ihm zu verstehen, er habe Dringenderes zu tun.

Julien zog weiter, irrte noch eine Zeit lang durch die Straßen der Stadt und kehrte dann wieder zur Herberge zurück, in der Hoffnung, dass der Wirt sich erkundigt hätte.

»Du kommst gerade vom Militärdienst zurück«, sagte der Mann zu ihm. »Lass dir ein wenig Zeit, zum Teufel! Dir bleibt noch genug Zeit zum Arbeiten!«

Als er Juliens Enttäuschung bemerkte, fügte er hinzu: »Wenn du es eilig hast, geh in die Küche. Ich stelle dich ein. Wir brauchen dort immer ein paar Hände.«

Doch das war nicht das, was Julien wollte. Er blieb seinem Entschluss treu und wich nicht von seinem Weg ab. Also sah er sich in den folgenden Tagen weiter um, aber er dachte nicht einmal daran, darauf hinzuweisen, dass er bereits als Maurer gearbeitet hatte. Im Übrigen ließ man ihm in den meisten Fällen keine Zeit, sich zu erklären, so unsicher wirkte er, erdrückt von dem Gefühl, dass er um Arbeit bettelte.

Er machte sich große Sorgen um seine Zukunft und merkte, dass seine Ersparnisse dahinschwanden. So verließ er Sarlat und ging nach Groléjac, das zwanzig Kilometer entfernt lag, um seine Schwester trotz seiner Vorbehalte um Hilfe zu bitten. Nachdem sie Julien, wie erhofft, wohlwollend angehört hatte, gelang es Amélie, ihren Mann zu überreden, ihn wenigstens vorübergehend einzustellen.

»Ich nehme dich so lange, bis du eine andere Stelle gefunden hast«, sagte Vidal, ein Mann von ebenso beachtlicher Statur wie der Gastwirt, jedoch sehr viel liebenswürdiger. »Ich bezahle dir nichts, aber du bekommst freie Unterkunft und Verpflegung. Ist dir das recht?«

Julien, beruhigt in Bezug auf sein weiteres Schicksal, bedankte sich und machte sich, nach den drei Jahren, während derer er davon geträumt hatte, eine Maurerkelle in der Hand zu halten und Wände zu mauern, sofort am nächsten Tag bereits im Morgengrauen mit Feuereifer an die Arbeit. Nicht ein einziges Mal bedauerten es Amélie und ihr Mann im Verlauf der drei Monate, die er in Groléjac verbrachte, dass sie ihm geholfen hatten. Er stand als Erster auf, ging als Letzter zu Bett, arbeitete auch sonntags im Garten und besserte seine Arbeitskleidung selber aus.

Schließlich verkündete ihm Vidal im Herbst, dass ein großes Straßenbauunternehmen aus Bordeaux ein Büro in Sarlat eröffnet hatte und Maurer suchte. Er hatte dem Direktor, Monsieur Duval, seinen Namen genannt, und dieser hatte zugesagt, ihn zu empfangen. Er wurde am folgenden Montag zu einem Vorstellungsgespräch erwartet, denn es gab eine Bedingung:

»Wir arbeiten in der ganzen Region. Man muss bereit sein, an wechselnden Orten zu arbeiten; du darfst räumlich nicht festgelegt sein.«

»Das ist mir egal«, sagte Julien. »Das Wichtigste ist, dass ich arbeiten kann.«

Am folgenden Montag war es nicht der Direktor sondern ein Vorarbeiter, der ihn empfing. Dieser erklärte ihm, dass sein Unternehmen namens »Pellerin, Ballot und Duval« auf den Bau von Straßen und Kunstbauten wie Brücken und Viadukte spezialisiert war und aus diesem Grund tatsächlich Maurer suchte, doch die Baustellen waren über den ganzen Südwesten verteilt, und die Arbeiter mussten mit dem ständigen Ortswechsel einverstanden sein.

»Ich bin nicht verheiratet«, antwortete Julien. »Ich gehe dorthin, wo ich gebraucht werde.«

»Wenn es so ist, kannst du morgen anfangen«, sagte der Vorarbeiter. »Komm um sechs Uhr zur Einstellung hierher. Wir bringen dich dann zur Baustelle.«

Julien bedankte sich und fühlte sich gerettet: Er war sich sicher, dass er diesen Rettungsring, der ihm da gerade zum zweiten Mal zugeworfen worden war, nicht mehr loslassen würde.

19

Ich bin überzeugt, dass der nächste Tag zu einem der schönsten in seinem Leben wurde, sobald er sich beim Betreten des Bauhofs vergewissert hatte, dass er sich nicht verhört und man ihn tatsächlich eingestellt hatte, nachdem er fast wieder in seine alte Position als einfacher Bediensteter zurückgeworfen worden wäre.

»Bist du Julien Signol?«, fragte ihn ein Vorarbeiter im grauen Arbeitskittel, der mit einer Ledertasche unter dem Arm aus einem Büro trat.

»Ja, das bin ich.«

»Hast du Werkzeuge?«

»Eine Mörtelkelle«, antwortete Julien und zeigte seinen Leinenbeutel, in den er das einzige Werkzeug gesteckt hatte, das er besaß.

»Komm mit.«

Er ging zu einem Karren voller Sand- und Kalksäcke, auf dem drei Arbeiter Platz gefunden hatten. Ihre Beine hingen über den Rand, und ihr Blick streifte ihn nicht einmal, als fürchteten sie, einen Fehler zu begehen und verjagt zu werden, noch bevor sie mit der Arbeit angefangen hatten.

Mit einer Handbewegung, die keine Widerrede duldete, Julien aber aufgrund der privilegierten Position, die er ihm einräumte, unangenehm war, forderte der Vorarbeiter Julien auf, sich neben ihn auf die Vorderbank zu setzen, löste schweigend die Bremse und trieb die Pferde an. Sie fuhren eine Viertelstunde in großer Stille dahin, und erst als sie den Eichen- und Kastanienwald durchquerten, deren Blätterwerk Julien schmerzhaft an das Gut La Roussie erinnerten, schien der Vorarbeiter plötzlich seine Sprache wiedergefunden zu haben und bequemte sich, zu erklären, wohin sie fuhren:

»Eine Stützmauer entlang der Eisenbahn zwischen Sarlat und Souillac. Keine einfache Baustelle, denn der Hang rutscht ab. Das Quartier befindet sich in Roufillac.«

»Gut«, sagte Julien, der jeden erdenklichen Auftrag angenommen und überall gearbeitet hätte und sich nun fragte, warum gerade ihm Erklärungen gegeben wurden und nicht den anderen – er wusste nicht, dass er seit der Empfehlung durch Vidal als echter Mauerer betrachtet wurde und die anderen als ungelernte Hilfsarbeiter galten.

Sie kamen kurz vor zwölf Uhr auf der Baustelle an, wo schon ungefähr zwölf Männer in der fahlen Sonne arbeiteten, die mit ihrem durch zarte Pappeln fallenden Licht einen Fluss auf der rechten Seite zum Glitzern brachte. Julien dachte, das müsse die Dordogne sein. Auf halber Höhe des Abhangs erhob sich wie ein krallenbewehrtes Insekt mit viel zu zarten Beinen ein Gerüst über dem Damm, der verstärkt werden sollte. Der Vorarbeiter wies Julien an, unten auf einer notdürftig eingerichteten Plattform Steine zu behauen. So begann eine Arbeit, die er so gut wie möglich zu erledigen versuchte, um nicht auf die unsicheren Bretter klettern zu müssen, zwischen denen er von unten her das Blau erblickte, von dem er geträumt hatte.

Die Arbeitsbedingungen der Handwerker zu jener Zeit waren nicht mit denen zu vergleichen, die ihnen später die Sozialgesetze des Front Populaire gewährten: keinerlei Sicherheit, zwölf Stunden Arbeit am Tag, Sonntags frei, außer wenn die Arbeit drängte, Mittagessen auf der Baustelle, ein Bett auf dem Hängeboden der nächstgelegenen Herberge oder in einer jener Holzbaracken, wie sie von den großen Unternehmen verwendet wurden, die mit dem Aufschwung der Eisenbahn begonnen hatten, von Baustelle zu Baustelle zu wandern.

Julien schlug keinen Auftrag aus, nahm jede Arbeit an, akzeptierte jeden Strohsack, selbst wenn er zerlöchert oder voller Ungeziefer war, und nicht einmal das beengte Zusammenleben auf den Hängeböden machte ihm zu schaffen, da er sich während des Militärdienstes daran gewöhnt hatte. So begann ein Leben, das nur aus verbissenem Arbeiten bestand, das er aber als durchaus zumutbar empfand, weil er die Grenzen und die Gefahren absolut zutreffend einschätzen konnte. Im Verlauf dieser Tage und Monate, die eintönig und mühevoll vergingen, gab es nicht die leiseste Nachsicht, nicht die geringste Aufmerksamkeit, der Blick keiner Frau traf ihn, höchstens sah eine seiner Schwestern nach ihm, falls er genügend Kraft fand, sie am Sonntagnachmittag zu besuchen.

Er kapselte sich zunehmend ab, erwartete nichts von den Männern, die mit ihm zusammenlebten, und es gelang ihm auch nicht – nicht anders als in der Armee –, sich näher mit ihnen anzufreunden, so fest verwurzelt war seine alte Überzeugung, dass niemand etwas für ihn tun konnte. Daher rührte eine Kälte und Distanz, die ihn isolierte, gleichzeitig aber auch beruhigte, denn so hatte er das Gefühl, den Schlüssel zu besitzen, der ihm ermöglichte, die Kontrolle über sein Leben selbst in der Hand zu behalten.

Er hat nur wenig über diese Jahre erzählt, und wenn, dann nur um zu betonen, wie gefährlich die Arbeit auf den klapprigen Gerüsten war, sieben oder acht Meter über dem Boden, kaum oder bestenfalls mit einer schlecht befestigten Holzstange abgesichert, die einen Meter über dem Brett befestigt war, auf dem sie sich bewegten, während sie die Steine in die Höhe hievten. Er beklagte sich nie darüber, zumal er in seiner Funktion als Steinmetz die meiste Zeit unten bleiben musste.

So verging die Zeit, ohne dass es ihm bewusst wurde. Es waren genau fünf lange Jahre bis zu jenem Tag im Frühling 1910, als endlich der Blick einer Frau auf ihn fiel. Ein Brückenbauprojekt hatte ihn zurück nach Sarlat geführt, in die Nähe eines Gasthofs im Ortsteil Croix-Rouge, der am Endpunkt der Bahnlinie lag, die die Stadt durchquerte, und in welchem er abends aß und übernachtete. Bei den beiden Wirtinnen dieses Gasthofs arbeitete eine junge Frau, die er nicht kannte, die jedoch gleich am ersten Abend die Suppenschüssel fallen ließ, als Juliens schwarze Augen den ihren begegneten.

Ich habe ihr Zusammentreffen wie auch ihr Leben in meinem Buch »Adeline en Périgord« geschildert. Ihre Mutter war gestorben, als sie ihr das Leben schenkte, und sie trug durch dieses Drama die Überzeugung einer erschütternden Schuld mit sich herum, die sie niemals zugab. Sie hieß eigentlich Hélène, doch man hatte ihr – törichterweise – den Vornamen ihrer Mutter gegeben, als sei dies der einzige Weg, das Leben der Verstorbenen für die Nachwelt zu bewahren, als könne man einen Menschen ersetzen, der nicht mehr lebte und den es niemals mehr geben würde.

Hélènes Kindheit war glücklicher als die Juliens gewesen, denn sie war zu Hause, im Kreise einer liebenden Familie und nicht bei anderen Leuten, aufgewachsen, wenigstens bis zu ihrem elften Lebensjahr. Außerdem hatte sie drei Schuljahre lang lesen und schreiben gelernt, was für sie zunächst ein Traum war, später aber zur Wunde wurde, als sie die Schule beenden und im besagten Gasthof in Croix-Rouge in Stellung gehen musste, denn auf dem Bauernhof waren einfach zu viele Mäuler zu stopfen. Es bereitete ihr tiefen Schmerz, ihre Familie auf diese Weise verlassen zu müssen, ihr Zuhause, ihre Kindheit und ihre Lehrerin, die vergeblich bei dem bedrückten, doch völlig engstirnigen Vater interveniert hatte – dies war eben das Schicksal der meisten

Kinder, somit auch der seinen. Hélène hatte trotz ihres Kummers die Zähne zusammengebissen und sich in ihr Los geschickt, weil es eben sein musste. Die Herbergswirtinnen halfen ihr dabei und gingen nicht allzu hart mit ihr um, weshalb sie in jenem Jahr 1910, das Julien – und mit ihm das Schicksal – zu ihr führte, immer noch dort war.

Sie war Jahrgang 1889 und erst einundzwanzig Jahre alt, somit war er sechs Jahre älter als sie. Sie war klein, zierlich, »ihr schmales und feines Gesicht wurde von zwei grauen Augen erhellt, die so geheimnisvoll und klar wie eine Wasserquelle waren«, so schilderte ich sie in dem Buch, das ich ihr gewidmet habe. Ihre Haare waren züchtig zu einem Knoten zusammengebunden. Die beiden waren sehr verschieden: Er verkörperte die Stärke, sie Milde und Zartheit. Wie auch immer, sie ließ an jenem Abend die Suppenschüssel fallen, rannte weinend aus der Gaststube und weigerte sich, wieder zurückzukehren, so sehr hatte sie der dunkle Blick des unbekannten Arbeiters aus der Fassung gebracht …

20

Julien blieb zwei Monate in dem Gasthof, und man darf annehmen, dass sie es war, der es gelang, das Eis zum Schmelzen zu bringen, trotz ihrer Schamhaftigkeit und Schüchternheit. Wir wissen nicht, was sie einander gesagt haben, die beiden haben nie davon erzählt – über solche Dinge wurde nicht gesprochen, man gab keine Herzensangelegenheiten preis, denn man war gewohnt, daran ganz im Stillen zu leiden. Wie ist es ihr gelungen, diesen Rebellen zu zähmen, diesen scheuen Wilden, der in seinen lächerlichen Gewissheiten gefangen und so offenkundig anders war als sie? Sicherlich war es ihrer Sanftheit zu verdanken. Etwas Derartiges hatte er nie zuvor erfahren, und nie hätte er sich vorstellen können, dass es Menschen gab, die so etwas verkörperten. Sie hatte ihn in ihren Bann gezogen und verwandelt, und er entdeckte schließlich, dass nicht alles in der Welt ihm feindlich gesinnt war, dass es jemanden gab, dem man sich anvertrauen konnte, umso mehr, wenn dieser Jemand zerbrechlich war, lächelte, niemals die Stimme erhob und Worte aussprach, wie er sie noch nie gehört hatte und die ihm endlich die Tür zu einer Welt öffneten, die bewohnbar und voller Wärme war.

Sie sahen einander nur einige Minuten lang am Abend, ehe sie schlafen gingen, und jeder zögerte, sich dem anderen zu nähern, sich ihm anzuvertrauen und damit zu enthüllen, was sie wirklich waren, nämlich nichts, nicht viel, zwei Menschen, die immer anderen gedient, für irgendwelche Herrschaften gearbeitet hatten. Und wahrscheinlich haben sie sich in dieser Bedeutungslosigkeit als Gleichgesinnte erkannt, einer des anderen würdig, und schließlich so angenommen, wie sie waren: große, verlorene Kinder, voller Angst, die den kostbaren Schutz eines Blickes oder eines Armes suchten.

Am Ende dieser zwei Monate musste Julien auf eine andere Baustelle wechseln und abreisen, ohne dass sie den Schleier bezüglich ihrer Gefühle gelüftet hatten. Keiner von ihnen brachte die Kraft auf, sich an ein solches Geständnis zu wagen, das zu sehr und doch nur unzureichend in Worte gefasst hätte, was sie schon jetzt für immer vereinte. Als er fortging, schlug er vor, er könne vielleicht am Sonntag wiederkommen, auch wenn er weit weg arbeitete, und er hielt Wort. Da er von dem Geld, das er verdiente, nichts ausgab, konnte er sich ein Fahrrad kaufen. Das tat er und war stolz, endlich etwas Eigenes zu besitzen, doch nun wurde er so sehr von der Angst verfolgt, es könnte ihm gestohlen werden, dass er nachts aufstand, um zu kontrollieren, ob er sein einziges Fortbewegungsmittel auch richtig angebunden hatte, das ihn – wo auch immer er sich aufhielt – zu der Frau bringen würde, die auf ihn wartete.

Es kam also vor, dass er an ein und demselben Sonntag 120 Kilometer hin und wieder zurück fuhr, wenn eine Baustelle auf der Straße nach Bergerac lag. Da es auf den Winter zuging, kehrte er nachts im Dunkeln heim, und nicht einmal der Mond, den schwere Novemberwolken verbargen, leitete ihn. Es war ihm gleich! Er hätte um nichts auf der Welt auf diese wenigen Minuten mit Hélène verzichtet. Natürlich fand die Unterhaltung nicht in ihrem Zimmer, sondern in der Küche statt, wo ihre Gastwirtinnen so gütig waren, die beiden allein zu lassen. Nur wenige Minuten, doch lange genug, um sich an dem immer gleich strahlendem Lächeln dieses neugeborenen Gestirns zu wärmen, das ihm die Kraft verlieh, wieder im Nordwind loszufahren und ohne Rücksicht auf die Energie, die ihm dieser

Ruhetag hätte spenden sollen, in die Pedale zu treten. Und er fragte sich, ob er womöglich geträumt hatte, ob Hélène wirklich existierte, versuchte sich die wenigen Worte in Erinnerung zu rufen, die sie gesagt hatte und die ihn verwirrt und ungläubig zurückließen, und er fragte sich, ob sie tatsächlich an ihn gerichtet waren:

»Sie sind also tatsächlich gekommen.«

»Ja.«

»Ich bin sehr froh.«

Sie blieben am Küchentisch einander gegenüber sitzen, nachdem sie ihm ein Glas Wein eingeschenkt hatte. Sie betrachtete seine stummen Lippen, die ungeschickt lächelten, kaum seine samtschwarzen Augen, die sie am ersten Tag so getroffen hatten und deren Blick sie nicht standhalten konnte, ohne sich schuldig zu fühlen, doch ohne zu wissen, wofür.

Der Winter, der Schnee und der eisig kalte Regen machten es Julien mehrere Male unmöglich, zu ihr zu kommen. Beim ersten Kälteeinbruch war er eines Sonntagmorgens in aller Frühe auf dem glatten Eis gestürzt, hatte sich am Bein verletzt und am nächsten Tag beinahe nicht arbeiten können. Es kam nicht in Frage, mit diesen Dingen zu spielen. Einen oder zwei Tage ohne Lohn zu sein, das hatte keine Auswirkungen, doch er konnte es nicht riskieren, weggeschickt zu werden, seine Arbeit zu verlieren. Diese Vorstellung hatte stets zur Folge, dass er sich in die schlimmsten Stunden seines Lebens zurückversetzt fühlte, im Angesicht der endgültigen Niederlage und am Boden zerstört. In diesen sonnenlosen Tagen zog er sich in sich selbst zurück, dachte so viel er konnte an sie, und in der darauf folgenden Woche suchte er den Himmel nach Anzeichen für eine Wetterberuhigung und der Verheißung schöner Tage ab. So wurde die Wintersonne für ihn zum Lächeln Hélènes, seine Hoffnung und die Wärme bedeuteten ihm ein Glück, dessen er gerade jetzt, da es gefährdet war, umso dringender bedurfte.

Der Frühling endlich vertrieb diese Anfechtungen, und die Tage wurden länger, er konnte abends die Abreise hinauszögern, war jedoch immer noch nicht fähig, die Worte auszusprechen, die sie im geheimsten Winkel ihres Herzens erwartete. Sie selbst war ebenso wenig wie er dazu in der Lage. Denn im selben Maße, wie er sie anzog, flößte er ihr Angst ein, dieser Mann, der aus dem entlegensten Winkel des Départements zu ihr kam und ihr dennoch nicht zu gestehen vermochte, wie sehr sie ihm gefiel, wie unentbehrlich sie ihm in seinem Leben geworden war, wie sehr sie seine Welt verwandelt und ihm schließlich bewusst gemacht hatte, dass es jemanden gab, für den er existierte. Nein: Weder sie noch er waren fähig, die entscheidenden Worte zu finden, die sie gewiss vor Glück umgehauen hätten, noch dazu, die Dinge durch eine flüchtige Geste, einen entscheidenden Wink zu beschleunigen und so ihrer beider Leben zu entscheiden.

Glücklicherweise rührte Hélènes Wirtinnen diese Leidenschaft, die nicht oder nur ganz anfänglich mit Worten zum Ausdruck gebracht werden konnte und Gefahr lief, wie ein empfindlicher Kristall zu zerbrechen. Da ihr Schützling verkümmerte und ihre Arbeit nicht mehr auf die alte Weise versah, griffen sie schließlich ein. Von den beiden Wirtinnen, die die Männer bis in die geheimsten Winkel ihres Herzens kannten, in die Enge getrieben und überrumpelt, gab Julien schließlich zu, dass er davon träumte, Hélène zu heiraten, doch sie sei vielleicht viel zu gut für ihn, er könne es verstehen, wenn man ihm ihre Hand nicht geben würde, kurz, er würde in diesem Fall kein Theater machen und sich zurückziehen.

»Ich kann weder lesen noch schreiben«, gab er eines Abends zu, als müsse dieses Geständnis der ganzen Geschichte ein Ende machen.

»Haben Sie es ihr gesagt?«, fragten die beiden Wirtinnen ein wenig erschüttert.

»Ja. Sie weiß es, schon seit den ersten Tagen.«

»Und es hat für sie nichts geändert, sehen Sie!«

In Wirklichkeit hatte er sechs Monate gewartet, ehe er sich Hélène anvertraut und ihr die Spuren der Schmach offenbart hatte, die er mit sich herumtrug. Doch sie war nicht einmal wirklich überrascht gewesen, sondern hatte mit einer Stimme, die ihm noch sanfter als sonst vorkam, geantwortet:

»Ich werde es Ihnen beibringen.«

»Nein! Das könnte ich niemals ertragen«, hatte er ausgerufen, und dabei erschien ein so schmerzhafter Ausdruck auf seinem Gesicht, dass sie ihre Worte bedauerte und sich wünschte, sie hätte sie niemals ausgesprochen.

Es war nicht die Tatsache des Lernens an sich, die ihm unüberwindbar schien, sondern die der Demütigung, die so offen vor ihr zutage lag, die Überzeugung, nie mehr ihrem Blick standhalten zu können. Deshalb hatten sie nie mehr darüber gesprochen, und inzwischen verhielt sie sich so, als habe sie ihren Vorschlag völlig vergessen, weil sie ahnte, welche Kränkung sie bei dem Mann ausgelöst hatte, dessen einziger Reichtum sein Stolz war.

Seine Bescheidenheit, seine Zurückhaltung bezauberten die beiden Frauen, die sich im Übrigen bei den Arbeitgebern des Maurers erkundigt hatten, der Firma »Pellerin, Ballot et Duval« aus Bordeaux, deren Urteil über jeden Zweifel erhaben war. Die von dort erhalten Auskünfte hatten sie überzeugt, insbesondere was den wichtigsten Punkt betraf, der sie beschäftigte: Julien Signol trank nicht, und wenn, dann nur während der Mahlzeiten. Niemand hatte ihn je betrunken gesehen, und seine Arbeit war tadellos; kurz, er war ein ernsthafter Mann, auf den man sich verlassen konnte.

Hélène arbeitete seit über zehn Jahren in dem Gasthof und war ihnen wie eine Tochter geworden, die sich ihnen bereitwillig anvertraute. Die beiden Frauen wussten genau, welches Feuer in dem Herzen der jungen Frau brannte, wonach sie sich sehnte und was ihre Hoffnungen erfüllen würde. Es musste nur noch Hélènes Vater in Saint-Quentin überzeugt werden, und sie entschlossen sich, ihm den jungen Mann vorzustellen, der sich zunächst allerdings weigerte, ohne wirklich begründen zu können, weshalb. Bei einem Unbekannten um ihre Hand anzuhalten, das stellte für ihn eine Prüfung dar, die über seine Kräfte ging. Nicht nur, dass er das Gefühl hatte, nicht das Recht dazu zu haben, es schien ihm auch, als läge darin eine Vermessenheit, die Äußerung einer Eitelkeit, eines ungebührlichen Hochmuts. Denn wer war er schon, Julien Signol, der weder lesen noch schreiben konnte, dass er es wagte, um die Hand einer Fee anzuhalten, deren Sanftheit ihn im Vergleich mit seiner kaum gezügelten Heftigkeit, seiner Mittellosigkeit, seiner Ärmlichkeit überwältigte?

Die beiden Frauen verstanden seine Lage ohne viele Worte, sie machten den ersten Schritt und informierten Monsieur Doursat aus Saint-Quentin über die Gelegenheit dieser Heirat, der daraufhin seine Tochter um die notwendigen Erklärungen bat. Als sie vor ihrem Vater stand, wurde sie unsicher, dennoch fand sie die Kraft, für ihre Sache und die des Handwerkers, dem sie ihr Leben anvertrauen wollte, einzutreten. Julien machte sich schließlich – immer noch erstaunt darüber, dass ihre Familie ihn akzeptierte, der nichts darstellte, der schon so lange allein lebte – auf den Weg nach Saint-Quentin, wobei er, als er das Haus seines künftigen Schwiegervaters betrat, das erste Mal Hélènes Hand hielt.

Es gelang ihm einfach nicht, die richtigen Worte zu finden, die zum Glück seit der Fürsprache der Wirtinnen überflüssig geworden waren, schließlich brachte er mit einer Stimme, die ihm selbst völlig fremd vorkam, nichts weiter heraus als: »Das bin ich.«

Das sollte natürlich »das bin nur ich« heißen, aber Monsieur Doursat sah nur das Lächeln seiner Tochter und forderte ihren Verlobten auf, sich ihm gegenüber an den Tisch zu setzen, an dem die gesamte aus diesem Anlass versammelte Familie Platz genommen hatte, wie es sich gehörte. Der Wein trug dazu bei, Julien zunehmend in eine heitere Stimmung zu versetzen, nachdem endlich das Wort »Hochzeit« zum ersten Mal ausgesprochen worden war, und es wurde ein Datum im kommenden Juni vor der großen Sommerernte festgelegt. Es war erst September. So blieben noch zehn Monate, um sich an den Gedanken zu gewöhnen, dass er die Frau verdiente, die den langen Weg bis zu ihm zurückgelegt hatte, ihn unter so vielen anderen wahrgenommen, erkannt und kurzerhand in ihr Herz geschlossen hatte.

21

Diese zehn Monate waren keineswegs verlorene Zeit, denn es musste das Problem gelöst werden, das die ständigen Ortswechsel Juliens mit sich brachten, außerdem war zu entscheiden, ob Hélène ihre Arbeit im Gasthof beibehalten sollte – woran die Wirtinnen nicht zweifelten –, und es musste wenn irgend möglich eine Behausung gefunden werden, die ein so großes Glück beherbergen konnte. Zum Glück wurde in Souillac eine Baustelle zum Bau eines Viadukts eröffnet, für die mindestens zwei Jahre angesetzt waren, was es ihnen ermöglichte, sich festzulegen und wie jedermann zu leben, zumal Julien die uneingeschränkte Zusicherung erhielt, bis zum Ende der Bauzeit dort bleiben zu können.

Er fand ohne große Schwierigkeiten eine kleine Wohnung im Herzen des Städtchens in der Rue Orbe, die zur Kirche führte. Eigentlich waren es nur drei Zimmer, und er kaufte von seinen Ersparnissen ein Bett, einen Tisch und zwei Stühle, um sie einzurichten. Hélène hatte versprochen, sich um die Aussteuer, einen Geschirrschrank und einen Küchenherd zu kümmern, die ihr Vater am Einzugstag mitbringen würde.

Nun mussten noch die Vorbereitungen für die Hochzeit getroffen werden, die auf den zehnten Juni, noch vor dem Beginn der Heuernte, festgesetzt worden war. Hélènes Schwestern und ihr Vater kümmerten sich gern um alles Notwendige, zumal das Fest im Haus der Braut stattfinden sollte, wie es Sitte war. Und dann war er endlich da, der große Tag: Ein Samstag, es herrschte wunderschönes Wetter, schon bei Sonnenaufgang war es heiß, und über den klaren blauen Himmel zog nicht das kleinste Wölkchen. Hélène legte die Strecke von ihrem Geburtshaus nach Saint-Quentin in einem blauen Kleid und am Arm ihres Vaters zurück, ihnen folgten ungefähr vierzig Gäste. Julien, am Arm von Flavie, einer Schwester der Braut, in einem schwarzen Anzug aus grobgeripptem Cordsamt, dem einzigen, den er jemals besaß, bildete den Schluss des Zuges.

Auf dem sonnenüberfluteten Dorfplatz wurden sie von den Einheimischen erwartet, sie riefen »Lang lebe die Braut«, streuten Feldblumenblüten und begleiteten sie bis zum Rathaus, wo sie erscheinen mussten, bevor sie zur Kirche gingen. Dort ging alles rasch über die Bühne, auch wenn man kaum ihre Stimmen vernahm, da sie noch nie öffentlich vor so vielen Menschen gesprochen hatten, und dass sie nach ihrer Meinung gefragt, ja um ihre Zustimmung gebeten wurden, brachte sie ganz aus der Fassung.

Sie kamen zusammen wieder heraus, um sich zu der kleinen Kirche zu begeben, die sich auf der anderen Seite des Platzes befand. Wieder begleiteten sie Hoch-Rufe, und Hélène schloss die Augen, nicht um sie vor der Sonne zu schützen, sondern weil das alles fast schon zu viel für sie war, der Arm, den sie drückte, diese Kraft, die sie so nah neben sich spürte und die nun ganz ihr gehörte – sie konnte es einfach nicht glauben, dass sie gerade im Begriff war zu heiraten. Sie begriff es erst, als Julien ihr den Ring auf den Finger schob, wobei sie sich nicht traute, als Bürgschaft ihrer künftigen Unabhängigkeit das zweite Fingerglied anzuwinkeln, wie ihre Schwester es ihr beigebracht hatte. Sie hätte so etwas einfach nicht gewagt. Wäre sie zu einer Heirat mit einem anderen Mann gezwungen worden, wie es zu jener Zeit oft geschah, hätte sie vielleicht Zuflucht bei diesem nur den Frauen bekannten Brauch gesucht, um sich zu behaupten, doch was hatte sie von Julien schon zu befürchten? Sie träumte nicht von Unabhängigkeit, sondern von Zusammengehörigkeit und Hingabe.

Den ganzen Weg zurück zum väterlichen Haus begleiteten sie Musikanten, ihr Geigenspiel vermischte sich mit dem Klang der Kirchenglocken, die wie zu Weihnachten läuteten, während die jungen Leute sie weiter mit Blumen bewarfen und das zauberhafte Junilicht die Hitze dieses Tages noch steigerte. Im Festzug wurde gesungen, die Leute der benachbarten Bauernhöfe liefen herbei, um sie vorüberziehen zu sehen und sie zu beglückwünschen, alle wirkten froh, dass sie an einer solchen Hochzeit teilnehmen durften, ein Ereignis, das Abwechslung in die Eintönigkeit ihres Alltagslebens brachte und sie für einen Tag ihrer Arbeit und ihrer Sorgen enthob.

Im Hof waren Tische und ein Weinfass aufgestellt worden, die Gäste hatten bereits zu trinken angefangen, während sie auf das Essen warteten, denn es war sehr heiß, und alle Gesichter strahlten vor Fröhlichkeit. Es war ein echtes Festmahl, das sie erwartete, denn der Brautvater hatte eine Köchin aus Proissans geholt, die schon seit dem Vortag tätig war und Geflügel rupfte, Fische ausnahm und Gebäck zubereitete, damit die vierzig Hochzeitsgäste satt wurden.

Selbst die ein wenig anzüglichen Riten jener Zeit konnten Hélènes und Juliens Glück nicht trüben. Sie lachten darüber, weil es sich so gehörte, und sie wussten, dass es sich nur um einige klamme Momente handelte und das Schönste erst noch kommen würde. So nutzten sie nach dem Gelächter, den Liedern, den Tänzen und Farandoles, den provenzalischen Volkstänzen, einen Moment, in dem die Gäste sie nicht beachteten, um sich in Richtung einer Wiese davonzustehlen, deren Gras noch nicht gemäht worden war. Die ganze Nacht über suchte man nach ihnen, um ihnen, wie es Brauch war, eine Zwiebelsuppe zu bringen, doch niemand fand sie, so gut lagen sie in ihrem lauwarmen Nest versteckt. Sie atmeten den Duft des Grases ein, die Köpfe zu den Sternen gewandt, die, so kam es ihnen vor, aus reiner Freundschaft zu ihnen blinkten.

Es war bestimmt eine unvergessene Nacht, über die keiner von ihnen je sprach, höchstens um von dem Groll der jungen Gäste zu erzählen, die die beiden die ganze Nacht hindurch vergeblich gesucht hatten und auch am frühen Morgen noch nach ihnen suchten, als sie sich unbemerkt in die Küche geschlichen hatten, um nun ihrerseits die Suppe zuzubereiten und sie denen zu bringen, die nicht schlafen gegangen waren.

Ich habe kein Foto von ihrer Hochzeit gefunden. Ich weiß nicht einmal, ob eines gemacht wurde. Falls ja, ist es sicher im Verlauf der vielen Umzüge, die sie später hinter sich gebracht haben, verloren gegangen. Stattdessen besitze ich ein Foto von ihnen im Alter von vierzig Jahren – das einzige, das bis zu mir gelangt ist. Bei welchem Anlass wurde es aufgenommen? Auch das weiß ich nicht. Julien ist darauf zu sehen, mit kurzem Haar, schwarzen Augen, leicht herunterhängendem Schnurrbart, mit wildem und rebellischem, gleichzeitig besorgten Gesichtsausdruck oder vielmehr in Habachtstellung, als habe ihn etwas in Alarmbereitschaft versetzt und sein naturgemäßes Misstrauen geweckt. Er ist offensichtlich »auf der Hut«, er fragt sich, von wo eine Gefahr drohen mag, und überlegt bereits, wie er ihr ausweichen kann.

Hélène hat ihre Haare zu einem Knoten zusammengesteckt, sie hat eine sehr freie Stirn, dünne Lippen, die ein leichtes, zögerliches Lächeln umspielt, und herbe Züge. Das Auffallendste ist, genau wie bei Julien, ihr Blick: Man ahnt eine gewisse Schwäche im Innern, bemerkt den Ausdruck einer Zerbrechlichkeit, die sich nicht kaschieren lässt, weil sie ihr tiefstes Wesen von Anfang an prägt.

Ich habe sehr bedauert, dass ich kein Foto von ihnen aus jüngeren Jahren besitze, vor allem nicht von dem Tag, an dem sie die Ehe miteinander schlossen, eine Ehe, in der sie, da bin ich mir sicher, glücklich waren. Vielleicht hätte dieses Glück die Angst, jenes Misstrauen zum Verschwinden bringen können, die sie ihr ganzes Leben lang wachhielten. Ich könnte dann dieses Porträt ohne die Beklommenheit betrachten, die mich jedes Mal ergreift, wenn ich es vor mich hinstelle, und die in mir die Erkenntnis bewirkt, dass ich ihnen in keiner Weise helfen kann und sie mir in meiner Vorstellung immerwährend in Sorge, stets in Gefahr erscheinen ...

22

Mittags verzehrten sie im Hof die Reste des Festmahls vom Vortag, dann musste an den Aufbruch gedacht werden, denn es war Sonntag, und Julien nahm am nächsten Tag wieder seine Arbeit in Souillac auf. Nach einem kurzen Abschied von der Familie stiegen sie auf die Vorderbank des Wagens von Vater Doursat, auf dem der Kochherd, ein kleiner Koffer mit Wäsche und der untere Teil eines Küchenschranks verstaut worden waren. Für Hélène bedeutete es eine lange Reise, da sie nie weiter als fünf Kilometer von zu Hause weggewesen war. Als sie an dem Wirtshaus vobeifuhren, in dem sie jahrelang gearbeitet hatte, erwog sie, sich von ihren Wirtinnen zu verabschieden. Sie verzichtete schließlich darauf, denn die beiden waren nicht begeistert gewesen, sie zu verlieren, »nachdem sie so viel für sie getan hatten«, und hatten ihrer Entrüstung Ausdruck verliehen, indem sie nicht zur Hochzeit kamen, obgleich sie diese doch gefördert hatten. Hélène war darüber bekümmert, doch ihr Leben spielte sich von nun an anderswo ab, und zwar so, wie sie es sich immer gewünscht hatte. Es gab also nichts zu bedauern.

Die Fahrt war ihr lang erschienen, sehr lang, und sie hatte ihr das Gefühl vermittelt, dass sie sich nun endgültig von Sarlat entfernte. Doch sie spürte an ihrer linken Seite den Arm ihres Vaters, der den Wagen lenkte, und an ihrer rechten den Juliens, und die Gegenwart der beiden Männer tröstete sie. Sie bemühte sich, sich das Haus vorzustellen, das sie dort in der unbekannten Stadt erwartete, wo sie sich schon bald mit Julien allein wiederfinden und ihr Leben mit ihm teilen würde.

Sie kamen erst gegen fünf Uhr an, nachdem sie mehrere Dörfer durchquert und immer wieder einmal an einem Fluss entlanggefahren waren. Julien sagte ihr, er hieße »Dordogne«.

»Im Sommer badet man darin«, hatte er erklärt.

In einem Fluss baden? Was sollte das bedeuten? Sie fragte sich, ob er es auch täte – würde sie dann gezwungen sein, es ihm nachzutun? Einen Augenblick lang befiel sie die Befürchtung, dass sie den Mann, den sie geheiratet hatte, gar nicht wirklich kannte, doch er nahm ihren Arm, als wollte er sie beruhigen, und sagte:

»Wir sind gleich da. Wir werden es gut haben, du wirst sehen.«

Nach einer langen, von großen Bäumen gesäumten Straße fuhr das Gespann eine kleine Anhöhe hinauf, bog links ab und nahm die abschüssige Straße, die zur Abteikirche führte, deren Kuppeln über der Stadt zu wachen schienen, die Sarlat ziemlich ähnlich, allerdings kleiner war.

Sie hielten vor einem zweistöckigen, recht schmalen Haus mit blassblauen Fensterläden an, das zwischen zwei anderen eingezwängt war. Während die beiden Männer den Karren entluden, betrachtete Hélène gerührt ihr neues Heim, war sich aber nicht ganz sicher, ob sie hier bleiben würde, wenn ihr Vater zurückfuhr, da dieser Ort zwar nicht feindselig, aber doch fremd auf sie wirkte. Dennoch mussten sie sich nun trennen, nachdem die Männer die Möbel an ihre Plätze gestellt hatten. Ihr Vater umarmte und küsste sie, es war ihr, als würde er sie zum zweiten Mal zurücklassen – das erste Mal, damals im Wirtshaus, hatte sie wie einen inneren Riss erlebt. Sie folgte ihm bis zum Wagen, hielt ihn noch einen Augenblick lang zurück, ehe er auf das Trittbrett stieg, sodass er sich zu ihr umdrehte und fragte:

»Bist du wenigstens zufrieden, meine Kleine?«

Sie nickte zustimmend.

»Nun, ich auch«, sagte er.

Sie schaute dem Gespann bis zum Ende der Straße hinterher, atmete tief durch, wischte sich flüchtig die Augen, dann betrat sie das Haus, wo Julien sie erwartete.

Ich kenne Souillac gut, diese kleine schöne Stadt, in deren Hafen ich wesentliche Teile meiner Trilogie »Der Fluss der Hoffnung« angesiedelt habe. Und dennoch habe ich, während ich diese Bücher schrieb, niemals eine Verbindung zwischen den Schiffern, Julien und Hélène hergestellt. Es stimmt, dass die Dordogne-Schifffahrt zu Beginn des 20. Jahrhunderts durch die Eisenbahn weitgehend zum Erliegen kam, doch der Hafen existierte noch, ich hätte sie einander also durchaus begegnen lassen können. Aber es waren zwei sehr unterschiedliche Welten, und diese Möglichkeit ist mir trotz meiner zahlreichen Besuche in Souillac zu der Zeit, als ich diese Bücher schrieb, nie in den Sinn gekommen.

Ich habe allerdings die Straße wiedergefunden, in der meine Großeltern wohnten: eine kleine Straße, wie ich sie gerade beschrieb, die zu der Abteikirche hinunterführte, mit einigen mehrstöckigen Reihenhäusern. Mein Vater hat mir viele Jahre später das Haus gezeigt, in dem seine Eltern zu Beginn ihrer Ehe lebten. Auf jeder meiner Reisen habe ich vor seinen geschlossenen Läden angehalten und mir Hélène und Julien am Tag ihrer Ankunft vorgestellt, aber auch während der langen Monate, die sie dort lebten. Und jedes Mal sah ich sie dort vor mir, glücklich, weil sie frisch vereint waren, weil sie nun zusammenleben würden und sich von der Zukunft, die vor ihnen lag, nur das Beste erhofften.

23

Man schrieb das Jahr 1912, und es gab keinerlei Wolken am Himmel ihrer Zweisamkeit, zumal sie Arbeit, ein Dach über dem Kopf und genug zu essen hatten. Julien hatte versprochen, seiner Frau eine Stelle in dem Gasthof an der Straße von Paris nach Toulouse zu besorgen, der von ein paar mit ihm sehr entfernt verwandten Cousins geführt wurde. Jeden Morgen verließ er das Haus in aller Frühe, und Hélène nutzte die Zeit, sich um ihren Haushalt zu kümmern und die Wohnung aufzuräumen, danach kaufte sie einige Vorräte ein und lernte die Stadt kennen, wobei sie sich jedes Mal ein Stück weiter in Richtung der großen Brücke über den Fluss oder in entgegengesetzter Richtung zum Viadukt an der Route de Martel vorwagte, wo Julien arbeitete. Schon von Weitem machte ihr der Anblick dieser hohen Baustelle mit ihren Balken und Brettern Angst, sie machte rasch kehrt und schwor sich, Julien zu bitten, vorsichtig zu sein und gut darauf zu achten, dass er nicht herunterstürzte.

Sie lernte ihn allmählich kennen, ahnte hinter der Oberfläche aus scheinbarem Eis die latente Aggressivität, die seit frühester Kindheit in ihm schlummerte, die er jedoch in ihrer Anwesenheit zu verbergen versuchte. Manchmal, abends, wenn er sehr erschöpft war und nicht mehr die Kraft hatte, gegen sein wahres Wesen anzukämpfen, erkannte sie den liebenswerten, aufmerksamen Mann nicht wieder, der er einst gewesen war, damals in der Küche in Sarlat, wo sie einander lange ohne ein Wort zu sagen gegenübergesessen hatten. In Souillac dagegen redete er und zeigte offen seine Empörung über eine Welt, die er nicht verstand. – Er hatte sie schließlich gebeten, ihm aus der Zeitung vorzulesen, nachdem er die Gewissheit gewonnen hatte, dass sie ihm niemals mehr den Vorschlag machen würde, ihm das Lesen beizubringen. Sie hatte immer ein wenig Angst davor, doch zugleich wartete sie ungeduldig auf sein Kommen, da sie sich allein fühlte und die Arbeit ihr fehlte.

Im Grunde wunderte er sich darüber, sie jeden Abend so ruhig und lächelnd dort vorzufinden. Er gewöhnte sich nicht an diese Gegenwart, die ihn glücklicher machte, als er es je zu hoffen gewagt hatte. Es war fast zu viel, diese schöne und zarte junge Frau – wenn er sie in den Arm nahm, hatte er Angst, sie zu zerbrechen –, die nur für ihn lebte, sich um seine Müdigkeit sorgte, ihn fragte, was er gerne essen würde, sich um die Verletzungen durch die Steine an seinen Händen kümmerte, mit denen er sich ihr nur nachts, bei vollkommener Dunkelheit näherte, als sei er überzeugt, dass er sie nicht verdiente. Er verließ sie morgens ohne großes Bedauern, da er wusste, dass er sie am selben Abend wiedersehen würde und nicht erst am Ende einer Woche, wie es lange der Fall gewesen war. Also küsste er sie nicht auf die Wangen, sondern streifte nur ihre Schläfe, und während er sich bereits umdrehte und mit einer Hand den Leinenbeutel über seine Schulter hängte sagte er:

»Pass auf dich auf.«

»Du auch, Julien. Gib acht.«

Er ging weg, ohne sich umzudrehen, so sehr verstörte ihn diese grenzenlose Liebe, die ihn überwältigte und mit seiner Begrenztheit konfrontierte. Sie blieb allein zurück, blieb auf der Schwelle stehen, bis er am Ende der Straße verschwunden war, und stieg dann wieder die Stufen hinauf, mit einem Gefühl, als müsse sie eine Wüste durchqueren, ehe sie ihn wiedersehen würde.

Zum Glück machte sie die Bekanntschaft mit ihrer Nachbarin

Maria C., einer Frau von ungefähr vierzig Jahren, mit der sie nun morgens am Brunnenplatz Wasser holte, andere Frauen traf und zur Markthalle ging. Dort kam sie mit Leuten vom Land zusammen, die ihr Gemüse verkauften und sie an ihresgleichen in Saint-Quentin erinnerten, wo sie sich neben ihnen auf den Feldern abgearbeitet hatte. Da sie es gewohnt war, nie eine einzige Minute für sich zu haben, fehlte ihr die Arbeit. Ein weiteres Mal vertraute sie sich Julien an, sodass sie schließlich nach einer erneuten Anfrage im Gasthof an der Nationalstraße eingestellt wurde, um zwischen elf und sechzehn Uhr die Tische vorzubereiten, in der Küche mitzuhelfen, das Geschirr abzuräumen und abzuwaschen. Auf diese Weise verdiente sie ein wenig Geld, konnte etwas zum gemeinsamen Hausstand beitragen und ging mit dem zufriedenen Gefühl nach Hause, ihrem Mann zumindest ein wenig von seiner ermüdenden Bürde abzunehmen und ihren Teil zu dem gemeinsamen Leben beizusteuern, dass sie sich gerade aufbauten.

Das Jahr war noch nicht zu Ende, als sie begriff, dass sie ein Kind erwartete. Sie war entsetzt, denn sie wusste fast nichts über die Geheimnisse der Geburt und glaubte, sie wäre außerstande, es zur Welt zu bringen. Sie vertraute sich Maria an, die ihr Möglichstes tat, sie zu beruhigen und ihr mit schlichten Worten erklärte, was geschehen würde, etwas, das eigentlich längst jemand hätte tun sollen. Nun musste die Neuigkeit nur noch Julien verkündet werden, bei dem sie nicht wusste, wie er reagieren würde. Zugleich verspürte sie ein gewisses Schuldgefühl, denn sie würde in den letzten Monaten der Schwangerschaft aufhören müssen zu arbeiten, und sie wusste, welche Belastung ein Kind für einen jungen Hausstand darstellte.

Sie entschloss sich, es ihm an Weihnachten zu sagen, nach der Rückkehr von der Mitternachtsmesse, an der sie zusammen mit Maria teilgenommen hatte, jedoch ohne Julien, der nicht religiös war und mit den Pfarrern und Sakramenten auf Kriegsfuß stand. Der gnadenlose Kampf, den er von Kindheit an geführt hatte, die unterschiedlichen Lebensbedingungen zwischen den Armen und den Vermögenden, die er beobachtet hatte, die Überzeugung, sich nur auf sich selbst verlassen zu können, hatten ihn so weit gebracht, dass er sich keiner anderen Hoffnung hingab als derjenigen, die ihm die Beherrschung seiner Gerätschaften und die Aussicht, damit sein täglich Brot verdienen zu können, versprach. Dennoch ließ er Hélène sonntags zur Kirche gehen, allerdings mit einem Kopfschütteln, das mehr Nachsicht als Verärgerung ausdrückte.

»Ich weiß wohl, dass die Frauen das brauchen«, sagte er und dachte dabei an seine eigene Mutter, die trotz all ihrer Arbeit nie die Sonntagsmesse versäumt hatte.

An diesem Weihnachtsfest waren sie allein, es waren keine Familienangehörigen gekommen, und als draußen die Glocken läuteten, hatte sie ihm leise, fast flüsternd mitgeteilt, dass sie ein Kind erwartete. Zunächst war er stumm vor Verblüffung, vielleicht fragte er sich, wie es möglich war, dass er, ein Niemand, mit dieser Fee ein Kind hatte zeugen können, und sicher auch, ob er sich nun darüber freuen oder ob es ihm leidtun sollte. Dann rang er sich zu einem Lächeln durch, er zog sie unbeholfen an sich und sagte:

»Ich werde ein wenig mehr arbeiten. Mach dir keine Sorgen, solange ich zwei Hände habe, wird alles gutgehen.«

In seiner Stimme lag keinerlei Vorwurf, nur die Sorge, die ihn schon immer verfolgt hatte: zu überleben, nicht zu verhungern. Sie legten sich beim Licht einer Kerze, die er noch hatte brennen lassen, schlafen und schwiegen nun, ein wenig erschüttert ob der Neuigkeit, die das zerbrechliche Fundament bedrohte, auf dem ihr Leben ruhte, gleichzeitig fühlten sie sich glücklich, überwältigt von etwas, das größer war als sie und das sie auf eine Stufe mit ihren Vätern und Müttern stellte, denen sie sich, bescheiden wie sie waren, nie ebenbürtig gefühlt hatten.

Sie arbeitete bis Mitte Juni, dann musste sie aufhören, da die Gefahr bestand, das Kind zu verlieren, das am 9. August durch eine schwere Geburt, die eine von Maria herbeigerufene Hebamme zu einem guten Ende führte, auf die Welt kam. Julien war nicht zugegen, da sein Vorarbeiter ihm nicht freigegeben hatte, doch als er abends nach Hause kam, zeigte er sich beim Anblick des Sohnes, der ihm geboren war, stolz und glücklich. Nicht anders als seine Frau, die bis zum letzten Tag daran gezweifelt hatte, ein Kind auf die Welt bringen zu können und es nach langen Qualen schließlich doch geschafft hatte: Die Wehen hatten vor Tagesanbruch eingesetzt und bis in den Nachmittag hinein gedauert.

Ich glaube, dass sich ihr Leben dadurch tiefgreifend veränderte. Beide waren von ihrer frühesten Kindheit an daran gewöhnt, für sich alleine zu kämpfen. Nun einte sie ein anderer Kampf: Es galt, diesen Sohn, den sie Clément nannten, zu ernähren und zu beschützen. Hélène stillte ihn, wie es sich gehörte, doch hatte sie nicht viel Milch, sodass sie bald welche hinzukaufen mussten. Maria half ihr in den ersten Tagen viel, kaufte für sie ein und brachte ihr Gemüsesuppe, aber auch Julien, der mittags nicht mehr auf der Baustelle aß, sondern auf dem Fahrrad nach Hause kam, auch wenn er nicht lange bleiben konnte. Am Abend beugte er sich über die Korbwiege und verharrte so längere Zeit, ungläubig und insgeheim erschüttert. Er schöpfte daraus die Kraft, um am nächsten Morgen wieder auf die Baustelle zurückzukehren, sich in Acht zu nehmen und sich seines Sohnes wie der Arbeit, die sie alle ernährte, wert zu erweisen.

24

Das Leben nahm wieder seinen normalen Lauf, fröhlicher und in größerer Runde, während dieses Ausnahmesommers, der so heiß war, dass Julien eines Sonntagnachmittags vorschlug, ans Ufer der Dordogne zu gehen, um sich zu erfrischen und das Wasser zu genießen, wie es die meisten Bewohner von Souillac taten. Sie erklärte sich damit einverstanden unter der Bedingung, selbst nicht baden zu müssen, weil sie ihren Sohn nicht alleine lassen wollte, der in seinem Korb im Schatten schlief. In Wirklichkeit konnte sie sich nicht dazu durchringen, sich vor ihrem Ehemann und in Gegenwart seiner Maurerfreunde, mit denen sie sich dort treffen wollten, unbekleidet zu zeigen, selbst wenn es nur ein wenig war.

Am Ende der Wiesen zog der Fluss zwischen zwei Kiesstränden dahin, die bis unter einige große Pappeln, Eichen und Eschen reichten. Dort trafen sie die Familien der Bauleute, die Frauen unterhielten sich, während sie sich um die Kinder kümmerten – sie fühlten sich ein wenig unwohl dabei, so tatenlos herumzusitzen, da sie seit ihrer frühesten Kindheit arbeiteten – die Männer fischten in der Strömung Barben und Forellen, die sie alle zusammen abends verzehrten, nachdem sie sie auf Reisigfeuern gebraten hatten.

Alles in allem waren diese Tage wie Ferien für sie, etwas, das sie nie kennengelernt hatten; sie staunten über diese Freiheit und taten sich schwer damit, sie zu genießen, es war ihnen, als hätten sie sich irgendeiner nicht klar zu bezeichnenden Faulheit schuldig gemacht, wenn sie vor Einbruch der Dunkelheit heimkehrten.

Doch Julien hatte Gefallen an der Fischjagd gefunden, und es kam vor, dass er ihretwegen während der Arbeitswoche bis in den Herbst hinein erst abends nach Hause kam, er fischte mit dem Spieß oder manchmal sogar nachts mit der Fackel, trotz aller Risiken, da dies als Wilderei galt. Maria hatte Hélène obendrein verraten, die Sache sei gefährlich, und sie zitterte, wenn sie ihn fortgehen sah, betete, während sie auf ihn wartete, zum lieben Gott, er möge ihn am Leben lassen, lauschte seinem Schritt auf der Straße und konnte nicht schlafen, bis er mitten in der Nacht schließlich wieder zu ihr zurückkehrte.

So war Hélène fast erleichtert, als der Winter kam, auch wenn sie wusste, dass sie nur den Küchenherd zum Heizen hatten und dass das Holz bezahlt werden musste. Im November fing sie ihre Arbeit im Gasthof wieder an und nahm ihr Kind mit oder überließ es, wenn es zu kalt war, vertrauensvoll Marias Obhut. Weihnachten feierten sie abends mit den Nachbarn, und sie beschlossen, über Neujahr nach Saint-Quentin zu fahren, falls das Wetter nicht zu schlecht werden würde, um Hélènes Familie zu besuchen, die ihr sehr fehlte. Da der Wind nach Westen gedreht hatte, war das Eis so weit geschmolzen, dass sie sich trotz des drohenden Schnees am Silvesternachmittag auf den Weg machten, da Julien von seinem Vorarbeiter die Erlaubnis erhalten hatte, die Baustelle um zwölf Uhr zu verlassen.

So erschien ihnen der erste Tag des Jahres 1914 in dem großen Esszimmer in Hélènes Geburtshaus, wo es ihr vorkam, als wäre sie ewig nicht dort gewesen, wunderbar und reich an Hoffnungen. Ihr Sohn lächelte all die unbekannten Gesichter an, die sich über ihn beugten, jeder stieß auf seine Gesundheit und die kommende schöne Jahreszeit an. Erst auf der Rückfahrt im Schnee, der sie nun begleitete, wurde Hélène plötzlich kalt, und während sie an Julien heranrückte, sagte sie mit zitternder Stimme:

»Ich habe Angst.«

»Und wovor hast du Angst?«, fragte er überrascht.

»Ich weiß es nicht, aber ich habe Angst.«

Er umfasste ihre Schultern, hielt die Zügel mit einer Hand und antwortete entschlossen:

»Es wird besser, sobald wir im Warmen sind.«

»Ja«, sagte sie. »Du hast recht.«

Am Ende kamen sie vollkommen durchgefroren zu Hause an, sie hatten Mühe wieder warm zu werden, sodass sie schon befürchtete, ihr Sohn hätte sich erkältet, und beschloss, ihn zu sich ins Bett zu legen.

Vom nächsten Tag an wurde ihre Hauptsorge das Holz, denn der gusseiserne Küchenherd heizte schlecht, und sie musste ständig nachlegen, um nicht nur den unteren Raum, sondern auch die beiden Zimmer im oberen Stock zu beheizen, deren Türen sie zu diesem Zweck aufließ. Jedes Mal wenn sie vom Gasthof nach Hause kam, fürchtete sie, das Feuer sei erloschen, nicht nur wegen ihres Sohnes, sondern auch Juliens wegen, der stets starr vor Kälte und mit Frostbeulen an den Händen heimkehrte. Sie hatte eine Wärmflasche gekauft, die sie zunächst in den Stubenwagen ihres Sohnes legte. Dann wechselte sie das Wasser und wärmte ihr Bett damit. Sie bedauerte, dass sie keine Bettpfanne wie im Gasthof von Sarlat besaß, und nahm sich vor, eine aufzutreiben, sobald ihre Ersparnisse es ihr erlaubten.

Julien mochte in der Tat nicht »umsonst« Geld ausgeben, wie er zu sagen pflegte. Da er streng erzogen worden war, immer von der Angst getrieben, in eine Situation des Mangels zu geraten, verbarg er sein Geld sorgfältig in der Schublade des Küchenschranks und gab seiner Frau nur wenig davon ab, nicht aus Geiz, sondern weil er nicht wusste, wie teuer das Leben geworden war, sich mit wenig zufrieden gab und gar nicht auf den Gedanken kam, dass sie andere Wünsche, andere Bedürfnisse haben könnte. So schenkte ihr das im Gasthof verdiente Geld die Befriedigung, ihn nicht um mehr bitten zu müssen, als ihm notwendig erschien, und dieses Gleichgewicht, das sich von Beginn an zwischen ihnen einstellte, blieb ihr ganzes Leben lang hindurch bestehen.

Der Frühling des Jahres 1914 machte den durch die Jahreszeit bedingten Sorgen um den Holzvorrat, den sie nicht länger strecken konnte, ein Ende, und die schönen Tage ließen die Wiesen und großen Bäume am Ufer der Dordogne rasch grün werden. Sobald sie eine freie Minute hatte, was sehr selten war, begab sie sich dorthin, allerdings immer mit einem leisen Schuldgefühl, weil sie dann untätig war. In Wahrheit leisteten beide mit Energie und Vertrauen ganze Arbeit, was sich daran zeigte, dass ihr Sohn prächtig gedieh, nie krank war und es ihm an nichts fehlte. Weder Hélène noch Julien, da bin ich mir sicher, hätten sich auch nur einen Augenblick vorstellen können, dass die Welt bald in Aufruhr geraten und sie zusammen mit Tausenden anderer Männer und Frauen in einen irrsinnigen Strudel reißen würde.

Sie schenkte den leidenschaftlichen Diskussionen der Gäste in der Herberge keinerlei Aufmerksamkeit, schrieb deren dunkle Prophezeiungen den vielen Gläsern zu, die sie aufgrund der Hitze tranken, blendete alles aus, was nicht das Glück ihrer kleinen Familie betraf, und war unfähig sich vorzustellen, dass die Pariser Politik irgendeinen Einfluss auf ihr Leben haben könnten. Es war Juliens veränderter Gemütszustand, der sie aufschreckte, als er eines Abends im Juli von der Baustelle kam und ausrief:

»Ich habe ihnen drei Jahre meines Lebens gegeben, sie werden mir doch nicht noch weitere nehmen!«

»Aber wovon redest du denn?«, fragte sie, und ihr Herz begann plötzlich zu klopfen, als hätte unvermittelt das Unglück bei ihr Einzug gehalten.

Er erklärte ihr, dass seit der Ermordung eines Erzherzogs in Sarajewo, irgendwo weit weg in Serbien, das Gerücht über einen möglichen Krieg die Runde machte. Auf jeden Fall wurde auf der Baustelle mit jedem Tag mehr davon gesprochen.

»Du bist einunddreißig Jahre alt«, sagte sie, »du wirst nicht eingezogen werden, das ist nicht möglich.«

»Mein Wehrpass sagt da etwas anderes. Im Falle einer Mobilmachung muss ich mich am dritten Tag auf den Weg machen.«

»Mach dir keine Sorgen. Es wird keinen Krieg geben. Ich bin sicher, dass der liebe Gott es nicht will.«

»Der liebe Gott hat damit nichts zu tun!«, rief er aus, stieß beim Aufstehen seinen Stuhl um und verschwand plötzlich nach draußen. Sie blieb zurück, allein mit einer schrecklichen Angst, die sich ihrer soeben bemächtigt hatte.

25

Sie fing an, Tag und Nacht zu beten, begriff jedoch, nachdem Julien jeden Abend verschlossen und verzweifelt nach Hause kam, dass sie dem Schlimmsten nicht würden entgehen können. Als am 1. August die Sturmglocke läutete, befand sich Hélène gerade auf dem Rückweg vom Gasthof zu ihrem Haus und war mit dem Kind auf dem Arm losgerannt. Julien, auf seiner Baustelle, hatte gerade begonnen, einen Stein zu behauen. Er hob wie alle anderen Männer den Kopf und hielt kurz inne, dann fuhr er wütend fort, auf seinen Meißel einzuschlagen, als ob er sich weigerte, auf die Glocken zu horchen, die geradezu außer Kontrolle geraten waren. Denn er wusste genau, was das bedeutete. Ein Vorarbeiter kam und forderte alle auf, die Arbeit einzustellen und nach Hause zu gehen. Die Männer schauten sich zunächst sprachlos an, machten einige fast vergnügte Bemerkungen, dann eilten sie zu den Baracken, um ihre Sachen zu holen und zu verschwinden, wobei sie sich nervös mit weit ausholenden Armgesten, provozierenden Worten und albernem Gelächter unterhielten. Julien hämmerte eigensinnig weiter, mit einem störrischen und dermaßen feindseligen Gesicht, dass der Vorarbeiter davon absah, sich ihm zu nähern, obwohl er ihn gut kannte. Einer der Chefs, vom selben Vorarbeiter informiert, musste aus einer Holzbaracke herauskommen, zu Julien hingehen und ihn auffordern:

»Los, Signol, sei vernünftig, geh nach Hause!«

Julien hob den Kopf, erblickte die verlassene Baustelle – einige Arbeiter waren fortgerannt, als würde es bei ihnen zu Hause brennen –, hielt einen Moment lang ungläubig inne, dann schlug er mit einem so wuchtigen Hieb auf den Stein ein, dass er in zwei Teile zerbarst. Danach begab er sich wütend und wortlos zu den Baracken, ergriff seine Sachen, stieg auf sein Fahrrad und fuhr zur Stadt, deren Straßen von gestikulierenden Leuten überfüllt waren, die hitzig aufeinander einredeten, als stünde der Feind vor ihrer Tür.

Als er nach Hause kam und Hélène am Tisch gegenübersaß, war es, als hätte er die Sprache verloren. Seine Hände zitterten vor stummem Zorn, der in ihm kochte, er starrte vor sich auf die Tischdecke, und sie wusste nicht, wie sie ihn besänftigen konnte. Im Gegenteil, die wenigen Worte, die sie herausbrachte, steigerten nur seine Wut, insbesondere als sie ihm vorschlug, seinen Wehrpass zu ignorieren:

»Du glaubst doch nicht, dass ich mich verstecke!«, rief er aus. »Das habe ich nie getan, nicht einmal als Kind und wenn es schlecht für mich aussah. Und ich werde auch jetzt nicht damit anfangen.«

Er kehrte erst nachts wieder nach Hause zurück – es war eine warme, schwüle Nacht, wie oft Anfang August –, und sie hatte den Eindruck, dass er nach Wasser roch. Sicherlich war er baden gegangen, um sich zu beruhigen. Sie legten sich schlafen, ließen das Fenster auf, sodass der Lärm aus der Stadt hereindrang, hörten ihm lange mit klopfendem und verzweifeltem Herzen zu und konnten keinen Schlaf finden.

Am nächsten Tag verließ er wortlos das Haus, und als sie einkaufen ging, sah sie die Anschläge. Da begriff sie, dass es sich nicht um einen bösen Traum handelte und Julien sie wirklich verlassen würde. Sie fürchtete, dass er in eine Kneipe gehen würde, doch normalerweise tat er so etwas nicht. In Wirklichkeit suchte er seine Arbeitskollegen auf, zumindest diejenigen, die noch nicht fort waren, um wenigstens anfänglich zu verstehen, was sich abspielte und womit man in den kommenden Tagen zu rechnen hatte. Einmal mehr litt er darunter, dass er unfähig war, die Zeitungen zu lesen, er fühlte sich isoliert, alleingelassen und manipuliert von denen »da oben«, die über sein Leben verfügten.

Die zwei Tage vor seiner Abreise waren schmerzhaft, für sie wie für ihn. Sie konnten weder den Schmerz, sich trennen zu müssen, artikulieren, noch die Angst, einander und all das, was sie mit so viel Mühe aufgebaut hatten, vielleicht für immer zu verlieren, die Furcht, dass der lange Weg, den sie bis zu ihrer Begegnung zurückgelegt hatten, plötzlich und endgültig zu Ende sein könnte.

Am Montagmorgen wollte sie ihn zum Bahnhof begleiten, doch er lehnte ab:

»Tu das lieber nicht: Es wird alles nur noch schwerer.«.

Sie bestand vergeblich darauf, und schließlich schloss sie sich seiner Meinung an. Sie umarmten und küssten sich vor ihrer Haustür, und als er sich sanft aus ihren Armen löste, sagte er zu ihr:

»Pass gut auf dich auf! Kümmere dich um den Kleinen und sorge dich nicht um mich. Ich werde vor Weihnachten zurück sein. Du wirst sehen, wir werden wie letztes Jahr nach Saint-Quentin fahren.«

Dann warf er seinen Proviantbeutel über die Schulter und machte sich mit grimmigem Schritt auf den Weg zum Bahnhof, der sich mehr als einen Kilometer von ihrem Haus entfernt am Ende einer langen Avenue befand.

Hélène konnte ihr Wort nicht halten, sie folgte ihm mit ihrem Kind auf dem Arm in einem gewissen Abstand und hielt sich versteckt. Julien schien etwas zu ahnen, denn er wandte sich mehrmals um, ging jedoch nicht zurück. Als er am Bahnhof war, verbarg sie sich hinter der Ringmauer und beneidete die Frauen, die dort ihre Ehemänner noch einmal in die Arme schließen konnten. Sie haderte mit Julien, beherrschte aber ihren Drang, auf ihn zuzustürzen. Als sich der Zug begleitet von Liedern und Rufen in Bewegung setzte, kehrte sie um und ging langsam nach Hause zurück; sie hielt den Kopf gesenkt, um die Tränen zu verbergen, die, obwohl sie tapfer dagegen ankämpfte, aus ihren Augen rannen.

III Der Schlamm

26

Julien hatte soeben die erste der Stufen erklommen, die ihn zum größten Drama seines Lebens führen sollten, doch das wusste er noch nicht: Er ahnte es nur dunkel. Wenn er gewusst hätte, was ihn erwartete und wie schwer die kommenden Ereignisse seine Existenz belasten würden, vielleicht hätte er dann auf seine Frau gehört und wäre nicht fortgegangen. Ich glaube, was für ihn den Ausschlag gab, war ein Gefühl der Ungerechtigkeit: Er hatte drei Jahre Militärdienst geleistet, sich gut geführt, und nun berief man ihn ein, seine Pflicht in einem Krieg zu erfüllen, dessen Gründe er nicht verstand. Warum musste er gegen die Deutschen kämpfen, die er nicht einmal kannte? Die Distanz zwischen ihnen und ihm, die er empfand, machte diesen Kampf absurd, zwecklos und unverständlich, vor allem wenn man ein Kind zu versorgen, eine Arbeit, einen Beruf, eine Ehefrau hatte, deren Gegenwart Licht in sein Leben brachte und die einem das Glück erschlossen hatte.

Doch es gab Menschen, die die Macht hatten, auf das Leben anderer Menschen Einfluss zu nehmen, so wie diejenigen, deren Autorität Julien als Kind erduldet hatte. Das war ihm heute unerträglich: Er hatte das Gefühl, dass der Kampf, den er in den ersten dreißig Jahren seines Lebens geführt hatte, nichts oder jedenfalls nicht sehr viel gefruchtet hatte. Er war kein Stück weitergekommen. Er war von anderen abhängig, wie er es bereits als Bediensteter eines großen Gutes gewesen war, und es kam ihm so vor, als würde das sein Leben lang so bleiben.

Die Betriebsamkeit, der er in Paris begegnete, die »Auf nach

Berlin!«-Rufe, die Prahlereien der Soldaten im Zug, diese Art von Tollheit und die Begeisterung, die durch die Reihen seiner Kameraden ging, nichts von all dem vermochte ihn aufzuheitern. Resigniert nahm er seine Ausrüstung in Empfang und machte sich am Morgen des 6. August mit seinem Regiment auf den Weg zur Grenze, wo die ersten Kämpfe geführt wurden. Er selbst erlebte das Geschützfeuer erst acht Tage später in den belgischen Ardennen, als die schweren deutschen Kanonen und Maschinengewehre die französischen Truppen zwangen, die nach einem Plan von Joffre durchgeführte Offensive zurückzunehmen.

Julien hatte soeben die ersten von Granaten zerfetzten Toten, aufgeschlitzten Pferde und verwundeten Kameraden, darunter einige verstümmelte, gesehen und sich gerade daran gewöhnt, als ihn der Befehl zum Rückzug am 24. wieder aus der Bahn warf. Es war ein allgemeiner Rückzug, und niemand wusste, wo er zum Stehen kommen würde. Die Begeisterung der Soldaten war genauso schnell verflogen, wie sie gekommen war, und das wunderte ihn nicht. Sein Instinkt hatte ihn vor dem, was der Krieg im Keim in sich trug, gewarnt: Befehlen gehorchen, vorrücken, zurückweichen, all das war kein Problem für ihn; doch dieser von oben kommende Tod, dieses mörderische Pfeifen der Fliegerbomben, von denen man nie wusste, wo sie herunterkommen würden, ließ ihn wieder seine Kleinheit, seine Zerbrechlichkeit spüren, und zwar mit einer Heftigkeit, der er dank seiner Arbeit zu entkommen gehofft hatte.

Stattdessen gehorchte er wiederum, katzbuckelte klaglos und marschierte weiter, nur von einem einzigen Gedanken getrieben: am Leben zu bleiben für seine Frau und seinen Sohn. Und so marschierte er fünf Tage lang in Richtung Süden, ehe er Anfang September zwischen Bar-le-Duc und Verdun Halt machte, wo die

3. Armee von General Sarrail den deutschen Ansturm abfangen sollte, während an der Marne die entscheidende Schlacht stattfand. Und wieder erlebte er die tödlichen Granatsplitter und Geschosse, sah Kameraden fallen, die jünger waren als er, fragte sich, wie es kam, dass er am Leben blieb, obwohl so viele andere tot waren. Er hatte großes Glück gehabt, das wusste er, und er glaubte sich schon gerettet, als sich die Deutschen in den Schützengräben der elenden Champagne festsetzten und die Franzosen, die nicht in der Lage waren, diese neue Front, mit der die Generalstäbe nicht gerechnet hatten, zu durchbrechen, dazu zwangen, sich ebenfalls zu verschanzen. Zur selben Zeit begann der Wettlauf am Meer, doch Juliens Regiment blieb in der Champagne, und die furchtbaren Märsche unter feindlichem Feuer hatten ein Ende.

Dort in der Talmulde, wo kein einziger Baum stehengeblieben war, erklärte sich ein Kamerad bereit, für ihn an Hélène zu schreiben. Es waren nur wenige Worte, denn er war unfähig, die unbeschreibliche Wut, die in ihm brodelte, zu formulieren. Zudem war er völlig außerstande, die Gefahren, denen er ausgesetzt gewesen war, zu schildern:

Meine liebe Frau,
ich lebe und bin bei guter Gesundheit, und ich hoffe, dass für Dich dasselbe gilt. Kümmere Dich gut um unser Kind, bis ich wieder zurückkomme. Ich vergesse Euch nicht und denke jeden Tag an Euch.

Dein Mann: Julien

War es für ihn ohnehin schon schwer, auch nur die geringsten Gefühle mit Worten auszudrücken, so wurde diese Schwierigkeit durch die Vermittlung eines Dritten noch verschärft. Hélène begriff es, doch sie litt auch darunter, weil sie seit sechs Wochen auf diesen Brief gewartet hatte, der so wenig und so mangelhaft etwas darüber aussagte, was er weit weg von ihr durchmachte.

Am Tag nach seiner Abreise hatte sie ihre Arbeit im Gasthof wieder aufgenommen, wo nur noch ein Mann, der alte Mathieu, in der Küche übrig geblieben war und immer weniger Gäste kamen. Nachts schlief ihr Sohn bei ihr im Bett, und die Nähe des warmen Körpers, der ein Stück von Julien war, beruhigte sie ein wenig. Dennoch litt sie unter Albträumen, durch die die Nachrichten, die sie auf der Straße aufgeschnappt hatte, geisterten und von denen sie nicht viel verstand. Wenn es am Anfang tatsächlich geheißen hatte, alles sei vor Jahresfrist zu Ende und der Sieg sei schnell errungen, so war jetzt nur von einem Rückzug bis zur Marne die Rede. Wem sollte man vertrauen? Wo lag die Wahrheit?

Sie fing an, nach dem Briefträger Ausschau zu halten, ehe sie zum Gasthof ging, wo sie nur wenig Geld verdiente, doch war es ihr gestattet, einige Nahrungsmittel mit nach Hause zu nehmen, was ihr und ihrem Kind half, über die Runden zu kommen. Sie konnte noch nicht klar einschätzen, was dort oben im Norden vor sich ging. Die volle Realität begriff sie erst im Oktober, als der Bürgermeister mit seiner Schärpe in den Farben der Trikolore erschien und an die Tür des Hauses gegenüber klopfte, worauf sich die grauenvolle, endlose Klage einer Frau erhob, die sich bis in die höchsten Höhen hinaufschraubte, und es war, als wolle sie gar nicht mehr verstummen. Hélène kannte sie von gelegentlichen Begegnungen auf dem Markt, wo sie einige Worte mit ihr gewechselt hatte. Diese Frau war ihr nahe, sie ähnelte ihr, und wenn das Unglück sie getroffen hatte, war es möglich, dass es auch sie traf, ohne dass sie sich dagegen wehren konnte.

Von da an lebte Hélène ständig in quälender Angst, sie litt unter der fixen Idee, der Bürgermeister könne jeden Moment an der Straßenecke erscheinen oder es würde an ihre Tür geklopft, nachdem sie im Haus Zuflucht gesucht und die Tür mit dem Schlüssel zugesperrt hatte. Sie versuchte verzweifelt einen Schutzwall zu errichten zwischen der Welt da draußen und ihrem Heim. Nur das Zusammensein mit ihrem Sohn beruhigte sie ein wenig, denn er verkörperte das Leben und hielt dadurch, so schien es ihr, den Tod von ihr fern.

Ansonsten hoffte sie mit aller Kraft, dass es bald Weihnachten werden würde, denn sie glaubte fest daran, dass Julien wenigstens dann Heimaturlaub bekäme. Sie fragte ihn in ihrem ersten Brief danach, den sie ihm schrieb, im Glauben, dass bald ein allgemeiner Waffenstillstand die Kämpfe beenden würde. Sie fing an, auf eine Antwort zu warten, die sie erst Anfang November erreichte und sie enttäuschte, da sie ausweichend blieb und letztlich sehr pessimistisch ausfiel. Ein wenig Trost erhielt sie von ihrer Familie, ihre Schwestern Victorine und Aline versprachen, die Feiertage mit ihr zusammen in Souillac zu verbringen. Die Tage verrannen, sie brachten nichts außer einem bedrückenden und schmerzlichen Warten auf das Ende des Monats – Tage, die durch nichts erhellt wurden, es kam nicht einmal eine auch noch so kurze, beruhigende Nachricht von der »Front«, wie man nun den Ort der Feindseligkeiten bezeichnete. Auch seitens der Herberge gab es nicht die geringste Hilfe, ihr Wirt erwog die Schließung, wenn sich die Geschäfte weiter verschlechterten.

Am 18. erhielt sie einen Brief, in dem ihr Julien bestätigte, dass er nicht kommen könne, doch es verwunderte sie nicht: Sie wusste nun, dass sie zu klein waren, um gegen das unbekannte und schreckliche Monster anzukämpfen, das sie beide bedrohte, eine Bedrohung, die sie jeden Tag und zu jeder Stunde bis in ihren Schlaf hinein spürte.

Aline und Victorine hielten Wort und kamen, um den Heiligen Abend und den ersten Weihnachtstag mit ihr zusammen zu verbringen. Sie nahmen an der Mitternachtsmesse in der großen und schönen Abteikirche teil, wo für die Soldaten gebetet wurde – begleitet von Trauer, trotz der Lieder, die bis ins Gewölbe emporstiegen, und des Lichts der Kronleuchter, deren warmer Glanz in anderen Zeiten so beruhigend auf sie wirkte. Ihre Schwestern reisten am Morgen des 26. wieder ab und ließen sie allein zurück. Sie hatte nicht mehr viel Holz zum Heizen und stellte sich vor, wie auch Julien unter der Kälte litt. So begann sie mit einer fieberhaften und verzweifelten Energie zu stricken, als hinge das Leben ihres Mannes davon ab.

27

Auch ihm war kalt, sehr kalt sogar, in seiner Grube in der gefrorenen Erde. Niemand konnte sich die Schützengräben vorstellen, in denen sich die Armeen befanden, und schon gar nicht die Angehörigen des Generalstabs. Zum Glück fanden die Soldaten leicht Holz – es gab genügend zerstückelte Bäume –, und es gelang ihnen, obwohl sie zur Unbeweglichkeit gezwungen waren, sich bisweilen aufzuwärmen, da sich die Front zumindest in diesem Sektor stabilisiert hatte.

In gewisser Weise beruhigte sie die Kälte: Sie ahnten, dass sie den Krieg lähmte, wie sie auch sie lähmte – sie hatten die Toten ihrer Kleider entledigt, als Ersatz für die von den Offizieren versprochene Zusatzbekleidung, die aber nicht eintraf. Tatsächlich ging der Krieg weiter, da Generalstabschef Joffre entschieden hatte, die deutschen Linien müssten, koste es was es wolle, im Artois und in der Champagne bei Soissons durchbrochen werden. Für Julien bedeutete das nur einen Aufschub, das ahnte er. Und als sein Oberfeldwebel sie informierte, dass sie Mitte Februar zum Sturmangriff auf die Hügel von Les Éparges im Südwesten von Verdun aufbrechen würden, war er nicht wirklich überrascht. Er ließ in aller Eile einen Brief an Hélène schreiben, doch er sagte ihr nicht, dass er in einen Kampf zog, in dem er vielleicht sterben würde.

Er verließ den Schützengraben am frühen Morgen des 16., nach zwei Tagen und Nächten Dauerbeschuss der feindlichen Linien, was den Frontsoldaten jegliche Illusion hinsichtlich des Schicksals genommen hatte, das sie erwartete. Glücklicherweise gehörte er nicht zu den ersten Wellen des Sturmangriffs, was ihn rettete, denn er stolperte und fiel über den Körper eines der zahlreichen Soldaten, die auf einen Spanischen Reiter gestoßen waren, ehe sie von deutschen Maschinengewehren erschossen wurden. So konnte er nur an Ort und Stelle ausharren, bis dieser unmenschliche Sturmangriff aufhörte. Der letzten Welle war es gelungen, ihn zu überholen und sich vor ihm einzugraben. Es war ein Wunder, dass er noch lebte, das begriff er, als die Angriffe ein Ende gefunden hatten und die Toten seines Regiments gezählt wurden. Die Verluste waren erheblich, ja katastrophal, und das Manöver hatte ein so armseliges Ergebnis erbracht, dass Joffre in der Abgeordnetenkammer deswegen angegriffen wurde und die Sache zumindest in diesem Sektor beenden musste.

Es wurde März, die Kälte ließ ein wenig nach und machte dem Regen Platz, was den erschöpften Männern das Leben nicht einfacher machte, die im Matsch nur langsam von der Stelle kamen, da der Einsatz von Gitterrosten noch nicht üblich war. Julien war verstummt, er hatte sich noch mehr in sich zurückgezogen, unfähig, Briefe zu schreiben, denn Worte schienen ihm bedeutungslos im Vergleich zu dem, was er erlebt hatte, und obendrein war der Mann, der für ihn schrieb, gefallen. Ich glaube nicht, dass er Angst im eigentlichen Sinne hatte: Er war kein Mann, der einen Rückzieher machte oder der unfähig war, den Widrigkeiten des Lebens zu trotzen, in welcher Gestalt sie auch auftraten. Nein, ich denke, er hatte einzig und allein Angst davor, seine Frau und seinen Sohn allein zurücklassen zu müssen, sie der Konfrontation mit all den Schwierigkeiten des Lebens ausgesetzt zu wissen, die er erlebt hatte und von denen er wusste, wie lange er gebraucht hatte, um sie zu überwinden.

Von den Neuen, die die Toten ersetzt hatten, kannte er keinen, und er hatte kein Bedürfnis mehr, sich mit wem auch immer anzufreunden und ein weiteres Mal zuzugeben, dass er weder lesen noch schreiben konnte. Er dachte viel an seine Frau, doch sie kam ihm sehr weit weg vor, unerreichbar von den feindseligen und fremdartigen Orten aus, wo er sich jetzt aufhielt. Er war nicht mehr in der Lage zu begreifen, wie das Ausbleiben von Briefen Hélène vor Angst fast verrückt machte, zumal es um sie herum weiter schlechte Nachrichten hagelte; zu denen, die der Bürgermeister verkündete, kamen noch die von der Front, wo nichts mehr auf ein schnelles Ende hoffen ließ, ganz im Gegenteil.

Doch das war noch nicht das Schlimmste. Sie hatte auch ihre Anstellung verloren. Der Wirt des Gasthofs hatte sie entlassen, nachdem er ihr eröffnet hatte, er sei aus Mangel an Gästen gezwungen, für einige Zeit zu schließen; doch würde er sie natürlich wieder einstellen, sobald die Lage es erlaubte. Dank Maria hatte sie in der Altstadt einige Putzstellen gefunden, doch sie musste die Miete bezahlen, danach blieb ihr nicht viel zum Leben übrig, denn sie hatte keine Schritte unternehmen wollen, die ihr eine kleine Beihilfe als Frau eines Soldaten gesichert hätten. Julien hätte das nicht gewollt, dessen war sie sich sicher. Sie zog es vor, in der schönen Jahreszeit auf Bauernhöfen zu arbeiten. Sie ließ ihren Sohn in der Obhut Marias und brachte dann etwas Geld oder ein paar Nahrungsmittel mit: Brot, Gemüse und Obst.

Damals gewöhnte sie sich an, unterwegs alles aufzusammeln, was ihr einmal nützlich sein konnte: ein Stück Faden, eine Pappschachtel, einen Nagel, eine Stecknadel, kurzum, die kleinen Dinge, die sie sich nicht leisten konnte, und es beruhigte sie, alle diese winzigen Schätze mit nach Hause nehmen zu können. Und ich habe selbst gesehen, wie sie noch am Ende ihres Lebens gebeugt herumlief und auf dem Weg vor ihrem Haus nach etwas Ausschau hielt, womit sie eines Tages vielleicht Geld sparen konnte. Sie versteckte sich keineswegs dabei, sie schämte sich nicht – im Gegenteil: Wenn sie sich aufrichtete, nachdem sie ihren Schatz aufgesammelt hatte, wirkte sie glücklich. Eine kleine Freude, ein kleines Vergnügen, das wahrscheinlich in jenem Sommer entstanden war, auf dem einsamen Heimweg zu ihrer Wohnung, wo sie vielleicht ein Brief von Julien erwartete.

Doch zwischen April und Juli erreichten sie nur drei Briefe, dann begann ein fieberhaftes, bedrückendes Warten, sodass sie mit dem Schlimmsten rechnen musste. Nach der Niederlage im Frühling und zu Beginn des Sommers schenkte die Reorganisation der Truppen den Soldaten zum Glück eine kleine Ruhepause vor der kommenden Offensive. Das Oberkommando der Armee unter Joffre war dabei, 1200 75-Millimeter-Kanonen und 800 schwere Geschütze in die Champagne zu befördern, die für die Vorbereitung des Sturmangriffs im Herbst bestimmt waren.

Glücklicherweise befand sich Julien in hinterer Linie, als am 25. September 1915 das Signal zum Sturmangriff gegeben wurde und die französischen Infanteristen über den Stacheldraht der zweiten deutschen Linie strauchelten. Dagegen gehörte er zu der Angriffswelle, die am 30. September aus den Parallelgräben ausbrach und eine Bresche von ungefähr hundert Metern schlug, bis es ihr gelang, sich gegenüber der deutschen Reserve, die überstürzt nachgerückt war, zu verschanzen. Zweimal wollte der Tod ihn nicht haben, und ich denke beim Schreiben dieser Zeilen, dass es mich nicht gäbe, wenn er in jenem Herbst gefallen wäre. Woran hängt unser Leben? Ein Meter weiter nach links, ein Schritt weiter nach rechts, und er hätte einem Granatsplitter oder der Kugel eines Maschinengewehrs zum Opfer fallen können. Doch er hat diesen Schritt nicht getan, vielleicht weil er eine Abkürzung nahm oder einfach nur aus Zufall: ein Sturz, vor ihm liegende Leichen, ein kurzes Zögern, Erschöpfung, Atemnot, ein plötzliches Stehenbleiben, vielleicht aus Verzweiflung, anstatt dem unvermeidlichen Schicksal entgegenzugehen ... Ich weiß es nicht. Was ich weiß, ist, dass es einem Wunder gleichkommt, dass ich existiere, insbesondere wenn ich daran denke, dass mein Großvater mütterlicherseits zur selben Zeit unter dem Kugelhagel lag.

Immer entkam Julien dem Tod, obwohl die französische Armee in diesem Frontabschnitt beim Vorrücken um vier Kilometer neben 25 000 Gefangenen zwischen dem 25. September und dem 30. Oktober 135 000 Mann verlor. Er war nicht darunter: Er war am Leben, er staunte selbst darüber, und er war wild entschlossen, es zu bleiben. Sobald er im Versorgungsraum in Ruhestellung war, ließ er an seine Frau schreiben, denn er hatte von einem möglichen Heimaturlaub zum Jahresende läuten hören. Er glaubte nicht wirklich daran, doch jetzt, da die Offensive in der Champagne eingestellt war, schöpfte er wieder ein wenig Hoffnung. Mit jedem Tag, der verstrich, verdichtete sich im Übrigen die Wahrscheinlichkeit eines Heimaturlaubs zu Weihnachten, und Anfang Dezember diktierte er ein weiteres Mal einen Brief an seine Ehefrau, sodass Hélène wieder Hoffnung schöpfte und anfing, von einem Wiedersehen zum Jahresende zu träumen.

Doch am 15. Dezember gegen vier Uhr nachmittags, als Hélène neben Maria saß und unter der früh entzündeten Öllampe Strümpfe stopfte – der Nebel hatte sich seit dem Morgen nicht gelichtet –, erlosch die Lampe plötzlich ohne Grund, und die beiden Frauen saßen im Dunkeln.

»Ein Unglück ist geschehen«, stöhnte Hélène und stand auf.

»Red' kein dummes Zeug!«, sagte Maria. »Du hast kein Öl mehr, das ist alles.«

Hélène prüfte den Füllstand, doch der Docht war gut durchtränkt. Sie begann zu zittern, ihre Beine versagten den Dienst, und Maria musste ihr helfen, sich hinzulegen, während sie sie vergeblich zu beruhigen versuchte. Es war nichts zu machen: Mit der dunklen Welle, die sich auf einmal im Zimmer ausgebreitet hatte, verdichtete sich in ihr die Gewissheit, dass Julien tot war, dass sie ihn nie mehr sehen würde, und so sprach sie auch später noch davon, mit einem Blick voller Entsetzen und Schmerz, den die Zeit nicht hatte lindern können.

28

An jenem Tag, dem 15. Dezember 1915, befand sich Julien am frühen Nachmittag in vorderster Linie. Er war jedoch nicht besonders nervös, da die gesamte Front sehr ruhig war. Das Wetter war für die Jahreszeit eher milde, und nichts deutete auf eine Offensive hin. So kamen die ersten deutschen Granaten gegen halb vier nachmittags für ihn und seine Kameraden völlig überraschend, als sie auf die französischen Linien niederhagelten, zweifellos zur Vorbereitung eines Sturmangriffs am nächsten Tag. Reflexhaft gingen alle so gut sie konnten in Deckung, während die Einschläge immer präziser wurden, die Erde um die Schützengräben herum in Garben hochgewirbelt wurde und die Männer, die es gewohnt waren, den Weg der Granaten an ihrem Pfeifen abzuschätzen, die Köpfe einzogen und sich an die Wände drückten, um mit der Erde zu verschmelzen und ganz in ihr aufzugehen.

Julien begriff, dass der Feind sich auf sie eingeschossen hatte. Und als eine Granate auf den Rand des Schützengrabens fiel, streckte er reflexartig die rechte Hand nach seinem Proviantbeutel aus, um ihn zu packen und die Briefe und die Photographie von Hélène, die er immer bei sich trug, zu schützen. Die Druckwelle der Detonation schleuderte ihn von der Einschlagstelle aus fünf Meter weit durch die Luft und warf ihn gegen irgendwelche Körper, die den Aufprall abfingen. Er war ungefähr eine Minute lang wie betäubt, ehe er den Schmerz empfand, einen furchtbaren Schmerz in seiner rechten Hand, aus der bald das Blut durch den Schmutz hindurchsickerte. Er begriff nicht sofort, wie gravierend die Verletzung war, sondern freute sich darüber, weiter keinen Schmerz in seinem Körper zu spüren, obwohl neben ihm Männer in zwei Stücke zerteilt worden waren, andere lagen leblos herum, mit abgerissenen Gliedmaßen, einige schrien oder stöhnten in diesem Massengrab. Julien schien der Einzige zu sein, der verschont geblieben war.

Was sollte er mit dieser blutigen Hand tun, von der Fleisch- und Hautfetzen herunterhingen, die sich offenbar vom Knochen gelöst hatten? Es blieb ihm nichts anderes übrig, als sie mit dem zu verbinden, was er gerade zur Hand hatte, und auf Hilfe zu warten. Er griff sich einen verdreckten Lumpen – das Einzige, was in Reichweite lag – und wickelte seine Hand in den übelriechenden Stoff, ehe er sich hinsetzte und gegen die Wand des Grabens lehnte, da ihn seine Beine auf einmal nicht mehr trugen.

Das Geschützfeuer entfernte sich, die Schreie und das Stöhnen der Verwundeten wurden unerträglich. Er wollte aufstehen, um ihnen zu helfen, doch es gelang ihm nicht. Er schloss die Augen und versuchte, den Schmerz nicht an sich heranzulassen, doch der Ernst seiner Verletzung war ihm nicht klar. Er lebte noch – nach einem solchen Blutbad war das alles, was zählte, zumal er, wie ihm schließlich rückblickend bewusst wurde, in einem Radius von fünfzig Metern um die Einschlagstelle der einzige Überlebende war, sodass er vor Schreck am ganzen Körper zitterte.

Die Minuten verstrichen, sein Blut rann in den schmutzigen Lumpen, und keinerlei Hilfe zeigte sich. Er drückte mit seiner linken Hand auf die Wunde, in der Hoffnung, die Blutung dadurch einzudämmen, doch der Schmerz war so stark, dass er davon abließ und seine rechte Hand mit der Handfläche nach oben auf sein Knie legte. Wie viel Zeit war vergangen, ehe die Sanitäter erschienen? Er hat es nie erfahren, denn er flüchtete sich in eine Art Absence, knapp am Rande der Bewusstlosigkeit. Doch es blieb ihm immer noch ein Rest Bewusstsein, der ihn daran hinderte, vollkommen wegzusacken, eine Art wirrer Wachzustand, in dem seine Frau und sein Sohn bei ihm waren.

Er wartete ungefähr eine Stunde lang, ehe er zwei Sanitäter erblickte. Der Erste wirkte äußerst erstaunt, ihn lebend anzutreffen.

»Kannst du laufen?«, fragte er ihn.

»Ich werd's versuchen«, antwortete Julien.

Die zwei Männer halfen ihm, sich zu erheben, doch er knickte gleich wieder ein und streckte seine rechte Hand nach vorn, wobei ihm ein Stöhnen entfuhr.

»Warte, wir kommen gleich wieder!«, sagte der erste Sanitäter, nachdem er ihm geholfen hatte, sich wieder zu setzen.

Der zweite fügte hinzu:

»Wenn wir weiter hinten keinen Überlebenden finden, werden wir dich tragen.«

Julien ließ sich, den Rücken gegen die Wand pressend, auf den Boden nieder und wartete eine Viertelstunde lang. Dann wurde er von den beiden Männern weggetragen, die nur Leichen gefunden hatten. Es verging eine weitere Stunde, bis er endlich hinten angekommen war, wo ein überforderter Major ihn aufforderte, sich an eine Wand in einer halb eingestürzten Scheune zu setzen. Julien klagte nicht. Er wartete vertrauensvoll, dass jemand kommen und sich um ihn kümmern würde, biss gegen den Schmerz die Zähne zusammen und bemühte sich, nur an seine Lieben zu denken, die er bald wiedersehen würde, vielleicht schon zu Weihnachten.

Als der Major endlich die Verletzung entdeckte und die verschmutzten Hautfetzen sah, verzog er das Gesicht und fragte:

»Was bist du von Beruf?«

»Ich bin Maurer.«

»Bist du Rechts- oder Linkshänder?«

»Rechtshänder.«

Der Major seufzte, er wischte sich mit dem Handrücken über die Stirn, schien zu überlegen und zu zögern. Julien war im damaligen Moment außerstande, sich klarzumachen – er verstand es erst viel später im Krankenhaus –, dass der Mann sich fragte, ob er diesem Soldaten, der sich nicht beschwerte, dem nicht die leiseste Klage entfuhr und dessen unbeugsamer Blick voller Leben ihn erstaunte, die Hand amputieren sollte.

»Du siehst so aus, als könntest du einiges an Schmerzen aushalten.«

Dann sagte er, wie zu sich selbst: »Ich werd's versuchen.«

Er ließ sich ein ziemlich breites Gefäß bringen – eigentlich war es eher eine Wanne –, in das er eine widerliche, gelblichgrüne Flüssigkeit goss. Dann sagte er mit einer Stimme, in der ein solcher Ernst lag, dass Julien sich wunderte:

»Versuch deine Hand da hineinzuhalten und sie so lange wie möglich drin zu lassen.«

»Was ist das?«, fragte Julien.

»Jodtinktur. Es gibt keine andere Lösung.«

Dann hielt er dem Verwundeten einen kurzen Stock hin, dessen Rinde entfernt worden war, und sagte:

»Hier, schieb dir den zwischen deine Zähne.«

»Das ist nicht nötig«, sagte Julien, »ich hab's begriffen.«

Er hatte begriffen, dass der Schmerz unerträglich sein würde. Was er allerdings nicht begriffen hatte, war, dass sich in genau diesem Augenblick das Schicksal seiner Hand entscheiden würde: ob sie amputiert werden musste oder gerettet werden konnte.

Er tauchte zunächst die Fingerspitzen hinein, dann ließ er die ganze Hand nach kurzem Zögern in die Flüssigkeit gleiten. Ein Schrei entfuhr ihm, und er zog sie sogleich wieder heraus.

»Ich habe dich gewarnt«, sagte der Major und bot ihm erneut den Stock an.

Julien schüttelte ablehnend den Kopf und ließ seine Hand langsam wieder in die Jodtinktur gleiten. Dann sackte er mit einem gurgelnden Geräusch in sich zusammen und verlor das Bewusstsein.

Als er wieder zu sich kam, hatte ihm ein Krankenpfleger einen Arm unter seine Schultern geschoben, um ihn zu stützen, während der Major die verwundete Hand weiterhin in die Flüssigkeit tauchte und die Wunde auswusch.

»Ich habe den Moment ausgenutzt«, sagte er mit einem entschuldigenden Lächeln. »Es ist jetzt vorbei.«

Er zog die Hand heraus, und Julien zwang sich trotz des starken Schmerzes, sie anzuschauen: Sie war vollkommen zerfetzt, die Wunde war furchtbar, und das Blut hatte erneut zu fließen begonnen. Nun fragte er sich zum ersten Mal, ob er sie nicht verlieren würde, und es dämmerte ihm, dass es ihm künftig nicht mehr möglich sein würde, damit ein Werkzeug festzuhalten, zu arbeiten und seinen Lebensunterhalt zu verdienen. Der Major, der seine Gedanken erraten hatte, sagte:

»Sie werden dich im Krankenhaus zusammenflicken. Für heute ist erst einmal das Wichtigste erledigt.«

Dann bat er den Krankenpfleger, die Wunde zu verbinden, und gab Anweisungen, Julien so schnell wie möglich nach Châlons zu evakuieren. Danach war er mit seinem Schmerz allein, er sprach später noch immer sehr oft darüber und mit unverminderter Wut. Außerdem berichtete er, dass er in den darauf folgenden zwei Nächten nicht schlafen konnte. Im Übrigen zeigte er bis zu seinem Lebensende allen Besuchern seine Hand, als wäre sie der Beweis eines Sieges; stattdessen zeugte sie leider nur von einer tragischen Niederlage.

Von Châlons aus wurde er nach Paris verbracht, wo ihn ein Chirurg, der alle Hände voll zu tun hatte, operierte, nachdem er ihm gesagt hatte, dass er Glück hätte, denn für ihn sei der Krieg jetzt zu Ende. Julien glaubte ihm nur halb. Er ließ im Abstand von acht Tagen zwei Briefe an Hélène schreiben, in denen er seine Verletzung herunterspielte und vor allem seine Erleichterung zum Ausdruck brachte, dass er noch am Leben war.

Sie hatte die Festtage bei ihrem Vater in Saint-Quentin verbracht, als sie bei ihrer Rückkehr den ersten Brief vorfand, worauf sie mit dem Gedanken spielte, nach Paris zu fahren. Doch sie konnte ihren Sohn nicht allzu lange allein lassen, und die Angst vor dem Unbekannten, dazu die durch den Krieg eingeschränkten Reisemöglichkeiten hatten sie schließlich davon abgebracht. Also schickte sie sie sich darein, zu warten; sie war wie verrückt vor Angst und unfähig zu schlafen und zählte die Stunden und Tage, die so langsam vergingen, dass sie ein weiteres Mal beinahe aufgebrochen und zu ihm gefahren wäre.

Zum Glück fuhr sie nicht, denn ein Brief verkündete ihr, dass Julien nach Montpellier verlegt worden war, wo man ihn ein zweites Mal operieren wollte. In diesem Brief zeigte er sich pessimistisch, was die Heilung seiner Hand betraf, und so besorgt, dass sie sich fragte, wie sie überleben sollten, wenn er nicht mehr arbeiten konnte. Dann sagte sie sich, dass sie ihn ersetzen könne, sie war in der Lage, Putzen zu gehen und damit Geld zu verdienen, wobei sie sich allerdings nicht eine Sekunde lang klarmachte, dass er eine solche Situation niemals ertragen würde. Das Wichtigste, woran sie sich klammerte, waren die Worte des Chirurgen, der Julien versichert hatte, dass für ihn der Krieg zu Ende sei.

Diese Hoffnung, ungeachtet aller Schatten und der vorhersehbaren Konsequenzen für seinen Beruf, half ihr, die langen Tage durchzustehen, die sie von Juliens Rückkehr trennten. Eine

Rückkehr, die sich verzögerte und mehrmals verschoben wurde, sodass sie schon glaubte, er habe ihr nicht die ganze Wahrheit gesagt und sei viel ernsthafter verwundet, als er zugab.

Sie musste sich bis Anfang April gedulden, ehe er endlich vor ihr stand. Doch er hatte sich sehr verändert und war so abgemagert, dass sie ihn kaum wiederkannte. Er trug seinen rechten Arm in einer Schlinge, doch was ihr zuerst auffiel, war sein Blick, in dem das Licht erloschen war, das früher so hell geleuchtet hatte. Darüber hinaus schien er die Sprache verloren zu haben, und es war, als sähe er sie gar nicht. Sie verbarg die Angst, die er ihr einflößte, vor ihm, versuchte ihn zu sich zurückzuholen, ihm dort, wohin er sich verirrt hatte, zu begegnen, doch er antwortete nicht auf ihre Fragen und verharrte in seinem Schweigen.

»Sag doch etwas! Sprich mit mir!«, flehte sie ihn an.

Er senkte den Kopf über seiner Hand, und sie begriff, dass etwas Schreckliches zwischen ihnen stand, etwas Grausames und Aussichtsloses, das sie nie gekannt hatten, mit dem sie jedoch von nun an zurechtkommen mussten.

Nach acht Tagen Heimaturlaub musste er wieder nach Montpellier zurückkehren. Die ganze Zeit bis dahin verbrachte sie damit, ihn anzuflehen, jedoch ruhig, auf eine sanfte Art, ohne zu klagen. Sie hielt an ihrer Hoffnung fest, ihn zu heilen und ihn mit dem Leben zu versöhnen:

»Du wirst nicht mehr in den Krieg ziehen«, sagte sie zu ihm, »wir werden neu anfangen, wie früher.«

Und da er sie nicht zu hören schien: »Erinnere dich doch, wie glücklich wir gewesen sind.«

Doch es war, als hätte der Krieg eine Bresche in sein Inneres geschlagen. Und durch sie zogen nun die Albträume ein, die ihn nachts weckten, sodass er sich atemlos aufsetzte und die Arme nach vorn streckte, um sich vor Granatsplittern zu schützen.

Als er wieder abfuhr, konnte sie ihn bis zum Bahnsteig begleiten, denn dieses Mal hatte er nicht mehr die Kraft, sich gegen irgendetwas zu sträuben. Bis zur Abfahrt des Zuges hoffte sie, er würde etwas zu ihr sagen, endlich reden, ein einziges Wort wenigstens, aber er küsste sie und Clement nur flüchtig, ehe er in den Waggon stieg, ohne seiner Frau, die regungslos mit ihrem Kind auf dem Arm auf dem Bahnsteig stand, auch nur einen einzigen Blick zuzuwerfen.

29

Die kommenden Monate bedeuteten für Julien eine lange Zeit des Wartens auf den Moment der Wahrheit – den Tag, an dem der Chirurg ihm an einem Julimorgen den Verband abnahm. Er forderte ihn auf, einen Löffel zu nehmen und ihn mit den Fingern festzuhalten, doch der Löffel fiel mit lautem Geklirr, das nichts Gutes ahnen ließ, auf die Fliesen.

»Das ist normal«, sagte der Chirurg, »die Muskeln und Nerven müssen wieder daran gewöhnt werden. Trainiere! Du hast hier alle Zeit der Welt, irgendwann kommst du dann vor die Ausmusterungskommission.«

Julien mühte sich nach Kräften, doch trotz seiner Anstrengungen fielen ihm das Messer oder der Löffel immer auf den Boden, und wenn es ihm gelang, sie festzuhalten, war er unfähig, sie zu benutzen. Dabei waren beide nicht einmal so schwer wie eine Maurerkelle mit Zement oder ein Meißel, um die Steine zu behauen, das machte er sich mit wachsender Verbitterung klar. Sie brachte ihn oft dazu, das Objekt mit der linken Hand zu nehmen und es gegen die Mauer des Krankenhauses zu werfen, außer Sichtweite der anderen Verwundeten.

Anfang Oktober kehrte er für acht Tage nach Souillac zurück. Er sprach jetzt mehr, denn die Schrecken des Krieges waren in seiner Erinnerung ein wenig in die Ferne gerückt, doch von Zeit zu Zeit zeigte er Gemütsaufwallungen von einer Heftigkeit, die Hélène bei ihm nicht kannte. Der Gedanke, nicht mehr arbeiten zu können, machte ihn verrückt, trotz der Aussicht auf eine Invalidenrente, die er bekommen würde. Das hatte ihm der Chirurg versichert, als er zugab, dass er den uneingeschränkten Gebrauch seiner Hand nicht wiedererlangen würde.

»Mit einer Rente werden wir niemals Not leiden«, sagte Hélène zu ihm.

»Mag sein«, entgegnete er, »aber wenn ich nicht mehr arbeiten kann, dann glaube ich, dass …«

Er vollendete seinen Satz nicht, doch als sie den Blick gewahrte, den er ihr zuwarf – ein verzweifelter, schrecklicher Blick – fürchtete sie, dass er eine Dummheit begehen könnte – vielleicht würde er seinem Leben ein Ende machen oder anfangen zu trinken, er, der in dieser Hinsicht nie eine Schwäche gezeigt hatte, sondern nach der Arbeit immer so schnell wie möglich nach Hause gekommen war.

Doch was sollte er ohne Arbeit tun? Diese acht Tage Heimaturlaub waren für beide genauso zermürbend wie die im Frühling, sodass sie erleichtert war, als er wieder wegfuhr, zumal die Ausmusterungskommission Anfang Dezember tagen würde und über deren Entscheidung wenigstens kein Zweifel bestand: Julien konnte keine Waffe mehr festhalten, der Krieg war für ihn definitiv zu Ende.

Im November bemerkte Hélène, dass sie zum zweiten Mal schwanger war, und sie entschloss sich, diese Tatsache als ein Glück und nicht als Prüfung zu betrachten. Bei Anbruch des Winters gab es auf den Feldern keine Arbeit mehr, doch sie konnte sich durch Putzen und Wäschewaschen über Wasser halten, wobei sie abends vor Kälte völlig erstarrt war und die Frostbeulen an ihren Händen aufplatzten. Doch sie klagte nie: Es war schon gut, dass sie etwas zu essen hatte und sich aufwärmen konnte, wenn sie endlich zu Hause war – sie verdrängte den Gedanken daran, was sie erwartete, wenn Julien zurückkam und nicht mehr arbeiten konnte.

Julien kehrte Mitte Dezember nach Hause zurück, er war ausgemustert worden und Anwärter auf eine kleine Rente, die er über die Steuerbehörde in Souillac erhalten sollte, allerdings erst nach drei Monaten. Sie zögerte, ihm zu gestehen, dass sie ein zweites Kind erwartete, eines Abends entschloss sie sich dann doch dazu, da die Festtage näherrückten. Sie dachte, Weihnachten würde ihn besänftigen, die Wahnvorstellung, die ihn quälte, vergessen lassen und ihn wieder zu dem Mann machen, der er gewesen war.

Angesichts der verzweifelten Glut, die in seinen Augen funkelte, reute es sie, dass sie sich ihm anvertraut hatte, zumal er sich im Lauf der darauf folgenden Tage erneut in sich zurückzog, sogar in der Heiligen Nacht, von der sie sich so viel erhofft hatte. Sie überraschte ihn dabei, wie er versuchte, eine Maurerkelle mit einer Schnur an seiner rechten Hand festzubinden, dann, eines Morgens, als er versuchte, mit dem Werkzeug in seiner linken Hand zu arbeiten. Doch dieser Versuch endete mit Schreien und entfachte eine Wut, die ihn dermaßen außer sich geraten ließ, dass er eine Scheibe in der Küche zertrümmerte.

»Es drängt uns doch nichts«, sagte sie zu ihm, »wir werden bald eine Rente beziehen.«

Er warf ihr einen vernichtenden Blick zu und antwortete:

»Das ist ein Almosen, kein Lohn für geleistete Arbeit.«

Sie verstand, dass er sich schämte, weil er bezahlt wurde, ohne dafür zu arbeiten, er, der wie so viele Menschen in der damaligen Zeit von frühester Kindheit an gewohnt war zu arbeiten und von nichts anderem als dem Brot, das er selbst verdiente, zu leben. Und mehr als an seiner Verwundung litt er mit Sicherheit unter diesem Gedanken, denn er entwertete ihn, machte ihn zu einem Almosenempfänger, der unfähig war, seine Familie zu ernähren.

Da sie seine Wutausbrüche und die Verzweiflung fürchtete, in der er versank, verließ Hélène so oft wie möglich mit ihrem Sohn das Haus, denn sie wollte es nicht mehr mitansehen, wie er mit dem Kopf gegen die Wand schlug, wie es eines Abends im Januar geschehen war. Mit Geduld und unter Einsatz ihrer ganzen Milde, derer sie fähig war, schlug sie ihm schließlich vor, seinen ehemaligen Arbeitgeber aufzusuchen, obwohl er es sich selbst nicht traute. Sie ermutigte ihn mehrere Male vorsichtig und ohne ihn zu verletzen, wobei sie sich vor seinen Reaktionen in Acht nahm und seinen Blick mied, bereit, das Zimmer zu verlassen, wenn er sich erneut vergessen würde. Doch sie begriff auch, dass er sich so, in seiner geschwächten Verfassung, niemandem zeigen wollte, es wäre über seine Kräfte gegangen.

Mehr noch als die engagierten Worte seiner Frau gab sicherlich ihre Schwangerschaft, die immer mehr sichtbar wurde, den Ausschlag, dass Julien sich am Ende doch aufraffte. Er sagte ihr nichts davon, gab sich einen Ruck und machte sich auf den Weg. Allerdings versuchte er nicht aufzufallen und schlich sich an den Mauern der Häuser entlang, als sei er dabei, etwas Verbotenes zu tun. Am Ende erhielt er das vage Versprechen Monsieur Duvals, ihn vielleicht eines Tages als Vorarbeiter einzustellen – doch die Tatsache, dass er weder lesen noch schreiben konnte, stellte ein erhebliches Hindernis dar.

Am 24. Juni brachte Hélène einen zweiten Jungen zur Welt, den sie Constant Jean nannten, und seine Ankunft hatte, anders als sie befürchtet hatte, einen positiven Einfluss auf Julien. Kurz nach dieser Geburt suchte er seinen alten Brotgeber nochmals auf, der ihm ab September eine Stelle als Aufseher anbot, allerdings nicht in Souillac, sondern in Bordeaux, im Bezirk Bacalan, wo er zwei Jahre bleiben musste, falls er einwilligte. Verwandelt und mit einem Lächeln auf den Lippen kehrte Julien nach Hause zurück, wo ihn Hélène erwartete, die sich nicht eine Sekunde zu besinnen brauchte: Sie wäre mit ihm bis an das Ende der Welt gezogen, nur um ihn nicht mehr leiden sehen zu müssen; um endlich die Angst, mitansehen zu müssen, wie er sich selbst zerstörte, vergessen zu können und den Mann wiederzufinden, dem sie stets unbeirrbar vertraut hatte.

30

Sie zogen also im September in die große unbekannte Stadt und ließen ihre Familien, Souillac, Sarlat, die Wälder und Wege in diesem Winkel des Périgord, in dem sie geboren waren, hinter sich. Julien war glücklich ob der Aussicht, wieder arbeiten zu können, Hélène erleichtert, dass ihr Mann nicht mehr verzweifelt war und sie den Krieg vergessen konnte, der weiterhin vielen Familien Unglück brachte.

Er war während seiner Militärzeit ein wenig gereist, doch sie hatte sich nie weiter als dreißig Kilometer von Sarlat entfernt, hatte nie Gelegenheit gehabt, einen Eisenbahnwaggon zu besteigen, einen dieser Wagen dritter Klasse, die alles andere als komfortabel waren. Sie saß am Fenster und verweilte bei den Landschaften und Dörfern, die, so schien es ihr, in einer Geschwindigkeit vorbeizogen, die sie geradewegs in eine Katastrophe führen musste. Clement saß brav neben Julien, und Constant schlief in seinem Korb auf Hélènes Schoß. Es waren noch drei weitere Personen in dem Abteil – zwei Männer und eine Frau –, sodass sie sich fragte, wie sie ihren jüngeren Sohn stillen sollte, wenn er danach verlangte. Zum Glück war das nicht der Fall, denn er schlief, bis der Zug mitten am Nachmittag in den Bahnhof Saint-Jean einfuhr.

Es war schon kalt, durch die Bahnhofshalle fegten Windböen, in die sich einige Regentropfen mischten. Hélène wartete im Schutz einer Mauer, während Julien sich auf die Suche nach einer Pferdedroschke begab, die er nur unter Schwierigkeiten fand, sodass er erst eine halbe Stunde später zurückkam. Sie hatte schon einen Moment lang geglaubt, er hätte sich verlaufen. Nachdem das Gepäck auf dem Dach verstaut war, fuhren sie langsam über den Vorplatz des Bahnhofs und bogen in einen großen Boulevard ein, der von Karren, Einspännern, Kombiwagen und Motorwagen überfüllt war, und der Kutscher bahnte sich einen Weg durch das Gewühl, das Julien an Paris erinnerte und Hélène, die niemals einen solch regen Betrieb erlebt hatte, Angst machte. Er beruhigte sie mit einem Blick, doch sie begriff, dass er selbst besorgt war, weil er sie in eine so andere Welt als die, die sie gewohnt war, mitgenommen hatte.

Nachdem sie ein ganzes Stück gefahren waren, kamen sie zu den Kais, die am Hafen entlangführten. Dort lagen die großen Schiffe vor Anker, deren eingeholte Segel riesige Masten zum Vorschein kommen ließen, wo Fässer und alle Arten von Handelsware in Wind und Regen auf irgendetwas warteten. Beide fühlten sich winzig klein in dieser Stadt, wo alles groß war: die Segelschiffe, die Straßen, die Wohnblöcke, die Plätze, die Brücken – diejenige, über die sie soeben gefahren waren, bestand aus behauenen Steinen und führte mit ihren wunderbaren Bögen über einen Fluss, der irgendwie breiter wirkte als die Dordogne und dessen Wasser von kleinen limonenfarbenen Wellen aufgewirbelt wurde.

Ihre Blicke begegneten sich erneut, er lächelte sie an und sagte mit unsicherer Stimme:

»Ich denke, es ist nicht mehr weit.«

Zu ihrer Linken zogen die niedrigen und grauen Gebäude des Chartrons-Viertels vorbei, wo der Wein gelagert wurde, zu ihrer Rechten befand sich der Hafen mit Schiffen, Seilzügen, Kränen und Lagerhallen, auf die Männer in Arbeitskitteln mit ihren Karren zueilten. Julien hatte seiner Frau angekündigt, sie würden nicht in einem Gebäude aus Stein, sondern in einem Holzhaus wohnen. Zehn Minuten später, als sie entdeckten, dass es sich in

Wahrheit um eine Baracke aus Brettern handelte, mussten sie die Zähne zusammenbeißen, um sich ihre Enttäuschung nicht anmerken zu lassen. Die Adrian-Baracken – sie trugen den Namen des Unternehmens, das sie erbaut hatte – waren in der Tat aus Brettern zusammengezimmert, der Boden war leicht erhöht, und das Dach bestand aus geteertem Blech.

Julien half dem Kutscher, den großen Koffer vom Dach der Droschke zu hieven, dann trugen sie ihn gemeinsam in die Baracke, schlossen die Tür hinter sich, um den Regen draußen zu halten, und zündeten eine Kerze an: Am Eingang gab es einen Küchenherd, in der Mitte einen Tisch und zwei Stühle, ganz hinten zwei Strohbetten – alles, was sie besaßen, befand sich in diesem Raum, dazu kam ihr großer Koffer. Sie hatten ihre Möbel aus Souillac verkauft, denn sie hätten sie ohnehin nicht mitnehmen können, und außerdem wollten sie ein wenig Geld zur Verfügung haben. Es gelang ihr zu lächeln, sie erklärte Julien, dass sie auf der Wiese oberhalb der Baracken eine Kuh gesehen hatte, vielleicht ließe sich ja Milch für die Kinder finden. Zu jener Zeit lag Bacalan am äußersten Ende von Bordeaux entlang der Ufer der Garonne und reichte bis an die ländliche Umgebung heran.

Er sagte nichts: Er fragte sich, ob sie seine Entscheidung, Souillac zu verlassen, nicht noch zu teuer zu stehen kommen würde, obwohl sie ihn vor dem Untergang bewahrte und die Chance eröffnete, sich zu behaupten und endlich wieder arbeiten zu können. Die Arbeiter der Firma »Pellerin, Ballot et Duval« sollten einen Bauhof für den Bau von Lokomotiven der Compagnie du Midi einrichten. Die Baracken waren dazu bestimmt, die Arbeiter zu beherbergen, die zum größten Teil ebenfalls von weit her kamen. Julien et Hélène sollten sehr rasch feststellen, dass viele von ihnen Ausländer – Italiener, Spanier, Russen, Polen – und eher älter waren, da die gesunden Männer im Krieg kämpften.

An diesem ersten Abend in Bordeaux aßen sie bei Regen ihr mitgebrachtes Brot und tranken Wasser aus dem Wasserhahn, der draußen die Baustelle versorgen sollte. Danach gingen sie zu Bett, der Schlaf bewahrte sie davor, zu viel zu grübeln und ließ sie eine sichere Zuflucht finden; so vergaßen sie den Regen und die Kälte dieses vorzeitigen Herbstes, der sie so weit von der Heimat weggeführt hatte.

Am nächsten Morgen trafen die Arbeiter ein, die Arbeit begann im Morgengrauen und ging bis in die Dunkelheit. Hélène war mit den Kindern allein – Julien war nicht weit, aber sie durfte die Baustelle nicht betreten. Sie richtete ihre Holzhütte ein, so gut sie konnte, dann wagte sie sich auf die Straße, die zu den Kais mit den vielen Schiffen führte, allerdings nicht zu weit weg, damit sie sich nicht verlief. Julien kehrte abends sehr müde heim, doch sein Lächeln drückte aus, was Worte nicht zu sagen vermochten: Die Zukunft machte ihm keine Angst mehr, die Verantwortung, die man ihm übertragen hatte, hatte ihm sein Selbstvertrauen zurückgegeben.

Er schien den Krieg vergessen zu haben, auch wenn ihn nachts weiterhin Albträume weckten. Er richtete sich im Bett auf und schrie »meine Hand, meine Hand«, und sie musste lange auf ihn einreden, bevor er wieder einschlief. Sie fragte sich, welches Grauen er dort in den Ardennen erlebt haben musste, dass er derart heimgesucht wurde. Er hatte ihr niemals auch nur das Geringste davon erzählen wollen, und dieses lange Jahr seines Lebens blieb ihr immer fremd. Sie bemühte sich, nicht mehr daran zu denken, sondern sich lieber mit der neuen Situation zu beschäftigen, vor allem mit ihren Kindern, die unter prekären Bedingungen lebten, im Dreck und ohne ausreichende Hygiene. Am meisten litt sie darunter, dass sie warten musste, bis die Arbeiter sich entfernt hatten, damit sie Wasser holen konnte, um sich vor ihren Kindern zu waschen – ein Mangel an Intimität, der sie mit Bedauern an ihr Zimmer im Gasthof und das Haus in Souillac zurückdenken ließ.

Sie beschwerte sich niemals darüber, dessen bin ich mir sicher. Nicht das geringste Bedauern, die leiseste Klage. Stattdessen: Zähne zusammenbeißen, beherztes Durchhalten … und die Befriedigung, dass Julien fast glücklich war, nachdem sie solche Angst gehabt hatte, ihn zu verlieren. Und als das Problem der Verköstigung der Bauarbeiter auftauchte, schlug Julien seinem Chef vor, seine Frau, die in einem Gasthof in Sarlat gearbeitet hatte, einzustellen, worauf dieser sofort einging. Von da an vergaß sie die beklagenswerten Bedingungen, unter denen sie lebte, und widmete sich dieser Aufgabe mit demselben Fleiß, den sie in allen Bereichen an den Tag legte.

Neben der Überwachung der Baustelle wurde Julien mit der Beschaffung der Vorräte beauftragt, die nötig waren, um all diese Menschen zu ernähren, und so stand er um vier Uhr morgens auf, um sich auf den Markt nach Mériadeck oder zu den Capucins, den Markthallen von Bordeaux, zu begeben. Von dort brachte er die Lebensmittel auf einem Karren mit, der von einem von der Firma erworbenen Pferd gezogen wurde. Es wurde eigens für die Küche eine Baracke errichtet, und nicht weit davon stellte man drei große Tische unter einem Zeltdach auf, das die Männer vor Regen und Wind schützen sollte.

Es waren mehr als zwanzig Leute, die morgens, mittags und abends zum Essen kamen, sodass Hélène keine Zeit mehr hatte, von Saint-Quentin oder Souillac zu träumen, und Julien noch weniger. Doch die Arbeit schreckte sie nicht, im Gegenteil: Sie trug dazu bei, dass sie den Matsch, den Regen und die Ratten vergaßen, die zwischen den Baracken hin und her rannten, und auf die die Arbeiter manchmal sonntags während ihrer freien Stunden Jagd machten, wobei sie wie Kinder lachten.

31

Dank ihrer beider Einkommen und Juliens Rente und da sie freie Kost hatten und keine Miete bezahlten, wähnten sie sich nach einigen Monaten reich. Reich an Geld – sie, die nie viel hatten ansparen können –, reich aber auch im Sinne der Gewissheit, dass sie genug zu essen hatten. Dennoch wussten beide, dass dieses Leben nicht von Dauer sein würde, vor allem nicht für ihre Söhne, die die Baracke nicht verlassen konnten, ohne im Schlamm zu waten oder in enge Berührung mit den Arbeitern zu kommen, die kein Französisch sprachen und mit denen das Zusammenleben zunehmend schwierig wurde.

Hélène war die einzige Frau unter all diesen Männern, und einige wagten Annäherungsversuche, die zu unangenehmen Situationen führen konnten. Die Erfahrung, die sie sich im Gasthof angeeignet hatte, kam ihr zugute: Sie wahrte Distanz und ging nicht auf die mehr oder weniger verkappten Avancen der Arbeiter ein, außer wenn sie ahnte, dass sie keine bösen Absichten hatten. Doch Julien war der Aufseher, er gab Befehle, korrigierte oder erteilte Verweise, was sie sicherlich beide gefährdet hätte, wären sie nicht zugleich auch für das Essen zuständig gewesen: das wertvollste Gut zu jener Zeit, vor allem aus Sicht der Arbeiter, die viel Energie verbrauchten und gut essen mussten, um bei Kräften zu bleiben. Julien und Hélène hatten den Eindruck, dass die Tatsache, dass sie für die Verpflegung zuständig waren, sie vor unüberlegten Übergriffen oder Rankünen schützte.

Manchmal kam es zu Wortgefechten, Raufereien oder Prügeleien, die Hélène große Angst einflößten, doch der Chef, Monsieur Duval, achtete auf eiserne Disziplin und entließ die Schuldigen auf der Stelle. Für eine oder zwei Wochen kehrte also wieder Ruhe ein, das Leben nahm wieder seinen üblichen Lauf und wurde durch zwei gute Mahlzeiten mit weißen Bohnen, Schwarzwurzeln oder Kartoffeln, die als Eintopf mit Rindfleisch zubereitet wurden, aufgehellt.

Freizeit war ein rares Gut, doch ab und zu spannte Julien am Sonntagnachmittag das Pferd an, und sie machten eine einstündige Spazierfahrt ins Zentrum der Stadt: in die Rue Saint-Catherine, nach Mériadeck oder woanders hin, und beide schämten sich ein wenig, dass sie sich fast wie im Urlaub fühlten, wie früher im Sommer in Souillac am Ufer der Dordogne. Auf der Rückfahrt hielten sie vor den Jahrmarktsbuden an der Place de Quinconces an, kauften Zuckerzeug beim fahrenden Händler und lachten, wenn sie sahen, wie Clement am Naschzeug lutschte und sich die Finger ableckte. Manchmal fuhren sie auch in die entgegengesetzte Richtung aufs Land und hielten am Rand eines Weinbergs an, ihnen gegenüber lagen dann die Hügel von Lormont oder Bassens, die sie an die des Périgord erinnerten.

So lebten sie sich mehr und mehr ein, bis zu jenem Tag, als sich ein ernsterer Zwischenfall als gewöhnlich ereignete und Julien mit einem Arbeiter aneinandergeriet. Dieser hatte ihm als Reaktion auf einen Vorwurf in jenem harten und schroffen Ton, den er sich angeeignet hatte, um sich Gehorsam zu verschaffen, entgegnet:

»Wenn du dich so gut auskennst, dann zeig mir doch, wie man es machen muss!«

Julien hatte sich provozieren lassen, die Mörtelkelle zu ergreifen, kam dann aber nicht mit der Abdichtung einer Fuge zurande und hatte das Werkzeug aus Wut weggeworfen. Dabei hatte er seine Vorwürfe gegenüber dem Mann wiederholt, einem Polen, der großen Einfluss auf die anderen hatte, es kam zu einem Zusammenstoß, und die Sache wäre beinahe schlecht ausgegangen. Hélène sagte er davon kein Wort, um sie nicht zu beunruhigen, doch sie erriet, dass etwas Ernstes vorgefallen war und fürchtete sich vor der Rache der anderen. Sie war auf der Hut und machte sich große Sorgen über die Situation. Im Grunde hatte sie begriffen, dass Julien nicht dafür geschaffen war, Befehle zu erteilen oder andere zu überwachen. Was er liebte, war die handwerkliche Arbeit: Steine behauen, sie zusammenfügen, zementieren, glätten, verputzen, alles was die Maurerarbeit ausmachte, so wie er es von seinem vierzehnten Lebensjahr an gelernt hatte.

Von diesem Tag an ging mit Julien eine Veränderung vor sich, er war wieder in derselben Gemütsverfassung wie nach seiner Rückkehr aus dem Krieg in Souillac und begann abends am Tisch vom Périgord zu erzählen; doch sie wusste, dass von dieser Seite kein Ausweg zu erwarten war. Sie waren dazu verurteilt, so weiterzuleben, in einem großen Unternehmen, das einen Aufseher brauchte. Diejenigen Firmen, die nur zwei oder drei Angestellte hatten, konnten sich nicht den Luxus leisten, einen Mann einzustellen, der nicht in der Lage war, selbst mitzuarbeiten. So versuchte sie Julien zu beruhigen, ihm zu zeigen, dass die von ihnen gefundene Lösung die richtige war, und bemühte sich, ihn von den düsteren Gedanken abzulenken, indem sie ihm die Schiffe zeigte, die die Dockarbeiter entluden, die wie schwarze Ameisen in Reihen an den Laufstegen standen, sprach mit ihm über den Hafen, der eine Quelle von Wundern und Überraschungen war, vor allem seit die Amerikaner und die Kanadier eingetroffen waren und aus dem Bauch der großen Schiffe unablässig Soldaten und Waffen hervorquollen.

Sie waren jung und schön, die Soldaten mit ihren breiten Hüten, ihren Uniformen, die wie maßgeschneidert wirkten, und sie betrugen sich wie große Kinder.

»Wenn sie wüssten, was sie erwartet!«, seufzte Julien kopfschüttelnd, doch weitere Einzelheiten wollte er nicht nennen, und sie vermied es, sich vorzustellen, wie er sie vor sich sah, im Kugelhagel, von Granatsplittern zerfetzt, weit weg von dem Land, in dem sie geboren worden waren.

Er glaubte nicht, was um ihn herum gesagt wurde: Mit der Ankunft der Amerikaner sei der Sieg nahe, der Krieg würde nicht mehr lange dauern. Die Zeit verging, und er dauerte immer noch an – in ihm hatte sich die Überzeugung festgesetzt, dass ein solches Grauen, ein solches Blutbad nie an ein Ende kommen könne.

Ein weiterer Zwischenfall ereignete sich eines Tages, als Clément, den Hélène nicht immer überwachen konnte, wenn sie arbeitete, von ein paar Polizisten zurückgebracht wurde. Er war zum Hafen entwischt, der der Spielplatz aller Kinder von Bacalan geworden war. Ihre Lieblingsbeschäftigung bestand darin, auf die am Rand der Kais zwischengelagerten Ballen und Kisten zu klettern, um dort kleine Schätze, meistens Zuckerstücke, zu sammeln.

Julien bestrafte seinen Sohn streng, doch wie sollte man einem Kind zu verstehen geben, dass es eine Süßigkeit, die unter einer kaputten Plane hervorgerutscht war und um die sich niemand zu kümmern schien, nicht behalten durfte? Es wurde ihm verboten, sich von den Baracken zu entfernen, sodass er bald darauf anfing, wie die Arbeiter an ihren Ruhetagen Ratten zu jagen. Da Hélène diese Tiere verabscheute, von denen man sagte, dass sie Krankheiten verbreiteten, gab sie ihrem Sohn seine Freiheit wieder, der sogleich wieder zu den Kais und den dortigen Spielgefilden eilte.

32

So gingen die Wochen und Monate in Furcht und Angst dahin und wurden nur durch den Betrieb am Hafen oder die sonntägliche Flucht aus dem Alltag aufgelockert, bis zu jenem Tag im November 1918, als am 11. morgens die Glocken der Kirchtürme zu läuten begannen. Sogleich brach auf den Baustellen, den Straßen und Plätzen allgemeine Hektik aus, und in der ganzen Stadt wurde die Arbeit unterbrochen. Die Leute versammelten sich, um das unbekannte Wort zu kommentieren, das jedoch so viel Erleichterung, Hoffnung und neues Vertrauen in sich barg: der Waffenstillstand.

Julien bekam wie die Arbeiter die Erlaubnis, das Baugelände zu verlassen. Sie trafen an Hélènes Küchenherd aufeinander, standen sich gegenüber und dachten an die schrecklichen Tage 1915 und 1916, die ihnen schmerzlich in Erinnerung geblieben waren. Er umarmte sie – für ihn, der sich bestenfalls nachts zu einer zärtlichen Geste hinreißen ließ, war es ein Bekenntnis der Ergriffenheit, das sie zutiefst rührte und ihr einen Augenblick das Gefühl gab, dass er endlich seine Verwundung und alles, was ihm damals im Norden in den dunkelsten Tagen seines Lebens zugestoßen war, vergessen hatte. Sie irrte sich, doch an diesem Morgen wollte sie einfach nur glücklich sein, und nachdem sie rasch zu Mittag gegessen hatten, machten sie einen Spaziergang bis zur Place des Quinconces, die schwarz von Menschen war: Die sonst so reservierten Einwohner von Bordeaux umarmten sich und zeigten deutlich ihre Rührung, und Hélène kam es so vor, als wäre sie die Einzige, die von ihrem Standort aus die Frauen bemerkte, die ihre

Männer beweinten, die nie wieder zurückkommen würden. Langsam und schweigend kehrten sie nach Hause zurück, noch ganz erregt von den Freudenszenen, denen sie beigewohnt hatten. Als sie das Abendessen zubereiteten, wollte Julien seiner Frau helfen und ließ dabei einen Teller fallen, der vor seinen Füßen zerbrach und sie abrupt mit der Tatsache konfrontierte, dass die Wunden des Krieges sich nie ganz schließen würden.

Einen Monat später war das Bauprojekt in Bacalan abgeschlossen. Sie hatte nicht bemerkt, dass die Arbeiten ihrem Ende zugingen, und Julien hatte ihr nichts davon gesagt, vermutlich wollte er sie nicht wegen der ungewissen Zukunft beunruhigen. Mitte Dezember kam er eines Abends mit strengem und verschlossenem Gesichtsausdruck nach Hause und sagte zu ihr, während er sich ein Glas Wein eingoss:

»Wir müssen fort. Hier ist jetzt Schluss.«

Sie trocknete sich die Hände an ihrer Schürze ab, setzte sich ihm gegenüber, beunruhigt, ihn so sorgenvoll zu erleben, dass er die Worte, die er bereits seit Tagen mit sich herumtrug, nicht hatte aussprechen können:

»Man hat mir für uns beide eine Arbeit angeboten, doch es ist weit weg, sehr weit weg.«

»Wo denn?«, fragte sie, ohne die geringste Vorstellung, was er ihr verkünden würde.

»In den Ardennen, es geht darum, einen Tunnel wieder aufzubauen.« Ausgerechnet die Ardennen, wo er verwundet worden war! Der Krieg! Immer wieder der Krieg!

Da sie nicht antwortete, weil sie sich fragte, ob er sich an eine so weit entfernte Region würde gewöhnen können, fügte er hinzu:

»Wir werden in einer Baracke leben, wie hier. Das kann lange dauern, dort oben muss alles wieder aufgebaut werden, nicht nur der Tunnel, sondern auch die Straßen und Brücken.«

Was sollte sie darauf erwidern? Es war nicht die Tatsache, wieder in einer Baracke zu wohnen, die sie am meisten betrübte, denn die Baracken der Firma Adrian waren solide und im Winter warm, sondern der Schmerz darüber, so weit vom Périgord wegziehen zu müssen, vielleicht für immer. Auch ihn musste diese Sorge bewegen, denn sie ahnte, dass er zögerte, er fragte sich, ob er das Recht hatte, seiner Familie über viele Monate ein solches Leben aufzubürden. Doch sie hatte sich bereits entschieden: Bevor sie zusehen musste, wie er wie damals in Souillac beinahe verrückt wurde, zog sie es vor, ihn in der vorteilhaften Position zu erleben, dass er einen Trupp dirigieren und das Brot essen konnte, das er verdiente. Sie wusste, dass er es nicht ertragen würde, allein von der Rente zu leben oder von ihr abhängig zu sein.

»Also gut!«, sagte sie.

Juliens dunkler Blick begegnete dem ihren. Er zögerte immer noch, vor allem wegen der Kinder. War es wirklich vernünftig, sie im Schlamm und unter so primitiven Bedingungen hausen zu lassen?

»Möglicherweise kommen wir nicht mehr hierher zurück«, sagte er, als ob er sie dazu bewegen wollte, ihre Entscheidung zu widerrufen. »Oder erst nach sehr langer Zeit.«

Hélènes Blick blieb an Juliens verkrüppelter Hand auf dem Tisch haften, einer Hand, die gerade mal das Glas halten konnte, das vor ihm stand, und sie wiederholte:

»Wir müssen dorthin gehen, wo Arbeit ist. Und die gibt es dort für uns beide, das ist das Einzige, was zählt.«

Er antwortete nicht, wartete noch einige Augenblicke, dann stand er auf und ging hinaus. Sie begriff, dass er gegangen war, um seinem Chef seine Zustimmung mitzuteilen, denn er kehrte erst sehr spät zurück und legte sich wortlos hin, als ob er sich schuldig fühlte, seine Frau und Kinder so weit wegzubringen. Was wollte er dort finden? Den Ruin und die Verzweiflung? Den Krieg, der in seinen dunkelsten Überresten immer noch gegenwärtig war?

Im Verlauf der nächsten Tage reisten die Arbeiter ab, einige gaben beim Abschied sogar ihrer Rührung Ausdruck, was Hélène und Julien sehr bewegte. Es wurde ihnen bewusst, dass es ihnen doch gelungen war, mit einigen Männern freundschaftliche Bande zu knüpfen, und sie trösteten sich mit dem Gedanken, dass sie so etwas auch anderswo erleben konnten. Einer von ihnen, ein Pole von ungefähr dreißig Jahren, der mit Julien mehrmals aneinandergeraten war, versprach sogar, ihnen zu schreiben. Danach kümmerte sich Julien um die Räumung der Baustelle und den Abtransport der Maschinen, der Werkzeuge und des Bauschutts vom Baugelände.

Sobald die Baracken abgebaut waren, fuhren sie nach Saint-Quentin, denn sie wussten nicht, wo sie vor ihrer erneuten Abreise wohnen sollten. Das gab ihnen die Möglichkeit, Weihnachten im Kreise der Familie zu verbringen. Doch trotz der Anwesenheit von Hélènes Brüdern und Schwestern, die um den Tisch herum versammelt waren, wollte die erhoffte Weihnachtsstimmung nicht aufkommen, denn die nahe Abreise warf die Frage auf, ob sie nicht ein unsinniges Risiko auf sich genommen hatten und ihre Entscheidung noch bedauern würden.

An dem Tag, als sie alles verlassen mussten – die Verwandten, die Wälder, die Feldwege, die Dörfer aus ockerfarbenem Stein, die Häuser mit den braunen Dachziegeln, alles, woran sie hingen –, hievten sie zögernd ihren großen Koffer auf den Karren, der sie zum Bahnhof von Sarlat bringen sollte. Hélène wurde einen Augenblick lang schwach und wollte aufgeben. Julien bemerkte es und wäre beinahe umgekehrt, doch er hatte Monsieur Duval sein Wort gegeben. Es kam für ihn nicht infrage, sein Versprechen nicht einzuhalten.

33

In Sarlat nahmen sie den Zug nach Bordeaux und von dort aus den nach Paris und in die Ardennen, wo sie achtundvierzig Stunden später nach einer endlosen Reise durch die Winterkälte im Bahnhof von Reims ankamen. Vor ihnen lag ein verwüstetes Land, von schwarzen Granattrichtern durchsetzt und durchpflügt, so weit das Auge reichte. Als sie Rethel erreichten, war es dunkel, und keine einzige Lampe erleuchtete den Bahnhof.

Julien ging, um Hilfe zu holen, während Hélène in einem geschützten Winkel wartete, ihre beiden Kinder an sich drückte und – so erzählte sie später – die schlimmsten Momente ihres Lebens durchmachte. Julien kam erst zwei Stunden später mit einem Pritschenwagen zurück, der von einem Mann namens Adolphe gesteuert wurde, der ihnen in den kommenden Wochen noch oft helfen sollte. Seine Anwesenheit machte ihr Hoffnung, denn er war von der Baufirma eingestellt worden, um das Baugelände bis zur Ankunft der Arbeiter herzurichten. Da es vier Uhr morgens war, nahm er sie mit zu sich nach Hause, wo er allein lebte – seine Frau war zwei Jahre zuvor gestorben –, damit sie sich bis zum Tagesanbruch aufwärmten. Hélène legte die Kinder ins Bett, dann konnte sie in einem Sessel ein wenig schlummern, während die beiden Männer über die Vorbereitungen auf dem Baugelände redeten.

Am Morgen warteten sie bis acht Uhr, ehe sie die erschöpften Kinder weckten, danach aßen sie einen Teller Suppe, die Adolphe für sie gekocht hatte, und fuhren dann in einem Mietfahrzeug los, da Adolphe nachmittags am Bahnhof Material in Empfang nehmen sollte. Er hatte sich Mühe gegeben, Julien die Route, die er nehmen sollte, so genau wie möglich zu erklären, damit sie sich nicht verirrten. Dennoch reichte das nicht, so nichtssagend waren die Anhaltspunkte. Auf dem Land erblickte man nicht den kleinsten Baum, die von Wagenspuren durchzogenen Wege sahen sich zum Verwechseln ähnlich, und die Richtung nach Perthes-les-Ardennes wurde nur ein einziges Mal am Ortsausgang von Rethel angezeigt.

Die beiden Kinder kuschelten sich zwischen sie auf die Vorderbank, und sie versuchten sie so gut sie konnten vor dem eisigen Wind zu schützen, der über die verwüsteten Wiesen und Felder fegte. Hélène unterdrückte Tränen der Verzweiflung, während sich Juliens Gesicht verschloss wie in den schlimmsten Momenten seines Lebens. Außerdem begann es in dieser dunklen und schlammigen Welt, in der sich dem Nordwind keinerlei Hindernis entgegenstellte, zu schneien.

Sie erreichten Perthes am späteren Nachmittag, als die Dunkelheit schon hereinbrach und die Landschaft der Umgebung in einen Nebel tauchte, der eher aus der Erde aufzusteigen als vom Himmel herabzukommen schien. Entgegen ihrer Annahme waren sie noch nicht am Ziel: Sie mussten noch zwei Kilometer weiterfahren, ehe sie auf die Baracken stießen, die inzwischen aufgebaut sein sollten – jedenfalls hatte Adolphe das behauptet. Zum Glück war es so, und sie erkannten unter ihnen einige der Baracken aus Bordeaux wieder. Adolphe hatte ihnen die Schlüssel zu zwei Gebäuden gegeben: einen für das, in dem sie wohnen sollten, und einen für die Küche. So hatten sie nun endlich ein Dach über dem Kopf und konnten sogleich Feuer machen, indem sie den Ofen in Gang setzten, neben dem sich ein kleiner Holzvorrat befand.

Sie hatten nur einen Koffer mitgenommen, Adolphe sollte ihnen am nächsten Morgen ihren Überseekoffer zusammen mit dem Material für das Baugelände bringen. Da sie von der Reise noch einen Viertellaib Brot übrig hatten, wollte Hélène eine Suppe kochen, doch der Wasserhahn war eingefroren, und Julien musste Schnee auftauen, damit sie an jenem Abend etwas zu essen zubereiten konnten in ihrem vier mal drei Meter großen Unterschlupf, dem der Wind zusetzte.

Beim Schreiben dieser Zeilen, in meinem warmen Büro mitten im Winter, denke ich an den Mut meiner Großeltern, an diesen Mann und diese Frau, die alles verlassen hatten, um in einem entlegenen Universum am Ende der Welt zu landen, und ich sage mir, dass ich sicher nicht dazu fähig gewesen wäre, hätte ich mich in ihrer Lage befunden. Sie sind nun leider schon lange nicht mehr unter uns. Und so werde ich ihnen niemals sagen können, wie sehr ich sie bewundere, wie gern ich zur Stelle gewesen wäre, um ihnen zu helfen, während sie, allein und ohne Hilfe, über ihren Kindern wachten, die sie gemeinsam in ein Bett legten, damit ihnen nicht so kalt war.

Wer wäre heute in der Lage, ein solches Schicksal anzunehmen? Sicher niemand, höchstens Männer oder Frauen, die im Elend geboren wurden oder vor Hunger fast umkamen. Und ich sehe Julien, wie er am nächsten Morgen aufsteht und Feuer macht, während Hélène erschöpft immer noch schläft, die Kinder ebenso. Er war in der Nacht aufgestanden, um die Kerze zu löschen, mit der sparsam umgegangen werden musste. Er hat Hunger, doch er setzt sich hin und wartet, um keinen Lärm zu machen und seine Jungen nicht aufzuwecken. Er weiß nicht, was der nächste Tag bringen wird, doch er betrachtet seine schlafende Familie, er wacht über ihr, er beschützt sie, seine verletzte Hand liegt wie eine Rechtfertigung für das, was er ihnen aufbürdet, vor ihm. Irgendwann erhebt er sich, denn er hört draußen die Räder eines Karrens knirschen …

Adolphe traf mit dem Überseekoffer und dem Material ein, aber er brachte auch Brot und Milch mit, sodass Hélène und die Kinder frühstücken konnten, während die Männer den Karren entluden und die Kanalisation reparierten. Auf diese Weise begann der erste Tag ihres Aufenthalts in diesem kleinen Winkel Frankreichs, von dem sie sich niemals hatten vorstellen können, dass sie eines Tages dort leben würden. Sie fanden die Kraft, den unzähligen Schwierigkeiten, mit denen sie konfrontiert waren, mit Adolphes Hilfe zu trotzen, der Land und Menschen sehr gut kannte und der zum Glück sehr viel organisiert hatte, vor allem das Wichtigste: den Vorrat an Brennholz.

Die Trupps der Arbeiter sollten drei Tage später mit dem Zehn-Uhr-Zug am Bahnhof von Rethel eintreffen. Als Adolphe mittags die Ersten absetzte, war alles bereit: Der Kochherd und die Tische waren in der Baracke aufgestellt, die als Kantine dienen sollte, die Strohsäcke in den anderen, die Lebensmittelvorräte in einem kleinen mit einem Schloss versehenen Verschlag, dessen Schlüssel Julien unter seinem Hemd auf der Haut trug. Denn die Baustelle war in mancherlei Hinsicht bedeutender als die in Bordeaux: Es waren nicht mehr zwanzig Männer zu verköstigen, sondern ungefähr fünfzig – und unter ihnen waren viele Ausländer, vor allem Russen, Spanier und Polen.

Alle diese Leute wurden von einem zerbrechlich aussehenden Ingenieur befehligt, der fast zu jung wirkte, um ein solches Unternehmen zu leiten, aber glücklicherweise von Anfang an viel Autorität ausstrahlte. Er bahnte sofort ein Vertrauensverhältnis mit Julien an, zumal er ihn aus Bordeaux kannte, wohin er mehrere Male in Begleitung von Monsieur Duval gekommen war, der ihn ein wenig als seine rechte Hand betrachtete.

Hélène war durch die Anwesenheit dieses Mannes beruhigt, der den Arbeitern, die es gewohnt waren, die geringste Schwäche auszunutzen, Respekt abnötigte. Bei diesem Ingenieur gab es offensichtlich nicht die kleinste Schwachstelle, die das Gleichgewicht innerhalb dieser in sich geschlossenen Welt in Gefahr gebracht hätte, wo die Beziehungen von den ersten Tagen an klar definiert waren und deren Regeln peinlich genau eingehalten werden mussten.

34

Mit der Zeit spielte sich das Leben ein, und die Arbeit half Julien und Hélène zu vergessen, wo sie sich befanden. Rasch wurde ihr bewusst, dass sie die Bürde, die auf ihr lastete, nicht lange alleine bewältigen konnte. Sie hatte nicht eine Minute für sich, fiel abends vor Erschöpfung ins Bett und konnte morgens nur mit Mühe aufstehen. So erreichte Julien bei dem Ingenieur die Einstellung einer der spanischen Frauen, die in Perthes wohnten, um in der Nähe ihrer Ehemänner zu sein. Sie hieß Petra, war resolut und konnte Einiges aushalten. So war Hélènes Leben weniger zermürbend, und alles besserte sich, zumindest in diesem Bereich, denn für Julien war alles von Anfang an komplizierter, da er es mit mehr Männern als in Bordeaux zu tun hatte.

Nach einigen Wochen verschlechterte sich die Stimmung aufgrund des Alkohols: Obwohl er rationiert war, gelang es den Männern immer, sonntags in Perthes Wein zu organisieren, sie brachten Flaschen mit, versteckten sie unter ihren Strohsäcken und betranken sich nachts. Mehrere Male wurde die Polizei gerufen, weil es Verletzte nach Prügeleien gab, und Hélène befürchtete ständig, dass Julien etwas abbekommen würde.

Einige Männer machten ihm gehörig zu schaffen, insbesondere ein Russe, stark wie ein Stier, dem er einen Verweis erteilt hatte. Dieser war der Meinung, er sei ungerecht behandelt worden und hatte geschworen, Julien zu töten. Angesichts dieser Drohungen kam es vor, dass Julien vor der Tür seiner Baracke mit einem Gewehr in der Hand Wache hielt: die einzige auf dem

Baugelände zugelassene Waffe, die ihm der Ingenieur anvertraut hatte, der in Perthes übernachtete.

Auch für Hélène war die Situation schwierig, denn sie hatte es mit Männern zu tun, von denen der größte Teil ohne Frauen lebte, und sie musste aufpassen, nicht allein zu bleiben, keinem zu widersprechen und ihn vor allem nie zu demütigen. Ferner musste sie darauf achten, keinen der Männer zu begünstigen, und da es ihr unmöglich war, vollkommen gleiche Portionen aufzufüllen, vertraute sie diese Aufgabe Petra an, die nicht auf dem Baugelände schlief und dadurch weniger eventuellen Vergeltungsmaßnahmen ausgesetzt war.

Wenn sich Zwischenfälle ereigneten, richtete sie es so ein, dass sie diese mit dem Ingenieur regelte, ohne Julien davon zu erzählen, denn sie misstraute seinen Reaktionen, sie wusste, dass er zwar nicht eifersüchtiger als andere war, dafür aber aufbrausend und zur Gewalt neigend. Zwei- oder dreimal schaffte sie es, sich auf sanfte Art aus der Affäre zu ziehen – etwas, das die Männer, die ein derart hartes Leben führten, am meisten entbehrten. Bis der Arzt aus Rethel eintraf, versorgte sie diejenigen, die krank wurden oder sich verletzt hatten. Das kam häufig vor, denn die Frostbeulen und die offenen Wunden, die nicht heilen wollten, ließen sich gar nicht mehr zählen, manchmal gab es auch Knochenbrüche, die die Männer in der Küche vor dem Ofen liegend und stumm vor Schmerz ausstanden und die ihnen für einige Tage ein wenig Ruhe verschafften.

Eines Tages war weniger als einen Kilometer vom Baugelände entfernt eine gewaltige Explosion zu hören, und ihre Angst erreichte eine neue Dimension: Ein Bauer war bei der Feldarbeit auf eine Granate gestoßen. Zwar war die Region im Prinzip entmint worden, doch es war offensichtlich, dass noch nicht alle Gefahren vollkommen beseitigt waren. Von da an wurde es für

Hélène und Julien zur Qual, ihre Kinder draußen zu wissen, denn ihre Spiele brachten sie dazu, sich immer weiter von den Baracken zu entfernen, wo sie sich zu eingeengt fühlten.

Mit dieser neuen Furcht mussten sie leben, jeden Abend erteilten sie Ratschläge und Empfehlungen, sie spürten, wie ihr Herz wie verrückt pochte, wenn der Widerhall einer neuen Explosion zu hören war, denn der Ingenieur hatte die Minenräumer zurückgeholt, um einen möglichst weiten Umkreis um das Baugelände zu sichern.

Zum Glück trieb die immer heftiger werdende Kälte die beiden Jungen dazu, die Wärme des Ofens aufzusuchen und nicht so oft hinauszugehen, zur großen Erleichterung Hélènes, die ihnen aus Gründen der Sicherheit Aufgaben übertrug, durch die sie in ihrer Nähe bleiben mussten.

35

So ging der erste Winter zu Ende, dem ein Frühling folgte, der in nichts denen glich, die Hélène und Julien aus ihrem heimatlichen Périgord kannten. In dieser vom Krieg verwüsteten Region gab es fast keinen Baum und kein Grün mehr, nicht der kleinste Grashalm wuchs hier, der den immer gleich düsteren und abweisenden Horizont hätte beleben können. Mit der ersten Wärmewelle im Mai tauchten die Ratten auf, die sich im Winter verkrochen hatten und unter der Küchenbaracke Schutz suchten, um die Abfälle zu sammeln, die zwischen den mangelhaft zusammengefügten Brettern hindurchgefallen waren. Für Hélène stellten sie eine ständige Quelle der Angst dar, sie fürchtete, dass sie irgendwann ihre Knöchel anknabbern würden, und es gelang Julien nicht sie zu beruhigen.

Wie schon in Bordeaux boten sie den Arbeitern eine willkommene Gelegenheit zur Zerstreuung. Sie erfanden ein grausames Spiel, indem sie direkt auf die Bretter einen Köder legten und mit einem Stock, an dem sie eine Gabel festgebunden hatten, auf ihr Erscheinen lauerten. Sogar Clément machte mit, obwohl seine Mutter es ihm verboten hatte; denn wenn sie die verletzten Tiere kreischen hörte, musste sie stets an die kleinen Katzen auf dem Land denken, die üblicherweise getötet wurden, wenn der Wurf zu groß war.

An einem Sonntag wollte Julien bei herrlichem Wetter nach Perthes-les-Hurlus fahren, einem einige Kilometer vom Baugelände entfernt gelegenen Dorf, um dort zu versuchen, den Ort wiederzufinden, wo er verwundet worden war. Hélène verstand nicht, warum, sie hatte Angst, dass dieser Entschluss in ihm nur ein ungutes Feuer am Brennen halten würde, während sie eigentlich geglaubt hatte, dass er sich bemühte, den Krieg zu vergessen. Sie versuchte ihn zu Vernunft zu bringen und fragte:

»Wozu soll das gut sein?«

»Es muss sein, ich brauche es einfach«, antwortete er. »Aber wenn du willst, bleib hier, ich werde den Kleinen mitnehmen.«

Als sie begriff, dass er sich nicht von seinem Vorsatz abbringen lassen würde und sie außerdem nicht besonders gern allein in ihrer Baracke zurückbleiben wollte, folgte sie ihm und bestieg die Pferdekarre, die dem Versorgungsnachschub diente. Seit einigen Tagen herrschte schönes Wetter, und die Wege waren trocken. Sie brauchten nicht lange, um das Dorf zu erreichen, wo Julien sich bei einem Mann, der ein Holzbündel trug, nach dem Weg erkundigte. Dann setzten sie ihre Fahrt fort, nachdem sie am Ortsausgang links abgebogen und der Straße zwei Kilometer lang gefolgt waren, bis sie eine große Talmulde erreichten, die frisch umgepflügt worden war. Rechts floss ein kleiner Bach, und auf der anderen Seite der Mulde stieg das Gelände an bis zu einem Vorsprung, auf dem sich dunklere Linien im Gras abzeichneten: die ehemaligen Schützengräben.

Julien übergab seiner Frau die Zügel, stieg wortlos vom Wagen, legte langsam die Strecke zurück, die ihn von den Schützengräben trennte und setzte sich, zur Talmulde gedreht, auf einen abgestorbenen Baumstumpf. Eine ganze Weile lang blieb er bewegungslos so sitzen, den Kopf in die Hände gestützt, und durchlebte noch einmal jenen schicksalhaften Augenblick, als die Granatsplitter seine rechte Hand zertrümmerten, während Hélène zögerte, zu ihm zu gehen. Clément sprang vom Wagen herunter, und sie ließ ihn gewähren. Er rannte zu seinem Vater, der zusammenfuhr, als er ihn bemerkte. Doch dann zog er ihn auf sein rechtes Knie und verharrte so eine oder zwei Minuten lang zusammen mit ihm, bevor er sich unvermittelt erhob und in großer Eile zu seiner Frau zurückkehrte.

Während des Rückwegs auf der schmalen, von riesigen Feldern gesäumten Straße, über denen Raben auf der Suche nach Nahrung kreisten, sprach er kein einziges Wort, während sie von Zeit zu Zeit den Kopf seinem missmutigen Gesicht zudrehte und sich fragte, was er soeben dort eigentlich gemacht hatte. Erst am Abend, als sie schlafen gingen, wandte er sich zu ihr, obwohl sie ihm keinerlei Frage gestellt hatte, und sagte:

»Ich musste einfach wissen, ob das alles wirklich zu Ende ist.«

Da erfasste sie erst wirklich, wie tief die Erschütterung durch diesen Krieg bei ihm ging. Sie war sehr viel stärker, als sie geglaubt hatte, so sehr hatte er sich bei diesem Thema mit einer Mauer aus Schweigen umgeben. Die Tatsache seiner verwundeten Hand führte ihn unablässig zu dem zurück, was er erlebt hatte. Darum also hatte er prüfen müssen, ob die Waffen wirklich am 11. November 1918 verstummt waren und die Granaten aufgehört hatten, diese leidgetränkte Erde zu durchpflügen …

In den darauf folgenden Tagen wirkte er besänftigt und ruhig, und als sie ihm verkündete, dass sie ein Kind erwartete, nahm er die Nachricht mit einem Lächeln und ohne Verdruss auf, obwohl manche Probleme für sie selbst und den reibungslosen Gang der Dinge auf der Baustelle vorhersehbar waren. Diese Schwangerschaft kam wirklich zu einem denkbar schlechten Zeitpunkt. Doch im Gegensatz zu dem, was sie befürchtete, äußerte er nicht das geringste Gefühl der Verbitterung: Im Grunde liebte er Kinder und war überzeugt, dass sie zusammen mit einer Mutter und einem Vater glücklicher aufwuchsen als er, der seinen Erzeuger nie richtig gekannt hatte.

Der Winter stellte sich mit kalten Regenschauern ein, die wie

Hagelböen niedergingen, und die Abwesenheit der Sonne, die Aussicht auf drei oder vier Monate mit düsteren Tagen erweckte bei beiden Heimweh. Zunächst trauten sie sich nicht, darüber zu sprechen, dann äußerten sie einige flüchtige, rasch vergessene, Worte, die jedoch manchmal von Schmerz begleitet waren wie eine Wunde, die nicht heilen will. Vor allem Hélène dachte an ihre Familie im Süden, die jetzt wohl gerade dabei war, anlässlich der kommenden Weihnachtsfesttage die Gänse zu stopfen, während Julien es immer schlechter ertrug, sich Gehorsam verschaffen zu müssen, ohne selbst ein Werkzeug bedienen zu können. Er fühlte sich zunehmend nutzlos im Kreis der anderen, die wirklich arbeiteten und deren Sarkasmus ihn mitunter auf grausame Art verletzte, weil er ihn an seine Behinderung erinnerte.

36

Am Weihnachtstag – dem zweiten, den sie allein, weit weg von ihrer Familie verbrachten –, als sie beide am Ofen saßen und die Kinder zu ihren Füßen spielten, sagte Julien seufzend zu seiner Frau:

»Wir können hier nicht bleiben. Es ist zu weit weg und zu hart.«

Sie antwortete nicht, aber es war ihr, als würde der Himmel sich aufhellen und endlich wieder blau werden.

»Wenn du einen kleinen Garten bestellen würdest und wenn ich auf den Märkten mit Vieh handeln würde wie dein Vater, vielleicht könnten wir dann bescheiden, aber doch bei uns zu Hause leben.«

Da sie nicht wusste, ob sich dieses Projekt eines Tages verwirklichen ließ, bemühte sie sich, dem Gedanken nicht zu viel Raum zu geben und unterdrückte die Tränen, die ihr in die Augen traten. Sie bückte sich, um ihren jüngsten Sohn auf den Arm zu nehmen, der ihr die Ärmchen entgegenstreckte, und spürte, wie ihr Herz stärker zu klopfen anfing, als Julien weitersprach:

»Hier geben wir nichts von dem aus, was wir verdienen. Wenn wir weiter Geld beiseitelegen, werden wir vielleicht in einiger Zeit ein kleines Bauernhaus und eine kleine Koppel kaufen können. Was hältst du davon?«

Sie dachte wie er: Weil sie sparten, hatten sie allmählich etwas Geld auf der hohen Kante, zumal sie freie Unterkunft und Verpflegung hatten. Allerdings fragte sie sich, wie viel Zeit es wohl brauchen würde, um eine Summe anzusparen, die es ihnen ermöglichte, ein kleines Haus zu kaufen. Ein Jahr, wie Julien behauptete, oder zwei oder fünf?

An jenem Tag verspürten sie in ihrer furchtbaren Einsamkeit in den winterlichen Ardennen das Bedürfnis, nach Saint-Quentin zu schreiben und Hélènes Familie zu bitten, für sie nach einer Bleibe zu suchen, die sie erwerben konnten, selbst wenn sie in schlechtem Zustand wäre, sofern nur ein wenig Land zum Bewirtschaften dabei war. Sie war glücklich, schreiben zu können, was Julien ihr diktierte, obwohl sie nicht allzu sehr an den Erfolg glaubte. Doch sie wusste, dass diese Flaschenpost ihnen helfen würde zu überleben und die Ödnis der Tage bis zum Frühling durchzustehen.

Tatsächlich half sie ihnen, während der langen Monate mit Regen, Schnee und Wind den Mut nicht zu verlieren, zumal sie so oft wie möglich darüber sprachen und so die Rauheit der Männer und des Ortes sowie die Baustelle, auf der die Arbeiten vierzehn Tage lang aufgrund des Frosts ausgesetzt worden waren, vergaßen. Es war ein schrecklicher, endloser Winter, weder sie noch er hatten jemals dergleichen erlebt.

Durch ihre Schwangerschaft wurde Hélène immer stärker in ihrer Arbeit beeinträchtigt, dennoch machte sie unverdrossen weiter, unter den ironischen Blicken der Männer, die es nicht lassen konnten, höchst fragwürdige Witze von sich zu geben, und sie hoffte auf den Frühling, der sie von ihrer Bürde befreien würde. Die ersten schönen Tage kamen Mitte April, begleitet von einem Brief ihrer Schwester Aline und ihres Bruders Felix, die – ohne dass sie sie darum gebeten hätte – ihr Kommen ankündigten, um ihr anlässlich der Geburt beizustehen. Diese Nachricht erfreute Julien, der sich Sorgen um seine Frau machte. Die angebotene Hilfe tröstete ihn, und er begann wie sie die Tage bis zu ihrer Ankunft zu zählen.

Felix und Aline stiegen am 30. April am Bahnhof von Rethel aus dem Zug, und sofort hielt mit ihnen das Périgord Einzug in die Baracke: ein Geruch nach Holz und Wald, der besondere Akzent, mit dem sie sprachen, der dem des Südens ähnelte, sich aber doch wieder davon unterschied, eine heitere und vertrauenerweckende Kraft, die den beiden Exilanten äußerst wohltat, zumal sie auch eine gute Nachricht mitbrachten: Sie hatten ein Häuschen gefunden, *La Brande* genannt, zwischen Sarlat und dem Dorf Temniac, von dem aus die Straße nach Montignac zu sehen war, die Hélène so oft gegangen war, als sie noch im Gasthof arbeitete, um ihre Familie in Saint-Quentin zu besuchen.

Es war zu teuer, es fehlte ihnen noch viel Geld, doch was für Pläne schmiedeten sie nicht an jenem Abend, und welche Träume begleiteten die kommende Nacht! Und was für eine Freude war es, den Erzählungen von »dort unten« zuzuhören, vor allem denen Alines, die Hélène sehr nahegestanden hatte und mehrere Male nach Souillac gekommen war, als Julien an der Front war; sie verstand es hervorragend, die Erinnerungen an die blanchierten Kastanien, die Gänsekeulen und die butterweichen Steinpilze des Sarladais wachzurufen.

Sie war es auch, die am 20. Mai Hélène als Hebamme beistand, als sie ihren dritten Sohn zur Welt brachte, der auf den Namen André getauft wurde. Er war das einzige ihrer Kinder, das so weit vom Périgord entfernt auf die Welt kam – und das im Verlauf einer Geburt, die zwar nicht einfach war, doch ihr das Gefühl vermittelte, dass sie weniger zu leiden hatte, jedenfalls nicht so lange wie die letzten Male. Dieser Sohn war schön und kräftig, doch sie konnte sein Dasein gar nicht recht genießen, denn sie fing bereits acht Tage später wieder zu arbeiten an, als Aline und Felix schon wieder abgereist waren und sie alleine ließen. Aber von nun an wurde sie von einer neuen Hoffnung getragen.

Julien war glücklich über dieses Kind, doch insgeheim machte er sich große Sorgen um sein Schicksal und nach dieser Geburt unter unerträglichen Bedingungen: Sie waren gezwungen, nachts das Licht brennen zu lassen, damit sich die Ratten nicht an das Neugeborene heranmachten.

37

Dieses am 20. Mai 1920 geborene Kind ist mein Vater, und jene Geschichte von der Kerze, die brennen musste, damit ihn die Ratten nicht anknabberten, erzählte er gern häufiger. Doch er lachte dabei, um sich die Rührung nicht anmerken zu lassen, die diese Erinnerung bei ihm auslöste und seine Augen, die sich auf uns Kinder richteten, die sich ungefähr dreißig Jahre später in seinem warmen Haus aneinanderkuschelten, zum Glänzen brachte. Und wiederum sehr viel später, eines Nachts in Brüssel, in einer Vier-Zimmer-Suite, die mein Verleger in einem Luxushotel für mich angemietet hatte, als es mir nicht gelang in allen vier Zimmern gleichzeitig das Licht zu löschen, musste auch ich an jene Baracke in Perthes-les-Ardennes denken, an die brennende Kerze und die Ratten, die überall herumliefen. Und natürlich dachte ich an den Weg, der hinter mir lag, allerdings in dem Bewusstsein, eine Art von Verrat begangen zu haben, mit einer Verwirrung, die mich – ganz abgesehen vom Licht – am Einschlafen hinderte.

Es bedarf solcher mentalen Erschütterungen im Leben, um zu wissen, wer wir sind und woher wir kommen. Diese hat, neben vielen anderen, auf schmerzhafte Weise den »Baum der Stille« in mir zum Zittern gebracht, die verschütteten Wahrheiten wachgerufen und mir zum Bewusstsein gebracht, wie viel Arbeit und Mut seitens meines Großvaters und meiner Großmutter notwendig waren, damit ich in einem Palast im Herzen einer Stadt, die zur Hauptstadt Europas geworden war, schlafen konnte. – Ich weiß sehr wohl, dass es sich hier, zumal in einer Zeit, in der sich niemand mehr über irgendetwas wundert, um grobe Vereinfachungen, ans Lächerliche grenzende Überlegungen handelt, doch so war das Erlebnis, das ich hatte: Das Licht in diesem Luxushotel, das nicht ausgehen wollte, versetzte mich zurück zu der brennenden Kerze in einer Holzbaracke, in der mein Vater schlief ...

Hélène konnte ihn keinen Moment aus den Augen lassen, sie behielt ihn ganz in ihrer Nähe, wenn sie arbeitete, und stellte den Korb niemals auf dem Boden, sondern immer erhöht ab. Für sie waren diese Ratten zu einer ständigen Angst geworden, nicht anders erging es Julien, der nachts auf einem Stuhl sitzend Wache hielt, um schneller eingreifen zu können, falls es notwendig würde. Das steigerte sich dermaßen, dass sie, wenn sie es auch nicht aussprachen, wussten, dass sie nicht die Kraft aufbringen würden, einen weiteren Winter im Norden zu überstehen. Aline und Felix waren beauftragt worden, mit dem Besitzer des Häuschens zu verhandeln, um herauszufinden, ob es ihm mit dem Verkauf vielleicht doch nicht gar so eilig war, und vor allem um den Preis möglichst noch etwas zu drücken. Ein Brief von Aline, den sie Ende Juni erhielten, entmutigte sie: Der Besitzer, ein Mann aus Saint-Julien-de-Lampon, wollte sofort verkaufen, und zwar zu dem vom Notar festgelegten Preis. Sie glaubten, die Welt würde zusammenstürzen; sie zählten noch einmal ihr Geld, doch es fehlte noch etwas, sodass Hélène eines Abends niedergeschlagen zu ihrem Mann sagte:

»Und wenn wir nun für den Rest ein Darlehen aufnehmen würden?«

Ein Darlehen? Das war zu jener Zeit nicht üblich, und Julien fühlte sich dazu auch gar nicht imstande. Für ihn war so etwas gleichbedeutend mit Schuldenmachen, also unschicklich. Im Übrigen erfüllte ihn allein der Gedanke daran bereits mit Scham.

Doch was, wenn der Besitzer an andere verkaufen würde? Immer wieder stellte sie Julien diese Frage. Der beruhigte sie, indem er ihr versicherte, dass laut Aline niemand zu diesem Preis kaufen würde, im Gegenteil, wahrscheinlich würde der Mann aus Saint-Julien-de-Lampon nach einigen Monaten seine Ansprüche herunterschrauben, und sie selber hätten bis dahin genug Geld verdient. Kurzum, seiner Meinung nach brauchten sie sich nur in Geduld zu üben.

Sie schickte sich also darein, wieder einmal zu warten, ein wenig getröstet durch den sonnendurchfluteten, strahlenden Sommer, der die Ardennen in eine rote Glut tauchte und ihnen guttat, zumal es nun weniger Zwischenfälle mit den Arbeitern gab, deren Arbeitsbedingungen sich verbessert hatten. Sobald sie einen freien Augenblick hatte, ging sie nachmittags mit André hinaus auf die Straße, die nach Perthes führte, und die Tatsache, mit ihrem Sohn so spazierengehen zu können, kompensierte ein wenig die fehlende Bewegungsfreiheit während der Schlechtwetterzeit.

Julien hatte sich beruhigt: Seit der Aussicht auf eine mögliche Abreise ertrug er die Konflikte ein wenig besser, und es verging nicht ein Abend, an dem er nicht von ihrem Haus sprach und Pläne schmiedete, wobei die Probleme, die durch seine Hand auf ihn zukommen würden, niemals eine Rolle spielten. Es war, als hätte er sie vergessen, als genügte die Tatsache, dass sie ins Périgord zurückkehrten, um für ihn sein Leben vor dem Krieg und alle seine Fähigkeiten wieder aufleben zu lassen. Der Gedanke, der ihn im tiefsten Innern trug, war der, dass er, der niemals etwas besessen hatte, bald etwas sein Eigen würde nennen können – selbst wenn es nur ein winzig kleiner Besitz war –, um dadurch unanfechtbar und endgültig am Leben Revanche für die erlittenen Niederlagen zu nehmen.

Die Arbeit, mit der sich beide von Tagesanbruch bis in die Dunkelheit abplagten, half ihnen, die Regengüsse des Herbstes und bald darauf die Kälte eines weiteren Winters anzunehmen. Julien schwor sich, dass es der Letzte sein würde.

»Ich schwöre es dir!«, sagte er Anfang Dezember zu Hélène, als die früh hereinbrechende Dunkelheit sie zu Gefangenen in ihren Holzbaracken machte.

»Ich hoffe es«, murmelte sie, »ich werde nicht die Kraft haben, noch einen weiteren Winter hier zu verbringen.«

Es wurde ein so kalter und weißer Winter, dass sie zu Weihnachten nicht an der Mitternachtsmesse in Perthes teilnehmen konnten, da sie auf dem Baugelände im Schnee feststeckten. Zum Glück brachten ihnen Alines regelmäßige Briefe Nachrichten von »ihrem Haus«, das noch keinen Erwerber gefunden hatte. Nicht alle Hoffnung war verloren: das Licht der Kerze, die sie symbolisierte, erlosch niemals.

38

Als im März das Tauwetter begann, zählten sie noch einmal ihr Vermögen und stellten fest, dass sie genügend Geld für den Kauf hatten. Sie schrieben an Aline, damit sie beim Verkäufer und beim Notar alles Notwendige veranlasste, dann fuhr Julien mit dem Zug nach Sarlat. Seine Frau und die Kinder vertraute er Adolphe an, der sie zur Nacht in sein Haus nach Perthes bringen würde, damit sie dort in Sicherheit schlafen konnten. Juliens Abwesenheit dauerte acht Tage, und es fällt mir nicht schwer, mir das Glück vorzustellen, das ihn im Büro des Notars erfüllte, wo er den vom Besitzer und ihm selbst unterschriebenen Vertrag erhielt – anlässlich ihrer Hochzeit hatte Hélène ihm beigebracht, die Buchstaben zu schreiben, die seine Unterschrift bildeten. Ganz sicher zog in jenem Augenblick sein bisheriges Leben an ihm vorüber, angefangen beim Schloss von Proissans, sein Zimmer in der Maurerwerkstatt, die Wohnung in Souillac, die Schützengräben in den Ardennen und die Baracken in Bordeaux und Perthes … All seine Anstrengungen waren endlich belohnt worden!

Acht Tage später traf er mit der kostbaren notariellen Urkunde in seiner Tasche wieder in Perthes ein, er lächelte, als er Hélène erblickte, die ihm auf dem Weg entgegenkam, und sprang vom Trittbrett des von Adolphe gelenkten Wagens, der gekommen war, um ihn am Bahnhof abzuholen. Sie schlossen sich eilends in ihrer Holzbaracke ein, damit sie ihm das wertvolle Dokument vorlesen konnte und dann beschrieb er ihr viele Minuten lang das Häuschen, das in keinem sehr guten Zustand war, das

Grundstück davor und die Wiese, die zur Straße nach Montignac hinunter führte, wo sich unten in einer Mulde der Brunnen befand, aus dem sie ihr Wasser schöpfen würden.

Von diesem Tag an breiteten sie jeden Abend, ehe sie schlafen gingen, die notarielle Urkunde vor sich auf dem Tisch aus, und Julien bat seine Frau, ihm diese großartigen Zeilen noch einmal vorzulesen, die sie zu Eigentümern eines Hauses machten, dessen Mauern aus Stein und nicht aus Holzbrettern waren. Dennoch konnten sie sich nicht so schnell loslösen, wie sie es sich gewünscht hatten, denn Monsieur Duval hatte keinen Ersatz für sie gefunden, und Julien wollte dem Mann, der ihn zu einer Zeit eingestellt hatte, als er in höchster Not war, keine Unannehmlichkeiten bereiten.

Sie konnten es kaum mehr aushalten, bis sie im September endlich am Bahnhof von Rethel, wo sie drei Jahre zuvor in einer Dezembernacht angekommen waren, endlich den Zug besteigen konnten. Die Reise, die noch immer unter genauso mühsamen Bedingungen vonstattenging, erschien ihnen nicht so lang wie auf der Hinfahrt in die Ardennen, zumal die Sonne auftauchte, sobald sie in Paris waren. Sie schien bis Sarlat ununterbrochen und tauchte die Eichen und Kastanien, die das Périgord ankündeten, in ein wunderbares Licht.

Felix, der mit dem Wagen gekommen war, um sie nach Saint-Quentin zu fahren, machte einen Umweg über La Brande, wo er seiner Schwester das Haus zeigte, das ihr gehörte und in das sie so schnell wie möglich einziehen würde: Es war tatsächlich ein kleines, niedriges und schmales Haus mit einem Dach aus echten Ziegeln – genau wie es ihr Julien beschrieben hatte. Es lag oben auf einem Hügel, der die Straße nach Montignac überragte, es gab weder fließendes Wasser noch Elektrizität, doch es war für sie wie für ihn das schönste Haus, das es auf Erden gab.

Sie verbrachten einige Tage in Gesellschaft von Felix, Victorine und Aline, und die Tatsache, um einen Tisch herum zu sitzen, um den sie einstmals so zahlreich versammelt gewesen waren, dessen leere Stühle jetzt aber vom Fehlen all derer zeugten, die nicht mehr da waren, erweckte in Hélène das Bedürfnis, so schnell wie möglich an den Ort zu ziehen, der von nun an »ihr Haus« sein würde. Sie zogen drei Tage später um, entzündeten das Feuer im Kamin und betrachteten lange die goldenen Funken, die aus ihrer neuen Feuerstelle sprühten.

IV Die Steine

39

Man betrat das Haus durch eine schmale Tür, die in die Küche führte, wo sich ein offener Kamin befand, der groß genug war, um darauf das Essen zu kochen und alle Räumlichkeiten zu heizen. Von dieser Essküche aus ging es in ein kleines düsteres Zimmer, das ihnen als Schlafzimmer dienen würde. Über eine Trittleiter gelangte man zum Dachboden, der notdürftig zu einem Zimmer mit der Grundfläche der zwei darunter liegenden ausgebaut und somit größer war als jedes von ihnen; aus diesem Raum machten sie ein Zimmer, in dem ihre drei Kinder schlafen würden. Das ganze Haus war sehr klein, da sie aber sehr wenig Möbel besaßen – sie hatten ihre Habe beim Weggang aus Souillac verkauft – fanden die Stühle, der Tisch und die Betten leicht ihren Platz, und der Raum war rasch gefüllt.

An das Haus grenzte auf der Seite zum Wegrand hin eine kleine Scheune, sie war ebenfalls aus Stein und diente gleichzeitig als Speicher und als Stall. Auf der anderen Seite des Wegs stieß das Stück Land, das ihnen gehörte, ganz hinten auf die Eisenbahnlinie von Sarlat nach Montignac. Die Wiese, die bis zur Quelle am Straßenrand hinunterreichte, gehörte ihnen ebenfalls, und konnte als Weideland oder zur Heumahd dienen, wodurch eine bescheidene Viehhaltung möglich wurde. Weder Julien noch Hélène waren sich bewusst, dass diese Wiese eine Art Leidensweg darstellen würde, denn es musste zweihundert Meter weiter unten Wasser geholt und die Eimer über den steilen Abhang wieder hochgetragen werden, was sie dazu zwang, mehrere Male anzuhalten und zu verschnaufen.

Eine schwere Prüfung – ich weiß das, weil ich Hélène in den Fünfzigerjahren erlebt habe, als ich als Kind in den großen Ferien einige Tage bei ihr verbrachte und mich wunderte, dass eine so kleine Frau so schwere Lasten tragen konnte. Doch diese Prüfung, da bin ich mir sicher, schien ihr zu jener Zeit unbedeutend, als sie in ihr Häuschen schlüpfte wie eine Vogelmutter in ihr Nest, und sie beeilte sich, noch vor dem Winter einen Unterschlupf zu errichten, in dem ihre Familie zufrieden und im Warmen leben konnte.

Sie wussten, dass sie bescheiden leben mussten und dass die ersten Monate schwer sein würden; doch sie hatten sich darauf vorbereitet und brauchten sich keine Sorgen zu machen, dass sie ihren Hunger nicht würden stillen können: Mit Juliens Rente konnten sie Brot und Gemüse kaufen und eine gute Suppe kochen, die damals den wichtigsten Bestandteil der Mahlzeiten darstellte.

Nach ihrem Einzug im Oktober mietete Julien ein Pferd vom Bauern in der Nachbarschaft, und sie pflügten das Ackerstück, um Weizen zu säen. Hélène lief dabei voraus, um das Pferd zu führen, Julien hatte die rechte Hand an den Griff des Pfluges festgebunden, um ihn besser halten zu können, und ging hinterher. Neben diesem Acker gab es einige Reihen mit Weinreben; sie verhießen ihnen den nötigen Wein, allerdings erst im kommenden Jahr, denn der Verkäufer hatte sich die Ernte dieses Herbstes vorbehalten.

Sie hatten alles geplant, alles sinnvoll eingeteilt: Sie würden ihren eigenen Wein keltern, ihren Weizen zum Bäcker von Sarlat bringen, der es ihnen dank des Tauschsystems, das fast überall auf dem Land galt, als Brot zurückgeben würde, und das übrige Ackerland würde dazu dienen, Gemüse anzubauen. Was die Wiese betraf, so hatten sie geplant, sie als Weide für die Aufzucht von Kälbern zu behalten, die sie, wenn sie ausgewachsen waren, wieder verkaufen würden. Sobald sie etwas Geld verdient hätten, würden sie sich außerdem ein Pferd oder einen Esel anschaffen, der den alten Pflug ziehen musste, den sie in der Scheune gefunden hatten, denn er gehörte zu dem Material, das sie beim Kauf des Anwesens miterworben hatten.

Gestärkt durch diese Entschlüsse und Pläne, die nur von ihnen selbst abhingen, da sie die einfachste Form sparsamen Haushaltens darstellten, wuchs ihre Zuversicht rasch, zumal Julien einen Nachbarn fand, der einwilligte, dass sie »die Hälfte« seiner Kastanien aufsammelten. Es wurde ein schöner Herbst, Tage, in denen es im Schatten der Hochwälder noch warm war – für sie wie für ihn eine Quelle von Kindheitserinnerungen, die auf den Lichtungen heranfluteten, wo sie mittags am Waldrand selbst gesammelte Steinpilze aßen, im guten Duft des Moses und des Farns, der vom Tau noch feucht war. Was kümmerten sie ihre zerstochenen Finger! Fünf Tage Kastaniensammeln sicherten ihnen einen Vorrat für den ganzen Winter, und dabei hatten sie mit diesem Manna als Lebensmittel gar nicht gerechnet.

Clément und Constant gingen zur Schule nach Temniac, dem Dorf, das oben am selben Berghang wie La Brande lag, ihr Lehrer hieß Monsieur Délibie und kam ihnen streng vor, doch sie lernten gut, und abends machte Hélène mit Vergnügen auf dem Küchentisch Platz für sie, damit sie ihre Hausaufgaben erledigen konnten. Wenn Julien nach Hause kam, aßen sie dicke Suppe, in der die Kelle senkrecht stehenblieb, und sie fürchteten sich nicht mehr vor Ratten, vor Streitereien unter den Männern oder dem Raub von Nahrungsmitteln, sodass es ihnen bald vorkam, als hätte das, was sie in den Ardennen erlebt hatten, niemals existiert. Dennoch konnte es geschehen, dass sie plötzlich nachts aufwachten und den Korb suchten, in dem André im Lichtschein einer Kerze schlief. Dann dauerte es lange, bis sie wieder richtig schlafen konnten.

In jenem Jahr war Weihnachten ein Fest, ein wahres Glück, wie sie es seit langer Zeit nicht erlebt hatten: Sie hatten Hélènes Brüder und Schwestern eingeladen, um ihnen für all ihre Hilfe zu danken, insbesondere den beiden, die anlässlich von Andrés Geburt in die Ardennen gekommen waren. Sie begaben sich alle, sogar Julien, der keiner Religion angehörte, mit der Lampe in der Hand auf dem von der Kälte hart gewordenen Weg zur Mitternachtsmesse in die Kirche von Temniac. Nach der Rückkehr gab es für die Kinder Geschenke: eine Orange, karamellisierte Mandeln, ein Paar Fäustlinge und ein Holzspielzeug, das Felix auf dem Markt am 6. Dezember in Sarlat gekauft hatte. Mit tiefer Freude schauten sie zu – insbesondere Julien, der während seiner Kindheit niemals auch nur das kleinste Geschenk bekommen hatte –, wie ihre Kinder vor dem Kamin, wo die Kastanienholzscheite brannten, lachten und sich vergnügten – endlich im sicheren Hort und, so schien es ihnen, endgültig außer Gefahr.

Das Jahr ging ohne das kleinste bisschen Schnee und ohne jenen Nordwind zu Ende, unter dem sie oben in den Ardennen so gelitten hatten. Hélène war sechsunddreißig und Julien zweiundvierzig Jahre alt, ihre Jugendjahre lagen hinter ihnen, aber sie hatten einen Hafen gefunden. Während ich mir dies klarmache, sage ich mir, dass diese Situation der meiner Familie mütterlicherseits in derselben Zeit sehr ähnelte: ein Häuschen, zwei Ackerflächen und die Aussicht, nur das zu produzieren, was zum Leben notwendig war. Kein Geld, doch das war nicht schlimm, denn sie brauchten nichts zu kaufen. Auf dem Land im Quercy und im Périgord der Zwanzigerjahre war es möglich, auf diese Weise zu leben. Und mir fällt auf, dass die von beiden Seiten gefundene Lösung dieselbe war: der kleine Besitz als Quelle des Stolzes und der sozialen Anerkennung, selbst wenn immer die Gefahr der Armut auf der Lauer liegt.

40

Mit der Wiederkehr der Feldarbeiten im Frühling probierte Julien eine neue Art aus, die Werkzeuge an seiner rechten Hand mithilfe eines Riemens festzubinden. Er bat seine Frau, ihn straff anzuziehen, aber es half nichts.

»Zieh fester!« sagte er zu ihr, »hab keine Angst.«

»Er wird dir das Blut abschnüren!«

»Das macht nichts. Los, zieh fester!«

Das Ganze wurde für ihn sehr schnell zu einer Obsession, und es war für Hélène wie ein Albtraum, ihn schreien zu hören, wenn ihm die Sichel oder die Axt entglitt und es ihm nicht gelang, seine Arbeit zu bewältigen, die er sich vorgenommen hatte. Sie eilte zu ihm, um ihm zu helfen, doch er lehnte ab, ja, geriet sogar in Wut, und sie begriff, dass es besser war, ihn allein zu lassen, statt ihm zu zeigen, dass sie das, was ihm selbst nicht gelang, ohne Anstrengung schaffte. Unter diesen Bedingungen wurde das Pflügen im Frühling nicht einfach, denn Julien versteifte sich darauf, den Sterz des Pflugs zu halten, während sie die Zügel des Pferds hielt, obwohl es umgekehrt besser gewesen wäre.

Doch er beharrte eigensinnig darauf, schrie, akzeptierte die Niederlage nicht, die ihn ihr gegenüber in eine minderwertige Lage versetzte und brachte sein Pensum erschöpft, schweißbedeckt und verzweifelt zu Ende. Bei der Heuernte, die mit der Sense ausgeführt werden musste, wurde es noch schlimmer: Unablässig rief er Hélène herbei, damit sie ihm den Riemen festzog, verfluchte und verwünschte den lieben Gott und »die Boches«, mühte sich ab, ohne dass viel dabei herauskam, setzte sich endlich mit heftig klopfendem Herzen in den Schatten, wo er in Ermangelung von Wein, den es in diesem Jahr noch nicht gab, literweise von dem knappen Wasser trank, das Hélène bei der Hitze unter Mühen von der Quelle heraufschleppte.

Sie nahm es ihm nicht übel, doch sie erschrak ein wenig vor der Heftigkeit, die wieder in ihm erwachte, und begriff, dass er die Schwierigkeit, die Erde ohne das notwendige Gerät zu bearbeiten, ohne im Vollbesitz all seiner Kräfte zu sein, nicht richtig eingeschätzt hatte. Die Invalidenrente, die er bekam, ermöglichte es ihnen, ihren Lebensbedarf zu decken, sie konnte ihm jedoch nicht den Gebrauch seiner Hand zurückgeben und würde es auch niemals können. Jeden Tag überprüfte er ihre Funktionsfähigkeit, obwohl sie ihre ganze Kraft darauf verwendete, ihm die schwersten Aufgaben abzunehmen, so zum Beispiel zusammen mit den Kindern zur Talsohle hinunterzusteigen und Wasser zu holen. Die beiden Ältesten trugen zusammen einen kleinen Krug, während sie selber zwei Eimer trug, die mit Hilfe einer gekrümmten Jochstange vom Körper weg gehalten wurden, wobei sie manchmal am Abhang stehenblieb und um ihr Gleichgewicht rang, ohne recht zu wissen, ob sie umfallen würde oder einige Schritte nach vorn machen sollte.

Sie sparte am Wasser, ohne allerdings ihre Morgen- und Abendtoilette und die Sauberkeit der Kinder zu vernachlässigen. Doch in ihrem Sinn für Wirtschaftlichkeit verwendete sie das Salatwasser für den Abwasch. Manchmal ging sie nachts, wenn ihre Kinder eingeschlafen waren, noch einmal hinunter zur Quelle. Es war dann nicht mehr so heiß und sie litt weniger unter dieser Schinderei, über die sie sich niemals beklagte, denn sie hatte Angst, Julien würde ihr sonst zu Hilfe eilen und dabei womöglich einen Eimer umkippen. Wenn sie dann kurz vor Mitternacht wieder oben ankam und ihre Kinder und Julien schon schliefen, genoss sie vor ihrer Haustür ein wenig die Ruhe, setzte sich endlich auf einen Stuhl, sog genussvoll die kühle Nachtluft ein und bemühte sich, glücklich zu erscheinen.

Durch die Tatsache, dass heute immer fließendes Wasser zur Verfügung steht, ist in Vergessenheit geraten, welche Rolle seine Beförderung früher auf dem Land spielte, vor allem, wenn es darum ging, nicht nur die Männer, Frauen und Kinder zu versorgen, sondern auch das Vieh. Hélène begann zu ahnen, wie schwer ihr diese Bürde in den kommenden Jahren noch werden würde und wie sehr sich dieser abfallende Wiesenhang über der Quelle zum Leidensweg entwickeln sollte. Doch worüber hätte sie klagen sollen, da sie doch in ihrem eigenen Haus bei ihren Kindern und ihrem Mann lebte, ohne die geringste Bedrohung, mit nur einer einzigen Notwendigkeit: zu arbeiten?

Im Übrigen hielt jener erste Sommer auch einige Freuden für sie bereit, wie an jenem Sonntag, als sie mit dem Zug nach Vitrac fuhren, einem Dorf an den Ufern der Dordogne, unweit von Sarlat, um das Wasser und den Kiesstrand zu genießen, der sich am linken Ufer auf der anderen Seite der Brücke befand. Die Landschaft erschien ihnen wunderbar, während der Zug die großen Kastanienwälder durchquerte und die Sonne tropfenweise den Tau der Wiesen trank. Als sie eine halbe Stunde später die Hügelkette überwunden hatten, die Sarlat vom Tal der Dordogne trennt, erreichten sie eine Ebene, die im Süden von einer großen Steilküste begrenzt wurde, wo auf der Höhe in einem blauen Nebel das Dorf Domme vor sich hinschlummerte. Dann tauchten hinter den Dächern von Vitrac schon die Uferpappeln auf, die trotz der vorangeschrittenen Vormittagsstunde noch feucht schimmerten.

Sie stiegen in dem kleinen Bahnhof aus und überquerten mit ihrem Proviantkorb die Dordogne über die steinerne Brücke, auf der es schon so heiß war wie zur Mittagsstunde; dann bogen sie rechts ab und nahmen den Weg, der durch eine Wiese mit schattenspendenden Weiden führte. Die beiden Ältesten gingen mit Julien angeln, denn er hatte ihnen versprochen, eine Angelrute zu anzufertigen: ein langer und biegsamer Ast mit einem Stück Schnur, einem Korkpfropfen und einer krummgebogenen Nadel am äußersten Ende, die den Angelhaken ersetzte. Hélène blieb mit André im Schatten. Sie stellte fest, dass die Dordogne für sie immer der Inbegriff von Muße und Glück gewesen war, auch wenn sie in Souillac manchmal, wenn Julien nachts zum Fischen ging, Furcht in ihr ausgelöst hatte.

Die Leute trafen an jenem Morgen zu Fuß oder mit dem Wagen ein, mit einem Korb und dem Handtuch unter dem Arm. Sie waren froh, einen Tag am Wasser verbringen zu können, in einem ungewohnten Müßiggang, über den sie selbst erstaunt waren, im gleißenden Licht der Sonne, ohne Angst vor einem Sonnenstich, da die meisten daran gewöhnt waren, draußen zu arbeiten. Hélène setzte sich auf eine Decke und versuchte André zu beschäftigen, der wie alle Kinder vom Wasser angezogen wurde. Sie zeigte ihm die Schlösser von Beynac und Le-Roque-Gageac, die sich im Blau des Himmels hinten am Horizont wie zwei Vorberge ausnahmen.

Mittags aßen sie alle fünf einen Tomatensalat, kaltes Huhn und Käse, dann machte Julien im Gras seine Siesta und André fiel an ihn gelehnt in Schlaf. Nachdem sie die Teller im Wasser abgespült hatte, streckte sich auch Hélène einige ruhige und friedliche Minuten lang neben ihnen aus. Gewiss, das war nicht viel, doch diese wenigen Stunden am Ufer des Flusses, die sie in der herrlich-schattigen Kühle zusammen mit ihrer Familie verbrachte, gehörten für sie zu den kostbarsten Erinnerungen ihres Lebens, die sie sich bewahrte: Dass sie in der Lage war, sich mit dem zufrieden zu geben, was sie erlebte, einen Ruhetag genießen zu können nach so vielen anderen, an denen sie bis zur Erschöpfung Wasser schleppte – davon befreit zu sein genügte ihr, um an das Glück zu glauben.

Am Nachmittag gingen Clément und Constant baden, Julien nahm André in seine Obhut, um sich die Füße nass zu machen, während er die Großen beaufsichtigte. Indessen ging Hélène in den Wiesen spazieren, entfernte sich von all den halbnackten Männern und Frauen, deren Anblick sie peinlich berührte. Sie setzte sich einen Moment lang unter einen Pflaumenbaum, fühlte sich bald schuldig, wie jedes Mal, wenn sie nichts tat, dann schlief sie ein, benommen von der aufgestauten Müdigkeit der letzten Tage.

Als sie aus dem Schlaf aufschrak, vernahm sie die Rufe Juliens und ihrer Kinder, die sie suchten. Sie lief zu ihnen, sah, dass sie von Kopf bis Fuß nass waren, half ihnen beim Abtrocknen und beobachtete dabei, dass Julien lachte. Er schien seine verkümmerte Hand vergessen zu haben und wurde wieder zu dem Mann, den sie vor dem Krieg gekannt hatte, als er zu ihr in dem Gasthof kam, um mit ihr Momente stummer Eintracht zu teilen, angesichts derer seine späteren lauten Ausbrüche fern und unwirklich schienen.

Sie nahmen den Vier-Uhr-Imbiss im Schatten ein, verzehrten den Pflaumenkuchen, den sie mit Liebe am Vortag gebacken hatte, dann ging Julien wieder allein angeln, während sie bei ihren drei Kindern blieb, die sie trotz ihrer Vorbehalte mit zum Wasser zogen, wo sie sich schließlich überreden ließ, wenigstens die Füße nass zu machen. Später, viel später kehrte Julien mit Fischen zurück – Forellen und Hasel –, die er ausnahm und mit Gras umwickelte, um sie nach La Brande zu transportieren, dann gingen sie zum Bahnhof, um den Sieben-Uhr-Zug zu nehmen, der sie nach Sarlat zurückbringen würde.

Um die Stadt zu umgehen, wählten sie den kürzeren, aber holprigen Weg über die Hügel, denn es war herrlich, in der Abendkühle zu wandern, die sich endlich, einstellte, während die Schwalben ihre aufgeregten Runden über ihnen drehten. Alle dachten selig an diesen Tag zurück und fragten sich, ob je wieder ein solcher kommen würde; würden sie trotz der Last der Arbeit die Gelegenheit finden, wieder einmal solche Stunden der Ruhe und Muße in der herrlichen Sommersonne zu verbringen?

41

Im August kehrten sie noch einmal nach Vitrac zurück, dann änderte sich das Wetter, und sie dachten nur noch von Zeit zu Zeit daran zurück, als handle es sich um eine Belohnung, die man sich verdienen musste. Wochen und Monate vergingen, und die Schinderei mit dem Wasserholen multiplizierte sich, denn sie hatten Geflügel und einen Esel zum Pflügen gekauft, da sie die Freundlichkeit des Nachbarn nicht überstrapazieren wollten. Im folgenden Jahr ernteten sie die zehn Rebenreihen ab, die sich auf der Parzelle zwischen der Eisenbahnlinie und dem Haus befanden, und Julien konnte seinen ersten Wein produzieren, was ihr Gefühl der Autonomie und Sicherheit noch steigerte. Dann brachte ein unvorhergesehenes Ereignis das zerbrechliche Gleichgewicht ihres Lebens ins Wanken.

Im Oktober besuchte sie eines Abends ihr Nachbar vor dem Abendessen – ein alter Mann, der sich, erschöpft von der Arbeit eines langen Lebens, entschlossen hatte, sein Haus und das Wenige, was er besaß, zu verkaufen, um sich nach Sarlat zurückzuziehen, wo er »alles in Reichweite hätte«, wie er sich ausdrückte, ohne dass sie wirklich verstanden, was er damit meinte. Da Julien und Hélène seine nächsten Nachbarn waren, kam er zu ihnen und bot ihnen an, seinen Besitz zu kaufen, das heißt sein Haus, das mit der Rückseite an ihres grenzte, aber vor allem sein Land, das die Verlängerung ihres Grundstücks zur Straße hin bildete, sodass die beiden nahtlos ineinander übergingen.

Wovon hätten sie dieses Anwesen kaufen sollen, sie, die keinerlei Geld mehr hatten, nachdem sie gerade Material und Vieh hatten anschaffen müssen? Außerdem brauchten sie vor allem Land, das Haus hatte für sie keinen Wert, da sie bereits eines besaßen. All das trugen sie dem Besitzer vor, der sich jedoch nicht von seinem Plan abbringen ließ: Er wollte seinen Besitz nicht aufteilen, denn er fürchtete, dass er dann an Wert verlieren würde. Als er fortging, räumte er ihnen vierzehn Tage Bedenkzeit ein, machte ihnen jedoch klar, dass er nach Ablauf dieser Frist alles bei einem Notar in Sarlat zum Verkauf anbieten würde.

Dennoch hatte er begriffen, in welche Bedrängnis er sie gebracht hatte, denn nach acht Tagen kam er wieder, um ihnen ein anderes Angebot zu machen: Er wollte ihnen gern das Haus auf Basis einer Leibrente verkaufen, unter der Bedingung, dass sie das Land bar bezahlten. Er räumte ihnen eine weitere Bedenkzeit ein, während derer sie lange schwankten: Sie konnten sich mit dem zufrieden geben, was sie besaßen, es war mehr als sie sich je erhofft hatten; andererseits würden sie sich dann für immer die Chance verbauen, mehr Land in einem zusammenhängenden Stück zu bewirtschaften. Sie sagten sich auch, dass ihre neuen Nachbarn unter Umständen nicht so liebenswürdig wie Monsieur F. sein würden, mit dem sie stets in gutem Einvernehmen und ohne den geringsten Zwist gelebt hatten. Am Vorabend des letzten Tages, als eine Entscheidung getroffen werden musste, sagte Julien zu seiner Frau:

»Wenn wir selber nicht an uns glauben, wer dann?«

Sie begriff, dass sich hier eine Möglichkeit bot, ihm zu zeigen, dass sie seiner Kraft und Willensstärke vertraute, und so antwortete sie: »Wir müssen kaufen. Wenn wir alles abbezahlt haben, wird unser Leben leichter werden.«

Einen Monat später unterzeichneten sie den Vertrag beim Notar und trennten sich von ihren gesamten Ersparnissen. Sie hatten ihren letzten Groschen weggegeben, doch sie waren von nun an reich – ihnen gehörten drei Hektar, das war zwar nicht besonders viel, doch es war damit sichergestellt, dass sie immer genug zu tun haben würden. Das Haus war ein wenig größer als das, in dem sie jetzt wohnten, doch in sehr schlechtem Zustand, da der frühere Besitzer verwitwet war und nur zwei Zimmer bewohnt hatte. So musste es vor dem Bezug renoviert werden.

Sie nahmen die Arbeit wieder da auf, wo sie sie unterbrochen hatten, und rackerten sich von morgens bis abends spät im Weinberg, auf dem Weizenfeld, auf der Wiese und im Garten ab, um den sich Hélène kümmerte. Im nächsten Frühling, sobald sie genügend produziert hatte, begann sie auf dem Markt von Sarlat Gemüse zu verkaufen, wobei sie ihren kleinen Karren die drei Kilometer bis dort hin- und wieder zurückschob. Auf diese Weise kam endlich ein wenig Geld in die Haushaltskasse. Das neue Land lieferte ihnen ein wenig mehr Weizen, aber auch Getreide für das Federvieh, und so lebten sie in derselben Weise weiter wie zuvor. Sie kauften nichts ein, denn Juliens Rente reichte nicht aus, um die Pacht zu bezahlen.

Neben der Landarbeit renovierten sie das Haupthaus mit Hilfe eines italienischen Maurers, dem sie nichts bezahlten; dafür durfte er ein Jahr lang umsonst in dem kleineren Haus wohnen, sobald sie umgezogen waren. Julien stellte bei dieser Gelegenheit ein weiteres Mal fest, dass ihn seine verkümmerte Hand in den Augen des Arbeiters fast nutzlos machte, und seine Wutausbrüche, die durch die Befriedigung, sein Anwesen vergrößert zu haben, ein wenig in den Hintergrund getreten waren, flammten wieder auf und lösten Angst und Bestürzung in seiner Umgebung aus. Bei der Feldarbeit konnte er seine Behinderung verbergen, doch im Angesicht eines Fachmanns wie dem Maurer wurde sie für ihn unerträglich. Eines Abends im Juni musste Hélène zum ersten Mal erleben, dass er leider ziemlich über den

Durst getrunken hatte, denn er stieß sie grob zurück, als sie ihm helfen wollte, den Esel auszuspannen. In ihrer Fassungslosigkeit war sie wie gelähmt, ihr Herz pochte wild, sie schaute ihn an und erkannte ihn fast nicht wieder. Dann kehrte sie langsam in ihre Küche zurück und verbarg die ersten Tränen, die er ihr bereitet hatte.

Sie fühlte sich gedemütigt, tat jedoch am nächsten Tag so, als sei nichts geschehen, während Julien den Vorfall vergessen zu haben schien. Anfang Juli gab eine gute Nachricht ihrem Herzen ein wenig Trost: Clément war zu den Schul-Übergangsprüfungen zugelassen worden. Sie waren stolz darauf, vor allem Julien, der bei dieser Gelegenheit eine Rührung zeigte, die sie ihm nicht mehr zugetraut hatte. Im Grunde genommen schöpfte er aus diesem Erfolg das Gefühl einer Revanche gegenüber dem Leben, und er bestand darauf, das Ereignis während des Abendessens mit dem Öffnen einer Flasche Wein zu feiern.

Es stand gar nicht zur Diskussion, ob Clement weiter zur Schule gehen sollte: Sie hatten zu viel Arbeit auf La Brande, und Julien brauchte die Hilfe – die Hände – seines ältesten Sohnes. Hélène war erleichtert, dass sie ihrem Mann nun nicht mehr zu helfen brauchte, doch sie befürchtete, dass nun ihr Sohn seine Wutausbrüche abbekommen würde, und versuchte ihn zu schützen, sogar aus der Ferne, indem sie ihn häufig mit irgendeinem belanglosen Vorwand zu sich rief. Sie hatte sich mit der Neigung zum Jähzorn, die Julien an gewissen Tagen – vor allem im Sommer während der Erntezeit – nicht mehr oder nur begrenzt unter Kontrolle hatte, arrangiert, doch wenn sie sich gegen ihre Kinder richtete, konnte sie sie nicht gutheißen. Alles, was Clement nicht zu sagen wagte, brachte sie zur Sprache, indem sie ruhig und behutsam einen günstigen Augenblick benutzte, in dem Julien ihr aufmerksam zuhörte.

Der Herbst befreite sie von der anstrengenden Schinderei des Wasserholens an der Quelle, doch die Weinernte ließ ihre Angst wieder aufleben, denn Julien verbrachte viel Zeit im Keller. Sie fasste sich ein Herz und brachte die Möglichkeit ins Spiel, die Weinstöcke auszureißen, um stattdessen Mais anzupflanzen, doch er reagierte nicht darauf. Sie merkte, dass er sich selbst misstraute, weil er begriffen hatte, dass der Wein seine Wutausbrüche verschlimmerte, und so vermied er von jetzt an alles, was einen Konflikt auslösen konnte. Sie war ihm dankbar dafür und beruhigte sich. Auch stand der Winter vor der Tür, eine Zeit, in der die Arbeiten für gewöhnlich nicht mehr so drängten, die Hitze nachließ und sie sich auf die Aussicht freute, mit ihrer ganzen Familie einige Stunden am Kaminfeuer zu verbringen.

42

Tage und Monate vergingen, die einander glichen, bis auf den Unterschied, dass sie jetzt mit sechs Händen und nicht mehr mit vier anpackten, was ihnen half, alle Arbeiten zu bewältigen, die auf sie zukamen, wobei auch die Sonntage dazugehörten. Hélène konnte mit Mühe Zeit freimachen, um die Messe in Temniac zu besuchen, während Julien Clément mitnahm, den Esel anspannte und dabei grummelte, dass der liebe Gott die Arbeit nicht für sie erledigen würde. Auf diese Weise brachte er Hélène gegenüber seinen Verdruss zum Ausdruck, in dem jedoch keinerlei Böswilligkeit lag. Es war, als befürchtete er insgeheim eine göttliche Strafe, denn seine Mutter hatte ihm, ohne dass er es bemerkt hatte, die Furcht vor den höheren Mächten, seien es irdische oder himmlische, eingeflößt.

Er hatte es sich zur Gewohnheit gemacht, einmal in der Woche die Zeitung zu kaufen, und bat seine Söhne ihm abwechselnd abends nach dem Essen die Nachrichten vorzulesen. Er hörte ihnen aufmerksam zu, war stolz auf das Wissen, das ihm durch seine Söhne vermittelt wurde, und beruhigt durch die Tatsache, dass die Entscheidungen der aufeinander folgenden Regierungen ihn nicht mehr unvorbereitet treffen konnten. Am Ende hielt er sich selbst für gebildet, und sei es auch nur durch die Vermittlung seiner Söhne.

Dennoch waren diese Söhne dazu verurteilt, niemals ein Hochschulstudium absolvieren zu können, vor allem Constant, der den Wunsch zum Ausdruck brachte, die Schule noch vor der Abschlussprüfung zu verlassen. Hélène wollte, dass er weiterlernte, doch Julien erklärte, der Junge könne lesen, schreiben und rechnen – das sei völlig ausreichend für jemanden, der mit seinen Händen arbeitete. Er selber, fügte er hinzu, habe niemals so viel gewusst, und trotzdem habe ihn das nicht daran gehindert, Haus- und Grundbesitzer zu werden. Sie insistierte nicht weiter, denn sie begriff, dass sich, sollten ihre Kinder über das Nötigste hinaus studieren, ein Graben zwischen ihnen und ihrem Vater auftun würde. Auf keinen Fall wollte sie, dass Julien sich durch solche Ungleichheiten gedemütigt fühlte, sie befürchtete, dass dies seine Verbitterung weiter verstärken würde.

Sie beschlossen also, dass Constant Clément auf La Brande ersetzen und der Älteste einen Beruf erlernen sollte. Doch welchen? Es stand außer Frage, dass er Maurer werden würde, wie Julien, zumal der noch über Kontakte zu dieser Zunft verfügte, insbesondere zu einem Cousin namens Joseph, einem gutmütigen Mann, der immer bereit war zu helfen. Er willigte ein, Clément als Lehrling zu nehmen, was ihn jedoch nicht von der Pflicht entband, seinen Eltern am Sonntag zu helfen, obwohl er sich eine Erholungspause verdient gehabt hätte.

Doch die Arbeit drängte immerfort, und es war ihnen keine Ruhe vergönnt, zumal sie keine entsprechende Ausrüstung besaßen. Das Heumachen auf der großen abschüssigen Wiese bereitete ihnen immer noch dieselben Schwierigkeiten wie zu Anfang: Sie brauchten acht Tage zum Mähen, noch einmal so viele, um das Heu zu trocknen, dann holten sie es von Hand mittels einer Plane ein, die an zwei Holzstangen vertäut war, denn es war unmöglich, den Esel vor den Karren zu spannen, weil die Gefahr bestand, dass er umkippte. Julien hängte sich ein Seil über die Schulter, um die Last zu ziehen, während auf der anderen Seite Constant und Hélène das Bündel mühsam in Richtung Scheune schoben, wobei sie achtgeben mussten, dass sie nicht ausglitten.

Bei der Ernte befestigte Julien die Sichel an der rechten Hand. Am Ende des Tages war er dann von Schmerz gezeichnet und fast wahnsinnig. Dasselbe galt für das Dreschen im Hof mit dem Dreschflegel, wenn sie die wenigen Säcke Weizen droschen, die ihren Mehl- und Brotbedarf für ein Jahr decken mussten. Danach trennten Hélène und Constant den gedroschenen Weizen mit der Schaufel von der Spreu, während Julien, der den Löwenanteil der Arbeit verrichtet hatte, seine Hand ausruhte, um den Schmerz zu vergessen, wobei er einige Gläser von dem herben Wein trank, der dennoch seinen Durst niemals ganz zu stillen schien.

Das Schlimmste war jedoch die Weinernte, denn die schweren Holzzuber mussten zum Säubern mit zwei unter den Henkeln durchgeschobenen Stangen den Abhang hinunter zur Quelle hinuntergebracht und dann wieder hinaufgetragen werden. Dabei verschoben sie sich zu demjenigen hin, der unten ging und folglich die größte Last trug. Hélène sah dem Oktober mit Furcht entgegen, und sie konnte es kaum erwarten, bis endlich die Trauben im großen Bottich gärten: Dann waren die schweren Arbeiten beendet, und sie konnte ein wenig aufatmen, soweit dieses Wort in ezug auf La Brande überhaupt anwendbar war. Doch nun befiel sie eine andere Sorge: Die Furcht vor der Wirkung des neuen Weins, dessen Versuchung Julien unterliegen würde und der sein Wesen in besorgniserregender Weise bis zur Unkenntlichkeit veränderte.

So lösten die Jahreszeiten einander ab. Sie kamen durch ihre Sparsamkeit zwar gut über die Runden, doch ihre Kräfte wurden im selben Maße aufgezehrt. Am Ende waren sie zwar froh, dass sie ein weiteres Mal in der Lage gewesen waren, alle Arbeiten erfolgreich zu bewältigen, mit denen sie ihren Lebensunterhalt bestritten; doch als der November anbrach, waren sie nur noch Haut und Knochen.

Der darauf folgende Dezember sollte ihnen jedoch eine Prüfung auferlegen, mit der sie nicht gerechnet hatten: In den ersten Tagen erkrankte André schwer an einer Lungenentzündung, von der sie nie erfuhren, wo er sie sich eingefangen hatte. In jenem Jahr 1930 war er zehn Jahre alt. Er legte sich eines Abends nach der Rückkehr von der Schule ins Bett, ohne dass sich Hélène oder Julien gleich Sorgen machten. Doch schon am nächsten Tag begann das Fieber bis auf vierzig Grad anzusteigen, er fing an zu fantasieren und kämpfte in seinem Bett gegen einen unsichtbaren Feind, der ihn an den Rand seiner Kräfte führte.

Der Arzt wurde gegen elf Uhr gerufen, traf aber erst am frühen Nachmittag ein und zeigte sich besorgt. Er verordnete die Anwendung von Schröpfgläsern und verschrieb einige Medikamente, die Julien in Sarlat besorgte; dann kam er am Abend wieder, und es gelang ihm nicht, seinen Pessimismus zu verbergen. Hélène und Julien wachten die Nacht über Seite an Seite am Bett ihres Kindes, versuchten, die Angst zu verbergen, die sie quälte, setzten es auf, wenn es keine Luft mehr bekam, und wischten ihm den Schweiß von der Stirn. Am frühen Morgen, als André ruhiger wurde, schliefen sie endlich auf ihren Stühlen ein.

Am nächsten Tag verschlimmerte sich sein Zustand. Hélène ließ den Kleinen in der Obhut seines Vaters und ging zu Fuß zur Kirche nach Temniac, wo sie trotz der Kälte lange ausharrte und mit dem lieben Gott, als Gegenleistung für die Genesung ihres Sohnes, jene Art von Abkommen aushandelte, bei denen man alles verspricht, was einem gerade einfällt: eine Wallfahrt nach Lourdes, dreimal Fasten pro Woche, nie sonntags bei der Messe fehlen, ja, am Ende sogar das Opfer des eigenen Lebens für das des Kindes. Die eisige Stille unter dem Gewölbe und die Pracht des Ortes versetzten sie in eine andere, weit entfernte Welt, wie jedes Mal, wenn sie sich in einer Kirche sammelte, so wie sie es mehrere Male in ihrem Leben immer mit derselben Rührung vertraulich beichtete.

Als sie nach dem Rückweg auf der eisglatten Straße nach Hause kam, murmelte Julien, der neben dem Bett saß:

»Ich glaube, er ist tot.«

»Nein«, sagte sie, »das kann nicht sein.«

Sie nahm ihren fieberglühenden Sohn auf den Arm, näherte ihre Wange seinem Mund und spürte einen leichten Hauch auf ihrer Haut. Ihr Sohn war nicht gestorben, doch es würde nicht mehr lange dauern, wenn sie nichts taten. Sie flehte Julien an, noch einmal den Arzt zu holen, sie wartete allein und betete wieder in der Dunkelheit, während Julien in seinen düsteren Gedanken wieder in den Krieg und zum Tod zurückversetzt wurde und seinen Zorn den Raben entgegenschrie, die zu beiden Seiten der Straße aufflatterten.

Der Arzt, der in der Nähe von Salignac eine Kranke behandelt hatte, kam erst gegen vier Uhr, und nachdem er den Jungen ein weiteres Mal untersucht hatte, sagte er ernst:

»Ich werde noch ein letztes Mittel versuchen, Madame Signol, wenn das nicht hilft, wird Ihr Sohn morgen tot sein.«

Hélène antwortete ihm:

»Tun Sie, was Sie wollen, aber handeln Sie schnell.«

»Unsere letzte Chance ist ein künstlicher Abszess«, fuhr er fort. »Erschrecken Sie nicht, dabei kann etwas Blut fließen.«

Er krempelte die Ärmel hoch, nahm mit einem Skalpell einen Einschnitt am Oberschenkel des Kleinen vor, beträufelte die Wunde mit einer schmutziggelben Flüssigkeit und verband sie mit einer dünnen Mullbinde. Dann richtete er sich wieder auf und sagte:

»Morgen werden wir wissen, ob der Organismus darauf angesprungen ist.«

Er ging hinaus und wusch sich am Spülbecken die Hände, dann kehrte er langsam in das Zimmer zurück und fügte hinzu:

»Versuchen Sie in der kommenden Nacht ein wenig zu schlafen. Weder Sie noch ich können jetzt noch etwas tun.«

Wie sollten sie schlafen, wenn ihr Kind mit dem Tode rang? Weder Hélène noch Julien taten während der folgenden Nacht ein Auge zu. Von ihren drei Kindern war André dasjenige, über dem sie seit seiner Geburt in den Ardennen am meisten gewacht hatten – auch dort die ganze Nacht hindurch, wegen der Ratten. Sie ließ seine Hand nicht eine Sekunde lang los, während Julien über das Bett gebeugt dasaß, die Ellbogen auf die Knie gestützt, und auf den Atem seines Sohnes lauschte, in seinem Schmerz gefangen, der sich nur durch Schweigen oder gelegentliches Aufstöhnen äußerte.

Der Arzt kam am nächsten Vormittag wieder und wirkte erleichtert, als er aus ihrem Munde vernahm, dass der Kleine immer noch lebte, dann beugte er sich über ihn, nahm den Verband ab, drehte sich um und sagte hoffnungsvoll:

»Ich glaube, es hat funktioniert. Schauen Sie!«

Die Wunde sah furchtbar aus, sie war angeschwollen und violett, sogar an den Rändern, und sie verstanden nicht, wie André durch diese Wunde gesund werden sollte.

»Wir haben noch nicht gewonnen«, erklärte der Arzt, »aber wenn sich der Abszess entleert, was ich vermute, so wird die Entzündung da herauskommen.«

Er träufelte von Neuem die gelbe Flüssigkeit vom Vortag darauf, legte einen dicken Verband aus Baumwolle um die Wunde und zog ihn fest, dann richtete er sich auf und lächelte dabei zum ersten Mal, seit er das Zimmer betreten hatte. Er verließ sie mit dem Versprechen, abends wiederzukommen, und sagte:

»Noch ein wenig Mut, er müsste es eigentlich schaffen.«

Sie mussten sich noch lange Stunden in Geduld üben und weitere Nachtwachen zwischen Entmutigung und Hoffnung durchstehen. Doch dann sank eines Morgens das Fieber. Ihr Sohn war gerettet, das bestätigte ihnen acht Tage später der Arzt, wobei er ihnen gestand, dass diese Genesung einem Wunder gleichkam, der künstliche Abszess schlug nur selten an. Die so sehnlich erhoffte Genesung hatte sie die letzten Kräfte gekostet, sie waren nach all den schlaflosen Nächten völlig zerschlagen und nicht einmal mehr fähig, sich auf das herannahende Weihnachtsfest zu freuen, von dem sie sich doch jedes Jahr so viel Freude versprachen.

43

Das Leben meines Vaters – und somit auch mein Leben – hatte also an einem seidenen Faden gehangen. Er sprach häufig davon, über den künstlichen Abszess und über die brennende Kerze in den Ardennen, und erst heute, während ich diese Zeilen schreibe, ermesse ich, wie sehr meine Geburt von einem Wunder abhängt. Aber ich nehme an, dass dasselbe für alle gilt, die auf die Welt kommen, wenn man bedenkt, in welchem Grade das Leben unserer Eltern und Großeltern durch Krankheiten, fehlende Antibiotika sowie Kriege bedroht war. Der Mut der einen, die Hartnäckigkeit der anderen, ihre Kraft und ihr Überlebensinstinkt sind dafür verantwortlich, dass es uns gibt, vielleicht als Frucht eines »Zufalls«, einer Geste, einer Notwendigkeit. Wie auch immer, mein Vater wurde wieder gesund, blieb aber zart, und da er in der Schule sehr gut mitarbeitete, wurde er von den schwersten Feldarbeiten freigestellt.

Es war die Zeit, als Julien endlich seinen ältesten Plan in die Tat umsetzte und regelmäßig die Märkte besuchte, um Rinder zu kaufen, die sechs Monate lang gemästet und dann wieder verkauft wurden. Er begab sich zu Fuß dorthin und kehrte, die kleine Herde vor sich hertreibend, auf dieselbe Weise zurück, sodass er La Brande erst in der Dunkelheit erreichte. Alle Leute auf dem Land waren daran gewöhnt, zu Fuß zu gehen, und Julien hatte keine Angst davor, so viele Kilometer zurückzulegen – insgesamt, hin und zurück, waren es mehr als fünfzig. Wenn er das Vieh verkauft hatte, setzte er sich am Tag nach seiner Rückkehr neben André an den Tisch und bat ihn, sein Geld zu zählen. Julien hatte Angst, sich zu irren, denn Hélène hatte ihm beigebracht, die Geldstücke und -scheine nur mit seinen Fingern zu identifizieren und zu zählen. André hatte keine Eile, er zählte erst die Münzen, dann die wenigen Scheine und zögerte den Augenblick der Freude bei seinem Vater hinaus, der irgendwann fragte:

»Und?«

André nannte eine Zahl, und sogleich breitete sich eine tiefe Stille in der Küche aus, denn jeder beurteilte die Bedeutung der verkündeten Summe nach seinen eigenen Maßstäben. Julien pfiff anerkennend durch die Zähne, nickte und lachte, es befriedigte ihn zu wissen, dass er eine kleine Rücklage für den Winter besaß. Hélène freute sich auf bevorstehende friedliche Tage, und André war froh, seinen Vater und seine Mutter so glücklich zu erleben.

Dieser Viehhandel währte leider nicht lange, denn auf den Märkten trieben sich alle möglichen Leute herum, insbesondere auch gerissene Pferdehändler, die es gewohnt waren, jeden hinters Licht zu führen und für die Julien ein leichte Beute darstellte. Im nächsten Frühling handelte einer von ihnen in Salignac mit ihm einen Rinderkauf in Pistolen, einer alten Münzgoldwährung, statt in Francs aus, wie es häufiger bei dieser Art von Geschäften vorkam. Er hatte leichtes Spiel mit Julien: Da dieser nur mangelhafte Rechenkenntnisse besaß, war er nicht in der Lage, die richtige Umrechnung von Pistolen in Francs anzustellen, und so verlor er durch diese Angelegenheit alles, was er seit Beginn seines Handels verdient hatte.

Als André ihm am Tag nach seiner Rückkehr die Täuschung aufdeckte, war er darüber zunächst verblüfft und fragte dann:

»Warum hat er mir das angetan?«

Hélène ging zu ihm und legte eine Hand auf die Schulter ihres Mannes.

»Warum?«, wiederholte Julien. »Ich habe diesem Mann niemals Unrecht getan.«

Weder André noch Hélène wussten, was sie antworten sollten. Sie hatten große Angst vor Juliens Reaktion, und das zu Recht: Er erhob sich, verschwand murrend, und dann hörten sie, wie er fast eine Stunde lang mit der Axt auf den Holzblock in der Scheune einschlug. Als er nicht zurückkehrte und die Suppe kalt wurde, ging Hélène hinaus, um ihn zu holen. Sie fand ihn, auf einem Holzklotz sitzend, den Kopf in die Hände gestützt und am ganzen Körper zitternd.

»Komm«, sagte sie behutsam, »es ist Zeit fürs Abendessen.«

Er gab keine Antwort. Sie machte einen Schritt auf ihn zu, doch er gebot ihr Einhalt mit einer furchterregenden Stimme, in der sie abgrundtiefe Verzweiflung wahrnahm.

»Lass mich! Geh fort!«

Sie verstand, dass es besser war, ihn allein zu lassen, und entfernte sich ohne ein einziges Wort. Es wäre ohnehin zwecklos gewesen, wenn er sich auf diese Weise in sich zurückzog und sich seiner Bedeutungslosigkeit bewusst wurde, seines Handicaps, nicht zur Schule gegangen zu sein, wozu nun auch noch seine verkümmerte Hand kam.

Er blieb bis nach Mitternacht in der Scheune, und als er ins Haus zurückkam, konnte er keinen Schlaf finden. Sie hörte, wie er sich bis zum Morgen hin- und her wälzte, versuchte aber nicht, ihn anzusprechen. Sie wusste, dass es zwecklos war, denn nichts würde seine Wunde heilen.

In der Tat hüllte er sich einige Wochen lang in Schweigen und rang mehr mit der Scham, dass er sich hatte betrügen lassen, als mit seiner Wut. Eine neue Mauer hatte sich vor ihm aufgebaut, sie machte ihm all das bewusst, was ihm fehlte und was ihm durch seine Geburt entzogen worden war. Was er auch tat, er stieß stets auf Hindernisse, und es gelang ihm nicht, sie zu überwinden. Es war nie mehr die Rede davon, wieder auf die Märkte zu gehen; im Gegenteil, Julien vergrub sich auf seinem kleinen Besitz, wo er vor Verrat und Grausamkeit geschützt war.

Im Herbst des folgenden Jahres, nachdem sie lange eine Lösung gesucht hatte, um den Verdienst zu kompensieren, der nun durch die Aufgabe des Handels fehlte, schlug Hélène ihm vor, Gänse zu stopfen und die Leberpastete auf dem Markt in Sarlat zu verkaufen. Wie so oft wusste sie die richtigen Worte zu finden, um ihm zu zeigen, dass es für sie eine Möglichkeit des gerechten Ausgleichs, aber auch ein Weg war, um sich den Bedarf an eingelegtem Fleisch, Leber, gefülltem Gänsehals, Töpfen mit Schmalz und Zwiebelschmalz zu sichern, an dem sie sich bis Weihnachten gütlich tun konnten.

Es waren Worte, auf die Julien hörte, und so gingen sie im Oktober nach der Weinernte zu zweit daran, die armen Tiere auf die im Périgord übliche Weise zu stopfen: Schon als Kind hatte Hélène zugeschaut, wie ihr Vater und ihre Schwestern es machten, und es dadurch selbst gelernt. Sie wusste, wie man den mit Mais gefüllten Trichter in den Schnabel der Gänse stecken musste, wobei sie sich bemühte, sie nicht zu verletzen, und mit der rechten Hand die Körner in den Kropf rieseln zu lassen, nicht auf die Zeit zu achten, mit ihnen zu sprechen, ihnen zu schmeicheln, und sie liebevoll zu behandeln, was es ihr schwermachte, sie zu töten.

Julien kümmerte sich zwar vom ersten Jahr an darum, doch sie war am Ende diejenige, die sie rupfte, tranchierte und vorsichtig die Leber entfernte, die sie auf dem Markt verkaufen wollte. Sie kehrte mit viel Geld zurück – jedenfalls war es sehr viel mehr, als sie es sich erhofft hatte, denn sie hatte auch etwas vom eingelegten Fleisch und vom gefüllten Gänsehals verkauft.

Am Weihnachtstag verzehrten sie die Reste und die eingelegten Keulen zusammen mit Steinpilzen, die sie jedes Jahr im Wald oberhalb von La Brande fanden.

Sie hatte immer die Gabe besessen, eine Niederlage in einen Sieg zu verwandeln, wobei sie darauf achtete, Julien nicht zu demütigten und zu erniedrigen. In jenem Jahr gab ihm das Weihnachtsfest ein wenig von seinem verlorenem Vertrauen wieder, doch er blieb misstrauisch, stets vor allen auf der Hut, sie ausgenommen, denn er wusste, dass sie ihn niemals hintergehen würde.

44

Im Juni 1932 legte André, mein Vater, eine glänzende Abschlussprüfung ab. Es war offensichtlich, dass er wie seine Brüder die Schule verlassen würde, um seinen Eltern zu helfen, doch das Schicksal in Gestalt des Grundschullehrers Monsieur Délibie entschied anders; er kam nach La Brande, um sich für den Jungen einzusetzen, bei dem er außergewöhnliche Fähigkeiten wahrgenommen hatte. Julien war sehr beeindruckt durch die Tatsache, dass solch ein Verwalter des Wissens sich die Mühe machte, zu ihm in sein bescheidenes Heim zu kommen, und bat um Bedenkzeit. Dass sein Sohn weiter zur Schule ging, darüber ließ sich vielleicht reden; doch mit welchem Ziel? Dieses Dilemma bildete abends im Schein der Lampe den Gegenstand langer Auseinandersetzungen zwischen Hélène und Julien, aber der Stolz siegte über die Zweifel, und die Dankbarkeit gegenüber einem Mann, der sich auf so freundliche Weise zu ihnen begeben hatte, riss die Barriere nieder, die bis dahin noch keiner in der Familie überwunden hatte.

Diese Szene, der Auftritt eines Grundschullehrers, der die Eltern besucht, um sie zu überzeugen, ihr Kind weiter zur Schule gehen zu lassen, findet man in fast allen meinen Büchern, und ich verstehe heute, warum: Sie sollte für meine Familie von ausschlaggebender Bedeutung sein; dieser erste, gewagte, wenn auch kleine, noch recht zarte Schritt hatte eine Bresche in die Schicksalhaftigkeit und die Unterwerfung unter eine höhere Ordnung geschlagen, die ihnen immer versperrt geblieben war. Meine Mutter bekam nie die Erlaubnis dazu, aber mein Vater André ging ab

Herbst 1932 auf das La-Boétie-Collège in Sarlat. Das mit diesem Aufstieg verbundene Ansehen befreite ihn abends, nach der Rückkehr aus der Schule, von der Pflicht, seinen Eltern zu helfen, allerdings nicht am Samstagnachmittag und den ganzen Sonntag.

Wenn er beim Schein der Lampe seine Hausaufgaben machte, setzte sich Julien seinem Sohn gegenüber und beobachtete ihn fasziniert mit einer Mischung aus Furcht und Bewunderung. Er traute sich nicht, ihm Fragen zu stellen. Es war Hélène, die André manchmal ausfragte, der sich nicht lange bitten ließ und glücklich war, das, was er lernte, mit seinen Eltern teilen zu können.

Nachdem er lange gezögert hatte, aber überzeugt war, dass sein Sohn alles wissen musste, traute sich Julien im Mai des darauf folgenden Jahres die Frage zu stellen, die ihn vor mehr als vierzig Jahren die Ohrfeige durch seine Mutter eingetragen hatte:

»Sag mal, mein Junge, weißt du, warum der Himmel blau ist?«

Wichtiger als die Antwort, bei der sich André im Übrigen in vage Erklärungen verwickelte, war die Tatsache, diese Frage noch einmal ungestraft stellen zu können. Sie verlieh Julien die Überzeugung, dass er einen Sieg davongetragen hatte und ein angesehener Mann geworden war, auf den sein gelehrter Sohn stolz sein konnte. Er brauchte genau zweiundvierzig Jahre, um diesen Weg zurückzulegen und den Mut zu fassen, jene Welt, der er seit seiner Kindheit unterworfen gewesen war, herauszufordern. Das Bewusstsein dieser Errungenschaft, die Offensichtlichkeit seines Erfolgs besänftigten ihn, und so bekam er während der Zeit der großen Ernte kein einziges Mal die schrecklichen Wutanfälle, die ihn normalerweise heimsuchten, wenn sich der Riemen von seiner verstümmelten Hand löste.

Es wurde die glücklichste Zeit ihres Lebens. Zwischen dem Heumachen und der Ernte fuhren sie an einem Sonntag wieder an die Dordogne, dieses Mal nach Beynac, überquerten den Fluss mit der Fähre und aßen gegenüber dem Schloss im Schatten der Eschen und Pappeln auf der Wiese zu Mittag. André vergnügte sich mit einigen gleichaltrigen Jungen, sodass Hélène und Julien allein zurückblieben. Sie lagen im Gras und dachten an die glücklichen Stunden in Souillac vor dem Krieg zurück, an den Glanz ihrer entschwundenen Jugendjahre, den das schöne Sommerlicht in ihnen noch einmal zum Leuchten brachte, doch sie fanden nicht die Worte, es einander zu sagen.

»Willst du nicht angeln?«, fragte sie nur.

»Nein, ich bleibe lieber hier.«

Er hatte »hier bleiben« und nicht »bei dir bleiben« gesagt, aus jener Art von Scham, die ihn hinderte, auch nur ein klein wenig von seinen Gefühlen preiszugeben, etwas, das ihr leichter fiel.

»Erinnerst du dich?«, fragte sie.

»Woran denn?«

Ohne es zu wollen hatte er seiner Antwort einen barschen Ton mitgegeben, ohne die geringste Liebenswürdigkeit, der genügt hätte, um jeden x-beliebigen Gesprächspartner zum Verstummen zu bringen, und er bedauerte es sofort. Auch für ihn ließen jene Sommertage an den Ufern der Dordogne Wellen eines Glücks aufleben, das er nicht zu benennen wusste und dem er sich aufgrund des gnadenlosen Misstrauens, dass ihn immer verfolgt hatte, nicht hingeben konnte. Sie hätte sich gern mit ihm zusammen daran erinnert, über die Vergangenheit gesprochen, als sie sich kennen und lieben gelernt hatten, aber sie wusste, dass dies über seine Kräfte ging. Dieser Mann war aus Stahl, und nur Feuer war imstande, ihn zu erweichen – die Feuersglut, die tief in ihm loderte.

Sie lächelte, wollte zart seine Hand fassen, erwischte aber seine Rechte. Er zuckte kurz zusammen, dann zog er sie rasch zurück, und sie begriff, dass der Zauber gebrochen war. Sie würde heute, an den Ufern dieser innigen Verbundenheit, von der sie so träumte, nicht darüber sprechen können.

»Julien!, sagte sie.

»Ja. Was ist?«

»Nichts«, erwiderte sie schnell, sehr schnell, und gab schon auf, bevor sie ein Wort gesagt hatte.

Da begriff er, dass er etwas tun, irgendetwas sagen musste, doch das Einzige, was ihm in den Sinn kam, war der Vorschlag, mit ihr eine Bootsfahrt zu unternehmen und die Schlösser anzuschauen. Sie erinnerten ihn immer an Proissans, er empfand eine gewisse furchtsame Scheu ihnen gegenüber, trotzdem kehrte er gegen seinen Willen immer wieder zu ihnen zurück, es war wie eine Art morbider Faszination, in der für ihn unbewusst schmerzlich die Gegenwart seiner Mutter mitschwang.

Das flache Boot, das sie für ihre Spazierfahrt wählten, brachte sie in einer Viertelstunde flussabwärts bis nach Milandes, doch die Rückfahrt flussaufwärts dauerte eine Stunde. Julien wirkte glücklich, seine schwarzen Augen sprühten, während Hélène den kühlen Schatten der Ufer genoss, wo die zartgrünen Kerzen der Pappeln erzitterten. Der bläuliche Friede des Tages schlummerte über dem Tal und erfüllte die Herzen derer, die dort in einer Art Ewigkeit lebten, zu der kein Unglück vordringen konnte. Es war, als ob zwischen Gestern und Morgen nichts mehr existierte, als sei man für immer und ewig der Alltagssorgen enthoben …

Hélène und Julien spürten und ahnten dies, und sie fürchteten den Moment, da sie ihr Schiff verlassen mussten. Als sie wieder am Ufer waren, tranken sie mit André eine Limonade im Café von Beynac, immer noch erstaunt über diese Erholung, die Verschnaufpause für Körper und Geist, die ihnen – unberechtigterweise, wie sie fanden – geschenkt worden war. Als sie an jenem

Abend nach Sarlat zurückfuhren, war es spät geworden, so spät, dass sie beim Verlassen des Bahnhofsgebäudes von der Nacht überrascht wurden. Doch was für eine Nacht! Eine Nacht voller Sternschnuppen, wie oft im August, von Wetterleuchten durchzogen, vom Rauschen der Bäume und Düften von warmem Gras. Lange lebte in ihren Herzen die Erinnerung an diese Atempause weiter, und noch viele Jahre später erzählten sie davon wie von einem märchenhaften Ereignis.

45

Sie erlebten eine Periode des Glücks, wenngleich man zunehmend von einer Wirtschaftskrise sprechen hörte, die in den Vereinigten Staaten begonnen hatte und Frankreich bedrohte. Doch wer wie sie auf dem Land und sehr sparsam lebte, hegte keine großen Befürchtungen. Hélène verkaufte nach wie vor ihr Gemüse auf dem Markt, und sie stellten weiterhin Leckerbissen wie Marmelade, Bratäpfel, Crêpes, Maiskuchen und dicke Suppen her.

Dennoch konnten sie sich nicht vollkommen gegen die äußere Welt abschirmen, wie sich ein weiteres Mal zeigte, als Clément seine Einberufung zum Militärdienst nach Dijon erhielt. Constant brachte den Wunsch zum Ausdruck, wie sein Bruder den Beruf des Maurers zu erlernen, und so schien es notwendig, André aus der Schule zu nehmen. Hélène versuchte sich dagegen zu wehren, sie erwog einen Moment lang, Monsieur Délibie zu Hilfe zu rufen, doch sie konnte Juliens Argumenten nichts entgegensetzen, der sie darauf aufmerksam machte, dass ihrem letzten Sohn mehr Vergünstigungen zugute gekommen waren als den älteren.

»Er weiß mehr als die anderen, und es wird Zeit, dass er uns jetzt hilft«, sagte er.

Mein Vater dachte nicht einen Augenblick daran, sich diesem Entschluss, trotz der Freude, die er am Lernen hatte, zu verweigern, denn er schien ihm völlig berechtigt: Es war normal, dass er seinen Eltern half, wie es seine Brüder getan hatten. Im Übrigen stand der Sommer bevor und mit ihm das Heumachen, die Ernte, die zunehmenden Schindereien mit dem Wasserholen, weil nun auch das Gemüse gewässert werden musste. Ich glaube, dass er wirklich gerne weiter zur Schule gegangen wäre, denn er wusste, dass er die notwendigen Fähigkeiten besaß, und die Tatsache, die Schule fünf Monate vor der mittleren Reife verlassen zu müssen, bedrückte ihn. Nie, wenn ich Gelegenheit hatte, mit ihm darüber zu sprechen, hat er sich beklagt, er erkannte, dass er mehr Glück als seine Brüder gehabt hatte, doch ich spürte in seinem tiefsten Innern eine Art Bitterkeit, besser: ein Gefühl, etwas nicht vollendet zu haben, das er durch den Respekt, den er seinen Eltern entgegenbrachte, nicht wirklich zum Ausdruck bringen konnte.

Erst bei der gemeinsamen Arbeit mit seinem Vater entdeckte André dessen wahre Persönlichkeit, seine Wutausbrüche, seine brutale Art und Weise mit ihm umzugehen, wenn er den Esel am Zügel führte, während Julien die Sterze des Pflugs festhielt. Nun war es André, der den Riemen um die verstümmelte Hand knotete, und er hielt nie lange, was ihm bittere Vorwürfe und gereizte Reaktionen eintrug:

»Pass doch auf! Geh dort weg!«

Er lehnte sich nicht auf, fügte sich den Befehlen, nahm die Vorwürfe so hin, als wären sie allein schon aufgrund der Tatsache berechtigt, dass ein Kind sich der Autorität seines Vaters zu unterwerfen hatte. Julien erhob zum Glück nie die Hand gegen ihn, nein, aber dies hier war schlimmer: Die scharfen Worte, die Herabwürdigungen, seine unberechtigten Zurückweisungen haben sich für immer in seine Erinnerung eingebrannt, und sie traten später manchmal im Umgang mit seinen eigenen Kindern wieder zutage.

Wenn er sich jedoch nicht mit den unüberwindlichen Schwierigkeiten der alltäglichen Arbeit herumplagte, konnte Julien durchaus liebenswürdig sein. Und so freundete er sich damals mit einem Mann an, bei dem man es eigentlich am wenigsten erwartet hätte: dem Pfarrer von Temniac, dessen Weg von Zeit zu Zeit abends auf seinem täglichen Spaziergang bei ihnen vorbeiführte. Eines Tages lud Julien ihn zur großen Überraschung von Hélène und André zum Abendessen ein. Dieser alte Pfarrer war wie viele zu jener Zeit auf einem Bauernhof in der Umgebung von Salignac geboren worden und kannte die Feldarbeit. Er war mittelgroß, hatte weiße Haare, aber schwarze Augen – ein wenig wie die Juliens –, er sprach ruhig und gelassen, und in seiner Stimme lag eine gewisse Sanftmut. Hélène verstand nie, was diese beiden so grundverschiedenen Männer zusammengeführt hatte, doch sie war glücklich über diesen Einklang, der Julien zu besänftigen schien und ihn seine immer häufiger gewordenen Wutausbrüche vergessen ließ, nicht nur aufgrund seiner verstümmelten Hand, sondern auch wegen der Nachrichten, die André ihm jeden Abend nach dem Abendessen aus der Zeitung vorlas.

Dort war immer häufiger die Rede von einem sogenannten Hitler, der in Deutschland an die Macht gekommen war, was Julien wütend machte, denn hier erhob ein Besiegter, der niemals die Kriegsschäden bezahlt hatte, aufs Neue den Kopf. In Frankreich hatten sich die Sozialisten als Reaktion auf die Massenunruhen vom 6. Februar 1934 den Kommunisten angenähert, was Julien überhaupt nicht gefiel, der nach vielen Anstrengungen Grundbesitzer geworden war und den »Bolschewiken« misstraute. Er fühlte sich also gleichzeitig von den Ereignissen im Land und von dem, was in Deutschland geschah, bedroht. So versuchte er sich zu informieren, die Auffassung der Leute, die er traf, zu erfragen, und sich eine Meinung zu bilden, sodass ihn die Ereignisse im entscheidenden Moment nicht unvorbereitet trafen.

Hélène hatte genügend anderes zu tun und gab sich nicht mit Politik ab. Sie war glücklich, ihren letzten Sohn bei sich zu haben, während die beiden anderen schon nicht mehr zu Hause waren. Sie genoss die langen Nachmittage mit ihm, an denen sie »die Hälfte« der Kastanien im Wald von Loubéjac sammelten. Sie wusste, dass auch André bald fortgehen würde, und so nutzte sie diese letzten warmen Oktoberstunden, um mit ihm zu sprechen, wie damals, als er noch ein Kind war, und ihn mit ihren Empfehlungen zum Umgang mit seinem Vater zu überschütten. Dies sollte sich als nützlich erweisen, sobald das Holz nach Hause gebracht werden musste, das Julien oberhalb der Straße von Temniac geschlagen hatte, und er wie gewöhnlich wegen seiner abgestorbenen Hand aufs Äußerste gereizt war, da er die Werkzeuge inzwischen mit Eisendraht an ihr festband. Wie Hélène muckte auch André nicht auf, sondern wartete, bis das Gewitter abgezogen war. Doch sie brauchten eine ganze Woche, um das Holz auf dem Karren nach La Brande zu transportieren; und Julien beruhigte sich erst, wenn die dicken Holzscheite aufgestapelt im Schuppen lagen und er sicher sein konnte, dass er den Winter im Warmen würde verbringen können.

Zu jener Zeit begann zum Glück der Fortschritt in Bezug auf Materialien und Arbeitsverfahren Einzug zu halten, was die Arbeit erleichterte. So droschen sie nicht mehr mit dem Flegel, sondern ließen die Dreschmaschine mitsamt der dazugehörigen Truppe kommen, die schon seit zwei Jahren von den Bauernhöfen in der Umgebung genutzt wurde. Zuvor musste allerdings Julien überzeugt werden, der niemanden bei sich auf dem Hof sehen wollte, denn er befürchtete, dass man ihn für unfähig halten würde, alleine zurechtzukommen. Das war nicht einfach und Hélène musste mehrere Anläufe nehmen, ihm aufzeigen, dass sie dadurch Zeit gewinnen und ihnen einiges an Erschöpfung erspart bleiben würde in einer Jahreszeit, in der sich alles drängte und sie all die Arbeit nur mit äußerster Mühe bewältigten. Doch so war Julien eben, und sie wusste es: Seine Arbeit war sein Stolz, und wer sie ihm abnahm, der nahm seinem Leben etwas Wesentliches.

Im nächsten Frühjahr kam die Front Populaire unter Léon Blum an die Macht, und er wurde vorsichtig. Sicher hatte er nicht allen rechten Regierungen, die einander seit zehn Jahren gefolgt waren, vertraut, doch dass die Kommunisten an die Macht gekommen waren, machte ihn noch misstrauischer gegenüber dem, was »dort oben in Paris« passierte; er zweifelte nicht daran, dass er eines Tages den Preis dafür würde zahlen müssen.

46

Als Clément vom Militärdienst zurückkehrte, machte Hélène Julien darauf aufmerksam, dass es für André doch vielleicht an der Zeit wäre, einen Beruf zu erlernen, wie es seine Brüder im selben Alter getan hatten.

»Und wer soll uns dann helfen?«, fragte Julien, der nicht einen einzigen Augenblick daran gedacht hatte, dass sein letzter Sohn sie verlassen könnte.

»Der Junge kann nicht sein ganzes Leben lang bei uns arbeiten.«

»Warum nicht?«

»Weil ...«

Sie suchte nach geeigneten Worten, um ihre Gedanken auszudrücken, fand sie jedoch nicht, aus dem einfachen Grund, dass sie eigentlich nicht laut ausgesprochen werden konnten. Im Grunde wünschte sie nämlich, dass ihr Jüngster nicht mehr dem harten Regiment seines Vaters ausgesetzt wäre, unter dem sie selbst so litt.

»Clément und Constant werden uns am Sonntag helfen, wie sie es immer getan haben.«

»Und die Woche über? Wer wird mir helfen?«

»Ich.«

»Du wirst das nicht schaffen, allein schon wegen des Wassers, das von unten heraufgeholt werden muss. Denkst du nicht, dass du nicht schon genug zu tun hast?«

An jenem Tag sagte sie nichts weiter, doch sie kam danach noch einige Male darauf zurück, da ihr der Wunsch, ihren Sohn zu beschützen, die nötige Kraft verlieh, Julien zu überzeugen. Schließlich kapitulierte er im Laufe des Winters, einer Zeit, wo ihm die Hilfe seines Sohnes weniger kostbar erschien. Doch nun galt es herauszufinden, welchen Beruf André erlernen sollte. Das Maurerhandwerk sagte ihm nicht zu: Er hatte zu oft gesehen, wie seine Brüder während der schlechten Jahreszeit auf den Baustellen schufteten, um abends erschöpft mit Frostbeulen an den Händen und vollkommen durchgefroren heimzukehren.

Hélène schlug vor, ihren Cousin, der in der Hauptstraße von Sarlat eine Metzgerei betrieb, zu bitten, ihn als Lehrling zu nehmen, was Julien endgültig überzeugte: Diese Leute konnten jeden Tag Fleisch essen – der höchste Luxus! Außerdem arbeiteten sie drinnen im Haus und hatten keine Nachteile durch die Witterung. Es war also gewissermaßen ein Beruf, der seinem Sohn einen höheren Lebensstandard ermöglichen konnte, ja, vielleicht eines Tages sogar auch seiner Familie.

Mein Vater hat sich nie über diese Berufswahl, die ihm mehr oder weniger aufgezwungen wurde, ausgelassen, da die Möglichkeiten in jener Zeit ohnehin begrenzt waren. Er wäre gern weiter zur Schule gegangen, doch dafür war es jetzt zu spät, denn sein Leben hatte sich zwei Jahre zuvor entschieden, als Clément zum Militär gegangen war und von ihm vertreten werden musste.

Er begann also seine Lehre bei dem Cousin, den er gut kannte, weil er oft an seinem Laden anhielt, wenn er mit dem Fahrrad zum Collège fuhr, nicht etwa, um Fleisch nach La Brande mitzunehmen – es wäre überhaupt nicht in Frage gekommen, dort etwas zu kaufen –, sondern um den fröhlichen Mann zu begrüßen, der immer gute Laune hatte, die Passanten von der Schwelle seiner Ladentür aus ansprach und sich der Wertschätzung aller zu erfreuen schien.

Die Tatsache, dass André jeden Abend wieder nach Hause zurückkam, stellte Hélène vollkommen zufrieden. Er half seinen Eltern, sobald er einen freien Moment hatte, besonders im Sommer bei den schweren Arbeiten, an denen auch Clément und Constant teilnahmen und die manchmal bis in die Nacht dauerten. Alles in allem ging alles so weiter wie zuvor, es war ihnen gelungen, die Einheit der Familie zu bewahren, und nichts hatte sie auf die großen Umwälzungen vorbereitet, die sich durch die Tatsache ankündigten, dass ihre Jungen zu Männern wurden.

Zehn Monate später kam der Cousin zu Hélène und Julien, um sie über etwas zu unterrichten, das er als eine echte Chance für ihren Sohn bezeichnete: Er hatte für ihn eine Stelle bei einem seiner Freunde in Souillac gefunden, der verzweifelt einen Gehilfen suchte, während er selbst nicht unbedingt einen brauchte. Es war ein zuverlässiger, kompetenter Mann, dem man einen Jugendlichen anvertrauen konnte, und der überdies bereit war, ihm etwas zu bezahlen, um ihm den Beruf beizubringen. Allen Vorbehalten Hélènes zum Trotz gab dieses Argument am Ende den Ausschlag. Mit sechzehn Jahren eine bezahlte Arbeit zu haben, selbst wenn es nur um wenige Francs ging, das konnte man nicht ablehnen. Obendrein kannten Hélène und Julien Souillac, und sie dachten mit einer gewissen Sehnsucht an diese Stadt wegen des Glücks, das sie dort nach ihrer Hochzeit erlebt hatten. Sie beschlossen, sich an Ort und Stelle ein Bild von den Bedingungen zu machen, unter denen ihr Sohn leben würde. So geschah es schließlich – sie brachten ihn, begleitet von Hélènes Cousin, zu dem Mann, der sein Geschäft an einem kleinen Platz, abseits der Hauptstraße führte.

Es ist anzunehmen, dass sie sich überzeugen ließen, denn sie haben ihren Sohn dortgelassen und sind nachmittags wieder zurückgefahren. Hélène war still, von Traurigkeit überwältigt. Sie ahnte, dass dieser Abschied den ersten Riss in dem bedeutete, was ihr am meisten am Herzen lag: ihre Familie, ihre Kinder.

Im Verlauf der folgenden Monate heirateten Clément und Constant, dieser Marthe, ein junges Mädchen aus Rivaux, jener Irène, die aus Palmonières stammte, beides Nachbarorte von Saint-Quentin. Auch sie verließen La Brande, Constant zog mit seiner Frau in ein kleines Haus oberhalb des Tunnels der Eisenbahnlinie, und Clément bezog ein Häuschen an der Straße wenige Kilometer von Sarlat entfernt. Trotz ihres Wegzugs kamen sie noch oft sonntags vorbei, um ihren Eltern zu helfen, doch Hélène litt sehr darunter. Die Woche über war sie wieder allein mit Julien, dem das Alleinsein bei der Arbeit mehr zu schaffen machte.

Es wurde eine schwere Zeit für Hélène – und für sie beide. Sie hatten nicht bemerkt, wie die Zeit vergangen war. Sie hatte immer weiter geglaubt, sie wäre noch dreißig Jahre alt, obwohl sie auf die Fünfzig zuging. Julien hatte die Fünfzig schon seit Längerem überschritten. Ihnen wurde plötzlich klar, wie sehr die tägliche Arbeit ihre Gedanken vereinnahmt und sie daran gehindert hatte, die Minuten und die Stunden festzuhalten, die unerbittlich verronnen waren.

Nach nicht einmal einem Jahr entfernte sich André noch weiter von ihnen, da er Souillac verließ, um nach Beyssac zu gehen, dem kleinen Dorf am Lot, wo ich geboren bin. Er hat sich nie über seinen Aufenthalt in Souillac ausgelassen, der ebenfalls nicht länger als der bei dem Cousin in Sarlat gedauert hat. Was mag wohl der Grund gewesen sein? Ich weiß es nicht. Doch ich kann es mir denken: Die Gesellen waren in jener Zeit auf Gedeih und Verderb der Willkür ihrer Lehrherren ausgeliefert, das heißt sie arbeiteten

Tag und Nacht und hatten nicht einmal am Sonntag frei. So verlangten seine Meister mehrmals, dass André in Souillac blieb, um ihr Kind zu hüten, obwohl er lieber seine Eltern auf La Brande besucht hätte. Diese uneingeschränkte Autorität, der er sich im Lauf dieses Jahres unterwerfen musste, brachte ihn dazu zu rebellieren. Was mein Vater bei seinem eigenen Vater akzeptiert hatte, wollte er sich von einem anderen nicht bieten lassen. Ach! Er musste sehr schnell einsehen, dass die Stellung des Gesellen, für die er sich entschieden hatte, überall gleich war. Doch bevor er jämmerlich und geschlagen nach La Brande zurückkehrte, akzeptierte er sie und versuchte sich damit zu arrangieren.

47

Ich weiß Einiges über die Lebensbedingungen, die er bei seinem Meister von 1937 an vorfand, als er in das Dorf kam, in dem er meine Mutter kennenlernte. Er arbeitete genauso viel wie in Souillac, diesmal bei einem Mann, der neben seinem Ladenbetrieb Vieh züchtete und verkaufte und oft nicht da war. Das bedeutet, dass mein Vater nicht eine einzige Minute für sich hatte, höchstens manchmal den Sonntagnachmittag. Er schlief nicht im Haus seines Meisters, sondern in einer Scheune über den Tieren, die er versorgte, ehe er sich – nie vor elf Uhr abends – schlafen legte und um vier Uhr morgens wieder aufstand. Er litt furchtbar unter diesem Zustand der Abhängigkeit, der aufreibenden Arbeit, der Kälte des Winters und der fehlenden Möglichkeit, seine Eltern so oft in Sarlat zu besuchen, wie er es sich gewünscht hätte. Wenn sich die Gelegenheit ergab, musste er mit seinem Fahrrad jeweils fünfzig Kilometer hin- und zurückfahren, und meistens hatte er nicht die Kraft dazu.

Als Kind bin ich oft an dieser Scheune vorbeigekommen, ohne zu ahnen, was mein Vater dort erlebt hatte, und als ich, sehr viel später, dann davon erfuhr, habe ich sie gekauft, sobald sich die Gelegenheit dazu bot. Aus einer gewissen Neigung zur Kompensation, die mir eigen ist, habe ich sie hergerichtet, meinem Vater die Schlüssel übergeben und ihm zu verstehen gegeben, er könne sich dort, wenn er wolle, wie zu Hause fühlen. Da er ein Mann ist, der wenig spricht, hat er mir niemals gesagt, ob diese Tat in ihm ein ebenso tiefes Echo hervorgerufen hat wie bei mir. Doch irgendein tief in mir verwurzelter Drang trieb mich dazu – es ging mir darum, mich gegen das Schicksal zu stellen und die Mauern einzureißen, die meinen Vorfahren den Weg versperrt hatten, ihnen – leider zu spät – eine Befriedigung zu vermitteln, die sie dafür sensibilisierte wahrzunehmen, welche Strecke ihre Kinder durch ihr Verdienst hatten zurücklegen können.

Ich bin mir nicht sicher, ob sie meine mir so sinnvoll erscheinenden Handlungen richtig verstanden haben, und ihr Schweigen, das bei ihnen nichts Ungewöhnliches war, ließ mich im Ungewissen darüber, ob sie dasselbe Siegesgefühl empfanden wie ich: Es war viel Zeit vergangen, die die Erinnerungen linderte, und der Panzer, der sich durch ihren täglichen Kampf gebildet hatte, schützte sie gewiss auch vor Verbitterung. Sie brauchten dieses Schweigen, ich sagte es bereits, um sich ihre Kräfte zu bewahren, und ich nehme an, dass das Schweigen Hélènes, die nun auf ihre Kinder verzichten musste, solcher Natur war. Irgendeinen Trost von Juliens Seite konnte sie nicht erwarten: Er hatte schon genug damit zu tun, nicht an seinem eigenen Schicksal zu verzweifeln. Sie boten dem Leben die Stirn und flüchteten sich in ihre Arbeit, bei der sie ihre Gedanken abschütteln und ihren Mut stärken konnten. Julien kaufte einen neuen Riemen, den er an seiner Hand festband, Hélène sparte am Wasser, um nicht mehr als zweimal am Tag zur Quelle hinuntergehen zu müssen.

Da die Kinder nicht mehr da waren, war sie es nun, die Julien abends nach dem Abendessen die Zeitung vorlas. Die Nachrichten waren nicht gut: Es war die Zeit des Münchener Abkommens (September 1938), und die beiden begriffen, dass alles unausweichlich auf einen Krieg hinauslief. Julien verlor sich in heftige Zornausbrüche, nach denen er sich kraftlos, aschfahl und vor Wut zitternd fallen ließ. Seine Wut war umso schrecklicher, als er wusste, dass sie nutzlos war. In diesen Augenblicken fuchtelte er mit seiner verstümmelten Hand vor Hélène herum und schrie so laut, dass er ihr Angst machte. Wenn ein Besucher das Haus betrat, zeigte er ihm ebenfalls diese Hand – wie einen unwiderlegbaren Beweis für die Verrücktheit der Menschen und vor allem die der Deutschen, die er, wie alle, die in den Schützengräben gelitten und auf wunderbare Weise überlebt hatten, nie anders denn als »Boches« bezeichnete.

Sie machte sich vor allem Sorgen um ihre Kinder, die ganz bestimmt eingezogen werden und vielleicht ihr Leben lassen würden. In ihren Augen war das umso inakzeptabler, als sowohl Clément wie auch Constant Vater zweier Jungen geworden waren. Diese neue Lebensfreude, dieser Aufschwung, den sie spürte, würde auf unerbittliche Weise zerstört werden, darüber bestand kein Zweifel. Julien brachte dies dermaßen zur Raserei, dass Hélène alles tat, um ihm nicht aus der Zeitung vorlesen zu müssen.

Anfang 1939 überraschte Hitler mit der Annexion weiterer Gebiete, seine Truppen marschierten in Prag ein und offenbarten damit einen Willen zur Hegemonie in Zentraleuropa, dem die seit München im Pazifismus erstarrten Demokratien nichts Wesentliches entgegensetzen konnten. Im Mai wandte sich Hitler Polen zu, handelte mit Stalin einen Nichtangriffspakt aus, mit dem er im August die Westmächte überraschte. Am 1. September marschierten seine Truppen in Polen ein, die Verhandlungen während der darauf folgenden zwei Tage blieben ergebnislos, sodass England am 3. September um 11 Uhr Deutschland den Krieg erklärte und Frankreich um 17 Uhr nachzog.

In Sarlat war Hélène an jenem Abend unterwegs, um dem Gasthof *De la Madeleine* Gemüse zu liefern. Als sie hörte, wie ein Mann seinem Nachbarn auf der anderen Straßenseite das Wort »Krieg« durch das Fenster zurief, begriff sie, dass alles zu spät war. Er hatte die Nachricht sicherlich im Radio gehört. Hélène hatte gerade noch die Kraft, zum Gasthof zu laufen, in die Küche zu gehen, sich ihr Gemüse bezahlen zu lassen und langsam nach La Brande zurückzukehren. Dabei dachte sie an den Heimweg, damals im August 1914, als sie vom Wirtshaus kam, in dem sie arbeitete. Während sie ihren kleinen Karren vor sich herschob, sah sie sich selbst wieder vor sich: verzweifelt, mit dem Gefühl, dass ihre Beine sie nicht mehr bis nach Hause tragen würden. Damals hatte sie sich nur ansatzweise vorstellen können, was Krieg wirklich bedeutete – heute wusste sie es.

Sie langte erst gegen sieben Uhr zu Hause an, als die Schwüle ein wenig nachgelassen hatte. Nachdem sie aufgehört hatte über das Schicksal ihrer Kinder nachzugrübeln, fiel ihr plötzlich Julien ein, der sich nicht im Haus befand. Sie suchte ihn, rief nach ihm, doch er antwortete nicht. Schließlich fand sie ihn im Schuppen, seinem gewohnten Zufluchtsort, wo er verstört, mit einer Axt in den Händen, auf einem Schemel saß. Als sie um sich schaute, begriff sie, dass er alles, was um ihn war, zertrümmert hatte und jetzt, nachdem seine Wut abgeklungen war, ermattet auf sie wartete. Sie hatte gehofft, er wäre noch nicht im Bilde, doch ihr nächster Nachbar, der ein Radio besaß, war vorbeigekommen, um ihn zu informieren.

Sie wollte ihm beim Aufstehen helfen, aber es gelang ihr nicht, er blieb mit seinem ganzen Gewicht wie an den Schemel gefesselt.

»Komm!«, sagte sie. »Komm!«

Sie kniete sich vor ihn hin und fragte sich einen Moment lang, ob er vielleicht getrunken hatte.

»Komm!«, wiederholte sie, aber es war, als sähe er sie nicht.

Sie erhob sich und blieb einige Augenblicke regungslos vor ihm stehen, erleichtert, dass sie nicht dabei gewesen war, als die Wut ihn überwältigt hatte. Sie wartete noch einen Moment, dann sagte sie sanft im Weggehen:

»Ich werde jetzt die Suppe zubereiten.«

In der Küche angekommen, machte sie sich Sorgen, dass sie ihn alleingelassen hatte, und kehrte in den Schuppen zurück, doch er hatte sich nicht vom Fleck gerührt. Später brachte sie ihm einen Teller Suppe, doch er weigerte sich ihn anzunehmen: Immer noch stumm und totenblass betrachtete er seine rechte Hand, die vor ihm lag und zitterte.

V Das Feuer

48

Im Herbst 1939 begann der sogenannte »Sitzkrieg«. Da oben im Norden niemand kämpfte, kehrte in den französischen Familien wieder ein wenig Hoffnung ein und somit auch bei Hélène und Julien. Sie hatten keine Nachrichten von Clément und Constant, doch die Tatsache, dass keine Kampfhandlungen eingeleitet wurden, beruhigte sie. Hélène betete jeden Tag für sie und darum, dass ihr jüngster Sohn nicht einberufen würde. Jeden Abend begab sie sich zur Kirche von Temniac, um dort auf dem Altar dem Meer der immer zahlreicher werdenden Kerzen ein paar weitere hinzuzufügen. Es war ihr, als könnten sie ihre Kinder beschützen.

Umso verblüffter war sie, als André an einem Sonntagmittag kurz nach zwölf Uhr hereinschneite und, kaum dass er sich hingesetzt hatte, verkündete, dass er sich für die Dauer des Kriegs freiwillig zum Dienst in der Armee melden würde. Dafür brauchte er ihre schriftliche Genehmigung, da er noch nicht volljährig war.

»Das ist doch nicht dein Ernst!«, rief sie aus. »Glaubst du nicht auch, dass es reicht, wenn deine beiden Brüder fort sind?«

Sie rief mit den Augen Julien zu Hilfe, doch der sagte nichts, er hörte seinem Sohn zu, wie er erklärte, er habe die Entscheidung nach reiflicher Überlegung getroffen: Er wollte nicht wie sein Vater, der noch heute darunter litt, Infanterist werden, und die Tatsache, dass er sich freiwillig verpflichtete, erlaubte es ihm, die Waffengattung selbst zu wählen.

»Krieg ist Krieg!«, protestierte Hélène. »Ganz gleich, mit welcher Waffe man dient, man ist in Gefahr.«

»Nicht in der schweren Artillerie.«

Und als sie ungläubig den Kopf schüttelte, betäubt durch das, was sie gerade vernommen hatte, fügte er hinzu:

»Das ist die Einheit, die ich gewählt habe.«

Ein weiteres Mal suchte sie bei Julien Hilfe, doch sie begriff, dass er sie nicht unterstützen würde: In seinem Innern war Julien seinem Sohn dankbar, dass er gegen diejenigen kämpfte, die ihm seine furchtbare Verletzung zugefügt hatten. Es war für ihn ein wenig so, als würde André den Kampf wieder aufnehmen, um ihn zu rächen. Als Julien an jenem Tag die Verpflichtungserklärung seines Sohnes unterschrieb, gewahrte sie tief in seinen Augen einen Schimmer von Stolz, und sie nahm es ihm übel.

Nach einem letzten Versuch, André umzustimmen, gab sie auf und hörte den beiden Männern zu, wie sie über Kanonen und Geschütze sprachen, an die Julien sich eine exakte Erinnerung bewahrt hatte, da die Infanteristen oft zwischen den Einheiten hindurchfuhren, um in die vorderste Linie vorzudringen. Er erzählte auch, dass die Artillerie manchmal beim Einschießen versehentlich die eigenen Linien unter Feuer genommen hatte.

»Ich hoffe, dass du dich geschickter anstellen wirst!«, schloss Julien, als er sich von André verabschiedete, der vor Einbruch der Dunkelheit abreisen musste.

Als sie ihn umarmte, hatte Hélène keine Kraft mehr, auch nur das kleinste Wort zu sagen. Sie sah, wie ihr Sohn auf das Fahrrad stieg, in den Sandweg zwischen den Feldern einbog und am äußersten Ende verschwand, ohne sich ein einziges Mal nach ihr umgedreht zu haben. Sie ging ins Haus zurück, und Verzweiflung überkam sie bei dem Gedanken, dass bald alle drei Jungen im Feld stehen würden, falls der Krieg wirklich ausbräche. Mit diesem Tag begann für sie eine furchtbare Zeit des Wartens, erfüllt von Angst und Sorge.

Der erste Brief, der sie im November erreichte, kam aus Chateauroux, wo André einer Einheit der schweren Schienen-Artillerie zugeteilt worden war. Der zweite kam Anfang Dezember aus dem Lager von Mailly in der Aube, wohin sein Regiment zur Ausbildung geschickt worden war – nicht weit entfernt von den Ardennen, wo sie damals in Baracken gelebt hatten und André geboren worden war, wie Julien anmerkte. Ein extrem harter, eiskalter Winter, der sich plötzlich einstellte, machte einen Kriegsausbruch unmöglich, zumindest ließ er ihn unwahrscheinlich werden. Hélène dachte an ihre Söhne, die mit Sicherheit unter der Kälte litten, und strickte Socken für sie, unter Juliens ungerührtem Blick, der großes Vertrauen in die französische Armee hatte.

»Die Boches werden sich nicht trauen!«, versicherte er. »Sie wissen, was sie erwartet.«

Sie seufzte, gab keine Antwort und setzte ihre Hoffnung auf den Winter, der ihr gleichsam zu einer geschützten Zone wurde, in welcher ihre Lieben nichts bedrohte. Die einzigen glücklichen Momente waren die, in denen sie ihre Schwiegertöchter sah, die ihr nachmittags die Enkelkinder vorbeibrachten. Es war immer nur für eine kurze Zeit, doch die Tatsache, Kinder auf dem Schoß zu halten, ihren Atem an ihrer Wange zu spüren, genügte, um ihre Tage zu erhellen, und um mehr bat sie nicht. Julien zeigte seinen Enkelkindern gegenüber eher eine gewisse Gleichgültigkeit, als hätte er seine ganze Geduld bei seinen eigenen Kindern verausgabt. Er hatte sich nun anderen Themen zugewandt: Wie kam es, dass die französische Armee nicht in Deutschland einmarschierte, um mit »dem Übel Hitler« abzurechnen?

Hélène hatte darauf gedrängt, ein Rundfunkgerät anzuschaffen und sich durch diesen Vorschlag eine gewisse Entlastung versprochen: Sie hoffte, dass sie ihm dann nicht mehr aus der

Zeitung vorzulesen brauchte. Julien hatte jedoch abgelehnt, denn das bisschen Geld, was sie verdienten, reichte gerade einmal aus, um die lebensnotwendigsten Dinge anzuschaffen und kein solches Zerstreuungsobjekt.

Im Verlauf dieses unendlichen Winters fühlten sie sich allein, vor allem als die Kälte und der Schnee sie daran hinderten, nach Sarlat hinunter zu gehen. Einige Briefe ihrer Söhne bestätigten ihnen, dass es dort, wo sie sich befanden, nicht die geringsten Scharmützel gab, sie an nichts litten, außer unter der Kälte – minus zwanzig Grad im Lager von Mailly, schrieb André, wo jeden Morgen zunächst das Eis zerschlagen werden musste, bevor Wasser geschöpft werden konnte.

49

Mit der schönen Jahreszeit war Hélènes Hoffnung gerade ein wenig zurückgekehrt, da erfuhr man im Mai, dass oben an der belgischen Grenze gekämpft wurde und die deutschen Truppen unerklärlicherweise in Frankreich einmarschiert waren. Es blieb kaum Zeit, sich die Frage zu stellen, wie es am Ende eines raschen und plötzlichen Debakels zu einer derart vernichtenden Niederlage hatte kommen können, nachdem man felsenfest davon überzeugt gewesen war, dass die Maginot-Linie unüberwindbar war. Die Zeitungen hatten sie gelobt, die Stärke der französischen Armee gepriesen, einen raschen Sieg vorhergesagt, und nun war Frankreich gezwungen, durch Marschall Pétain um einen Waffenstillstand zu bitten.

Hélène war deswegen keineswegs verzweifelt, wie so viele Mütter, die erleichtert waren, dass der Krieg beendet war und ihre Söhne nach Hause zurückkehren würden. Auf La Brande und in Sarlat hatte niemand auch nur eine deutsche Uniform gesehen. Was hatte man von dem wiedererlangten Frieden schon zu befürchten? Hélène sagte sich, dass es Sache der Regierung sei, der der Entschluss zum Krieg so leicht gefallen war, sich jetzt, in diesem seltsamen Frieden, um das Schicksal des Landes zu kümmern. Ihre Söhne waren nicht mehr in Gefahr, das war alles, was sie verlangte.

Julien war nach einigen Tagen der Schwermut von Neuem in Rage geraten. Er schwang sein mit Bleimunition geladenes Gewehr, trennte sich nicht mehr davon und drohte, auf den ersten Deutschen zu schießen, dem er begegnen würde. Sie versuchte ihn zur Vernunft zu bringen, sprach lange und ruhig mit ihm, bemühte sich, an seiner Stelle nach Sarlat zu gehen, indem sie vorgab, Dünger oder kleinere Gerätschaften zu benötigen, kurz, alles, was Julien dazu hätte bewegen können, sich in die Stadt zu begeben. Er machte ihr dermaßen Angst, dass sie keinen ruhigen Moment mehr hatte, weil sie den Weg überwachte, auf dem eines Tages der von allen gefürchtete Feind auftauchen konnte.

Constant kehrte als Erster zurück, dann, Anfang Juli, Clément, ohne dass sie einen einzigen Schuss abgegeben hatten. Beide waren erschöpft, aber sie lebten. Blieb noch André, von dem keiner Nachrichten hatte und um den sich Hélène große Sorgen machte, denn ihre beiden Ältesten hatten ihr erklärt, dass das größte Risiko nicht in den eigentlichen Kampfhandlungen bestanden hatte, sondern während des Rückzugs auf den von den Deutschen unter Maschinengewehrfeuer genommenen Straßen. Schließlich traf am 10. Juli ein Brief aus Villemur-sur-Tarn ein, wo sich André mit seinem Regiment befand, und in dem er behauptete, sich auf dem Weg nach Nordafrika zu befinden. Sie war völlig fassungslos und verstand nichts von diesem Manöver, bis Clément und Julien sie am selben Abend aufklärten und den Appell eines gewissen Charles de Gaulle erwähnten, der im Londoner Radio zum Widerstand aufgerufen hatte.

Sie begehrte auf und bat Clément, sich nach Villemur zu begeben, um André zu überzeugen, von dieser Verrücktheit abzusehen, doch Julien war anderer Meinung. Seiner Ansicht nach war André alt genug, um zu wissen, was er tat. In Wahrheit sah Julien es nicht ungern, dass einer seiner Söhne den Kampf gegen »diese Boches« weiterführte, die ihn verstümmelt hatten. So war er enttäuscht, auch wenn er es nicht zeigte, als André Anfang August auf La Brande erschien, nachdem er am 30. Juli aus dem Heeresdienst entlassen worden war.

Hélène, die endlich beruhigt war, und dem verstummten Julien erklärte er, dass die Vierhunderter-Kanone, die er bediente, im Mai kein einziges Mal zum Einsatz gekommen war, weil es um die hundert Arbeitsstunden und zweiunddreißig Mann gebraucht hätte, um sie in Gang zu setzen. In eine reine Marscheinheit umgewandelt, hatte sein Regiment bereits in den ersten Tagen der deutschen Offensive den Rückzug angetreten, mit dem Auftrag, zunächst an einer Frontlinie an der Loire teilzunehmen, und sich dann, als sich herausstellte, dass jeglicher Widerstand zwecklos war, nach Nordafrika zu begeben. Am 24. Juni, zum Zeitpunkt des Waffenstillstands, befand er sich in Villemur-sur-Tarn, wo er bis zum 24. Juli blieb, dem Datum, an dem er demobilisiert worden war, nachdem ihm seine Offiziere schließlich klar gemacht hatten, dass ihnen der Weg nach Afrika untersagt worden war.

Zur großen Freude Hélènes hatte er sich vorgenommen, einige Erholungstage in La Brande zu verbringen, ehe er nach Beyssac zurückkehrte, wo er einem jungen Mädchen begegnet war, mit dem er, wie er sagte, Pläne gemacht hatte. Nun konnte allerdings von Erholung in La Brande keine Rede sein, denn es war Juli und die Arbeit drängte. Er blieb letztlich nur achtundvierzig Stunden, stets unter Juliens feindseligen Blicken, der sich nicht dazu durchringen konnte, zu akzeptieren, dass keines seiner Kinder ihm die sehnlichst erhoffte Genugtuung hatte verschaffen können.

Ich bin überzeugt, dass die Existenz meiner Mutter bei der Entscheidung meines Vaters, nicht nach Nordafrika oder England zu gehen, eine entscheidende Rolle gespielt hat. Er hatte zwar kein ausgesprochen kriegerisches Naturell, aber er wäre seinen Kameraden aus Solidarität zu jedem unbekannten Bestimmungsort, ganz gleich, wie gefährlich er war, gefolgt. Wie auch immer, er tat es nicht und machte sich auf den Weg, in Beyssac diejenige Frau zu treffen, mit der er sich weitaus fester verbunden hatte, als er es seinen Eltern gegenüber eingeräumt hatte. Sie heirateten am 12. Oktober in jenem Jahr 1940, im Haus der Verlobten, das heißt in dem des Bäckers und meines Großvaters Germain.

Das Schicksal hatte ein weiteres Mal seine eigene Partitur gespielt. Diese Hochzeit Ende 1940 war nur möglich vor dem Hintergrund einer tragischen Niederlage gegenüber einem Feind, dessen Truppen von nun an das Land von Julien, Hélène und Millionen Franzosen besetzten.

50

Das Leben in Beyssac und La Brandes nahm mehr recht als schlecht seinen alten Lauf. Da Clément und Constant durch ihren Beruf sehr ausgelastet waren, war es nun Marthe, Cléments Frau, die Julien und Hélène tagsüber half. Es waren Lebensmittelmarken eingeführt worden, und Andrés Meister hatte ihn nicht wieder einstellen wollen, da er einen Rückgang der Umsätze befürchtete, wodurch er auf einen Angestellten verzichten konnte. Mein Vater hatte daher Arbeit bei der Obsthändlergenossenschaft in Beyssac gefunden und wohnte mit meiner Mutter zusammen im Haus seines Schwiegervaters. Für die meisten waren die Existenzbedingungen nicht schlechter als vor dem Krieg, und die Anwesenheit des Besatzers belastete sie kaum, denn sie lebten in der freien Zone, und deutsche Soldaten waren auf dem Land selten zu sehen.

Zu seiner großen Verblüffung hatte Julien in der Zeitung ein Foto gesehen, auf dem Petain Hitler in Montoire die Hand schüttelte, was ihn in dem Gedanken bestärkt hatte, dass man der amtierenden Regierung nicht vertrauen konnte und ihr den Gehorsam versagen musste. Jedes Mal, wenn er nach Sarlat hinunterging, mehrten sich seine provokanten Äußerungen und zwangen Hélène, die große Angst hatte, dass man ihn festnehmen würde, ihm zu folgen, um zu verhindern, dass er in seinem Leichtsinn einen folgenschweren Fehler beging. Das Jahr 1941 verging für Hélène in der Angst, miterleben zu müssen, dass Julien von der französischen Polizei festgenommen würde, die sich eindeutig in den Dienst der Deutschen gestellt hatte – und für

Julien in einer Mischung aus Scham und Auflehnung, die selbst die strapaziösen Feldarbeiten nicht zu mildern vermochten.

Das Jahr 1942 hingegen begann eher erfreulich, denn Constant kaufte ein Grundstück oberhalb des Ackerlandes seiner Eltern und plante, dort so schnell wie möglich ein Haus zu bauen. Es würde nur dreihundert Meter von Julien und Hélènes Besitz entfernt liegen, die diese Initiative begrüßt hatten, er, da er sich dadurch Hilfe bei der Sommerernte erhoffte, und sie, weil sie sich darauf freute, einen ihrer Söhne und dessen Kinder in der Nähe zu haben.

Im April bekamen André und seine Frau Noëlle einen Sohn mit Vornamen Pierre – mein ältester Bruder –, weswegen Julien und Hélène eine Reise von Sarlat nach Beyssac unternahmen, von der sie rundum beruhigt über das Schicksal ihres Sohnes zurückkehrten: Er lebte glücklich zusammen mit seiner Frau im Haus seines Schwiegervaters und es fehlte ihm an nichts – vor allem nicht an Brot. Zu Beginn von Andrés Ehe hatten ihn beide immer wieder gedrängt, er solle nach Sarlat ziehen, was auch fast geschehen wäre. Doch nun stellten sie fest, dass dies nie mehr zur Debatte stehen würde. Denn Noëlles Eltern waren außerordentlich großzügige Menschen, und ihre Tochter wollte nur ungern von ihnen wegziehen.

Im Verlauf des darauf folgenden Sommers gab es nichts, was Hélène und Julien von der erschöpfenden Arbeit ablenkte, die sie vom Tagesanbruch bis zur Dunkelheit in Anspruch nahm, außer dem Beginn der Arbeiten an Constants Haus, an dem er selber mit Cléments Hilfe Sonntag für Sonntag baute. Julien wollte sich nach der Weinlese ab August daran beteiligen, doch seine unbrauchbare Hand versetzte ihn seinen Söhnen gegenüber in eine dermaßen unterlegene Position, dass er davon abließ und sich in gedrückter Stimmung in sein Haus zurückzog, die durch die erneute Besetzung der Freien Zone im November noch verschlimmert wurde.

»Wenn mir einer gesagt hätte, dass ich eines Tages in Deutschland leben würde!«, schimpfte er vor sich hin, die Situation wie immer überspitzend.

Und seufzend er fügte hinzu:

»Wäre ich doch lieber nicht von der Front zurückgekehrt!«

»Dann wäre ich Witwe gewesen, und dein letzter Sohn wäre nicht geboren worden«, bemerkte Hélène.

»Wenn sie hier in mein Haus kommen, töte ich sie und mich selber danach ebenfalls!«, tobte Julien und hantierte gefährlich an seinem Gewehr herum, indem er es unablässig lud und entsicherte.

Hélène gab keine Antwort, sondern stieg zur Quelle hinunter, wo sie sich einige Augenblicke auf den Beckenrand setzte und versuchte ihr Herzklopfen zu besänftigen. Dann stieg sie rasch wieder hinauf, da sie befürchtete, Julien sei aufgebrochen, um sein Bedürfnis nach Rache zu stillen.

Der schlimmste Fall trat ein, als die Pflicht zur Teilnahme am Arbeitsdienst Anfang 1943 eingeführt wurde. Es war eindeutig, dass ihre Söhne sich ihr nicht würden entziehen können – zumindest nicht André, der Jüngste, der unter dieses Dekret fiel.

Für Hélène gehörte die Angst von nun an zum Alltag, während Julien sich weigerte, sich auch nur vorzustellen, dass sein Sohn eines Tages bereit sein würde, für die Deutschen zu arbeiten.

»Es ist völlig undenkbar, dass der Junge mir das antut!«, rief er jedes Mal aus, wenn sie mit ihm über diese bedrohliche Aussicht sprach, wobei sie vermutlich auf irgendeinen Schritt seinerseits hoffte, der ihn daran hindern würde.

Er weigerte sich bis zum letzten Augenblick, es zu glauben – bis zu dem Tag, als ein Brief Andrés eintraf, in welchem er erklärte, dass er auf den 7. Juli in die Bessière-Kaserne in Cahors einbestellt worden war, von wo aus er nach Österreich gehen würde. An diesem Tag fing Julien so an zu toben, dass Hélène es vorzog, das Weite zu suchen und im Haus von Constant bei dessen Frau, Irène, Zuflucht fand. Sie blieb dort bis zum nächsten Morgen, und es gelang ihr, Constant zu überreden, sie nach Souillac zum Bahnhof zu fahren, wo André, der aus Saint-Dénis kam, einem Dorf in der Nähe von Beyssac, auf den Anschlusszug nach Cahors warten musste. Als sie Julien ihr Vorhaben mitteilte, antwortete er missmutig:

»Und mich brauchtet ihr wohl nicht zu fragen?«

»Ich habe nie daran gedacht«, erwiderte sie.

Ehe sie am Morgen des 7. Juli aufbrach, bat er sie, wie um ihr ein schlechtes Gewissen zu bereiten, seine Hand mit dem Ledergurt an der Sense festzubinden, den er zu diesem Zweck hergestellt hatte, obwohl sich durch den häufigen Gebrauch zwei nie heilende Wunden gebildet hatten, eine unter dem Daumen und eine unter dem kleinen Finger.

Sie kommentierte dies nicht weiter und stieg auf Constants Motorrad, um zu jenem verfluchten Bahnhof zu fahren, wo sie so viele Erinnerungen erwarteten. Sie fühlte sich auf diesem Gerät, das für ihr Gefühl viel zu schnell fuhr, überhaupt nicht sicher, doch was hätte sie nicht alles auf sich genommen, nur um ihren Sohn zu sehen – vielleicht war es das letzte Mal, sagte sie sich, und ihr Magen krampfte sich zusammen. Sie hatte einen Korb mit Proviant mitgenommen, denn André kam am späten Vormittag an, und sie dachte, es würde noch Zeit bleiben, auf dem Vorplatz zu Mittag zu essen.

Sobald sie ankam, sah sie sich selbst wieder vor sich, am selben Ort wie damals, anlässlich der Abreise Juliens 1914, versteckt hinter der Mauer, mit ihrem Kind auf dem Arm, während er wie viele andere, die nicht wiederkamen, in den Waggon stieg. Einen Augenblick lang durchlebte sie alle Abschiede, die nach Juliens Heimaturlauben noch folgten, und kam zu dem Schluss, dieser Bahnhof sei der Ort, an dem sie im Laufe ihres Lebens am unglücklichsten gewesen war. Während sie an jenem 7. Juli bei herrlichem Wetter am Bahnsteig auf André wartete, schwor sie sich, ihn zu überreden, nicht weiterzufahren, sondern sich auf La Brande bei Constant zu verstecken, der damit einverstanden war.

51

Als André aus dem Zug stieg, war er blass, so blass, dass sie glaubte, er sei krank, und sie umarmte ihn, ohne dass sie sich traute, auch nur das kleinste Wort zu sagen. Sie verließen den Bahnhof, setzten sich unter der größten Linde ins Gras, und sie breitete den Proviant auf einer Decke aus. Zunächst aßen sie schweigend, dann rief Hélène die Tage in Erinnerung, die sie in Vitrac und Beynac verbracht hatten, als die Sommer noch von keinerlei Bedrohung getrübt waren. Danach sprachen sie über die Familie und von Andrés Sohn, der nun etwas mehr als vierzehn Monate alt war, doch sie traute sich nicht, die Frage zu stellen, die ihr auf den Lippen brannte: »Willst du wirklich nach Österreich fahren?«.

Constant hatte eine Flasche Schnaps mitgebracht, und sie tranken alle drei einen Schluck, um sich Mut zu machen für den Augenblick, in dem sie sich aufraffen mussten, um nach einer viel zu schnell vergangenen Stunde wieder zum Bahnsteig zu gehen. Verstört wie sie war, konnte Hélène die Worte, die sie vorbereitet hatte, ihrem Sohn nicht sagen und umarmte ihn auf demselben Bahnsteig, auf dem ihr Ehemann sie vor neunundzwanzig Jahren aus denselben Gründen wie ihr Sohn heute verlassen hatte. Als der Zug verschwunden war, verspürte sie dasselbe Gefühl des Schmerzes wie damals, doch glücklicherweise war diesmal Constant an ihrer Seite.

Bevor sie wieder losfuhren und die Straße nach Sarlat nahmen, warf sie einen Blick auf die lange gerade Linie, die bis in das Zentrum von Souillac führte – diese unendliche Straße, die sie so oft alleine zurückgelegt hatte –, und die Tatsache, dass sie dieses Mal in die entgegengesetzte Richtung fuhr, tröstete sie ein wenig. Außerdem spürte sie den Rücken ihres zweiten Sohnes vor sich, ein Körper voller Kraft und Leben, dessen Berührung sie beruhigte.

Es war noch hell, als sie La Brande erreichten, denn es war Juli, und sie trödelte ein wenig beim Rückweg, genoss den Abendfrieden und versuchte sich zu einzureden, dass nicht alles verloren war und man die Hoffnung nie aufgeben dürfe. Julien wartete mit dem Abendessen auf sie, doch er sagte kein Wort zu ihr, stellte ihr nicht die kleinste Frage: Er strahlte nur Missbilligung und Feindseligkeit aus, eine zusätzliche Quelle der Traurigkeit, die sie nur im Schlaf vergaß, wenn sie von vielen Zügen träumte, die einer nach dem anderen in eine von Granatenlöchern beschädigte Landschaft wie damals in den Ardennen fuhren.

Eine Woche später, als Julien zum Holzschlagen nach Loubéjac gegangen war und sie sich allein in La Brande befand, tauchten zwei Gendarmen auf und teilten ihr mit, dass ihr Sohn aus der Bessière-Kaserne in Cahors geflohen war und somit jetzt als Fahnenflüchtiger gelte. Sie hätte vor Freude aufgeschrien, wenn die beiden Männer sich nicht so drohend verhalten hätten, während sie ihr Fragen stellten, und so zwang sie sich, so ruhig wie möglich zu darauf zu antworten. Nein, sie wusste nicht, wo er sich befand; nein, sie hatte ihn nicht kürzlich gesehen; ja, sie wusste, dass er nach Österreich fahren sollte. Sie war alles andere als beruhigt, ihr einziger Gedanke war, sich kooperativ zu zeigen, damit sie so schnell wie möglich abzogen. Julien konnte jeden Moment zurückkommen. Wie würde er reagieren, wenn er die Gendarmen in seinem Haus antraf? Sie wusste es nur zu gut: Er würde nach seiner Flinte greifen.

Einer der Gendarmen, der Kleinere, setzte sich hin, während

der Brigadier in der Küche auf und ab lief, als wartete er auf jemanden.

»Wenn ich Ihnen einen Rat geben darf«, sagte er, »dann bitten Sie ihn, sich zu stellen, sonst läuft er Gefahr, erschossen zu werden.«

»Ich weiß nicht, wo er ist.«

»Sie werden mir doch nicht einreden wollen, dass Sie keinerlei Nachricht von ihm haben?«

»Es ist aber die Wahrheit.«

»Sie wissen, was sie aufs Spiel setzten, wenn Sie ihn verstecken?«

»Er ist nicht hier, Sie können ruhig suchen.«

Sie gingen in alle Räume, durchstöberten alles, sie hörte, wie sie sogar einen Schrank öffneten und einige Kommentare abgaben, deren Bedeutung sie nicht verstand, dann erschienen sie wieder, und der Kleinere schenkte sich ein Glas Wein ein, ohne sie um Erlaubnis zu fragen.

»Tun Sie sich keinen Zwang an!«, sagte sie.

»Ich wüsste nicht, warum ich es sollte«, sagte er in einem boshaften Ton, der Hélène das Schlimmste befürchten ließ. – Man hörte eine Stimme im Hof: Es war Marthe, die nach ihr rief. Eilig lief sie hinaus zu ihrer Schwiegertochter, die sie fragte, was los wäre, und sie mit sich auf den Weg zog. Da verschwanden die Gendarmen, nicht ohne zuvor noch eine Drohung auszustoßen:

»Wir werden wiederkommen«, sagte der Brigadier. »Wir sind noch nicht mit Ihnen fertig.«

Als sie fort waren, war das Erste, was Hélène einfiel, ihre Schwiegertochter zu bitten, Julien nichts von dieser Hausdurchsuchung zu erzählen. Sie versprach es, machte sie jedoch auf das Risiko aufmerksam, dass Julien bei einer zweiten möglicherweise zu Hause wäre.

»Ich weiß, sagte Hélène, »aber sie werden nicht wiederkommen.«

Und sie wiederholte diesen Satz mehrere Male: »Sie werden nicht wiederkommen, sie werden nicht wiederkommen«, als wollte sie sich selbst überzeugen und die Aussicht auf ein Unglück, das ihr gleichwohl unvermeidbar schien, weit von sich wegschieben.

52

Julien erfuhr von einem Nachbarn, was geschehen war, doch anders als Hélène befürchtet hatte, reagierte er nicht verärgert, im Gegenteil: Das Verhalten seines Sohnes hatte ihn mit den beiden wertvollsten Polen seines Lebens versöhnt: dem des Widerstands gegen die Obrigkeit und dem des Kampfs gegen Deutschland, der Ursache all seines Unglücks. Und da keine Nachrichten kamen, fuhr er mit dem Fahrrad nach Beyssac und legte mit seinen sechzig Jahren hundert Kilometer an einem Tag zurück. Es war, als sei er noch einmal jung geworden, indem er seine verlorene Ehre wiedergefunden hatte, die ihm sein Sohn zurückgab, weil er sich für den Kampf statt für die Unterwerfung entschieden hatte. Er hätte wohl nicht zu erklären vermocht, was er an jenem Tag empfand, als er nach Beyssac strampelte und dann nach Sarlat, doch ein neuer Wind trug ihn, eine neue Energie, die ihm alles, was er verloren glaubte und auf das er dennoch sein Leben aufgebaut hatte, wiedergab.

Hélène war unfähig zu arbeiten und wartete den ganzen Tag auf ihn, sie ging sogar zur Straße hinunter, um auf seine Rückkehr zu lauern. Er kam erst gegen acht Uhr abends an, lächelte trotz seiner Müdigkeit und setzte sich freudig an den Tisch vor die Suppe, die sie auf dem Herd wieder aufgewärmt hatte. Schon bei seinen ersten Worten begriff sie, dass die Gendarmen die Wahrheit gesagt hatten: André war aus der Kaserne in Cahors geflohen und versteckte sich auf dem Hochland von Martel, da, wo sich die ersten Widerstandskämpfer – die Maquis – versammelten, die die Deutschen auf ihren Bekanntmachungen als

Terroristen bezeichneten. Die Risiken waren nicht unbedeutend, gewiss, aber es war doch etwas, worauf man stolz sein konnte.

Sie war ganz seiner Ansicht, doch gleichzeitig machte sie Julien darauf aufmerksam, dass es gefährlich sei.

»Hier ist es auch gefährlich«, sagte er. »Ich habe im Vorbeifahren in Sarlat Deutsche gesehen.«

Sie bekam noch nachträglich einen Schrecken, aber sie begriff, dass Andrés Entscheidung Julien beruhigt hatte: Er hatte nicht mehr das Gefühl, in der ersten Reihe zu stehen und hatte gewissermaßen den Stab an André weitergegeben.

Zwei Tage später erblickte sie auf dem Markt die Deutschen, von denen Julien erzählt hatte. Was sie am meisten verwunderte, war ihre Jugend, ihre blonden Haare und das völlige Fehlen jeder Feindseligkeit, was ihr das Gefühl gab, dass diese Männer den Krieg nicht gewonnen haben konnten. Jedenfalls verließ sie die Angst, dass Julien die Waffe gegen sie erheben könnte, ihre Angst ließ nach und sie begann wieder zuversichtlicher zu leben. Sie brauchte auch nicht lange zu warten, da konnte sie vollkommen beruhigt sein über das Schicksal ihres Sohnes: Anfang September holten Constant und Clément André nachts mit dem Fahrrad ab und trafen kurz vor Tagesanbruch ein – erschöpft, aber glücklich, ihrer Mutter diese Überraschung bereiten zu können.

Um nicht Gefahr zu laufen, von den Gendarmen überrascht zu werden, suchten sie Zuflucht in Constants Haus, und dort erzählte André, was in Cahors geschehen war und wie es ihm gelungen war zu fliehen: Innerhalb der Umzäunung der Kaserne war ein Elsässer an ihn herangetreten, der jede Woche kam, um von den deutschen Behörden Papiere unterschreiben zu lassen. Jedes Mal wenn dieser Mann fortging, nahm er dabei junge Fahnenflüchtige für den Widerstand von Saint-Cirq-Lapopie mit. Auch André hatte nicht gezögert: Zur vereinbarten Stunde und trotz seiner Furcht, in eine Falle zu tappen, war er über die Kasernenmauer gesprungen. Zum Glück befand sich der Elsässer wirklich auf der anderen Seite. Er hatte André mit in ein benachbartes Lebensmittelgeschäft gezogen, wo sie in den nach hinten liegenden Räumen gewartet hatten, bis es dunkel wurde. Dann waren sie zu zweit auf einem Fahrrad eine Strecke von zwanzig Kilometern gefahren, hatten am frühen Morgen in einem Schafstall auf dem Hochland Zuflucht gesucht, wo ihn der Elsässer zurückgelassen hatte und ihm empfahl, niemandem außer der Kontaktperson die Tür zu öffnen, die folgende Parole benutzte:

»Es ist Henri.«

Mein Vater war dort drei Tage geblieben, versorgt mit Lebensmitteln von einem Mann, der zwar über das Kennwort verfügte, jedoch nichts weiter von dem wusste, was der Elsässer trieb. Tatsache war, dass der Widerstand der Region noch schlecht organisiert war; die Männer versteckten sich tagsüber, trugen nachts die Waffen zusammen und bereiteten die kommenden Fallschirmabwürfe vor. Doch die Kontaktperson verspätete sich, denn der Elsässer war aufgegriffen worden, und André wurde ungeduldig. Er entschloss sich also, sich dem Widerstand in der Region um Beyssac anzuschließen, wo er bereits vor seiner Abreise nach Cahors Kontakte mit Verantwortlichen geknüpft hatte, die Kämpfer auf dem Hochland von Marcel und Gramat sammelten.

Er teilte seinen Entschluss dem Mann mit, der ihn mit Nahrungsmitteln versorgte, und bat ihn, den Elsässer zu informieren, der ihm leichtsinnigerweise seinen Namen gesagt hatte – eine seltsame Unvorsichtigkeit in diesen bewegten Zeiten: Er hieß Henri Halm. André hatte sich auf den Weg gemacht und zu

Fuß das Hochland von Martel – mehr als sechzig Kilometer entfernt – erreicht, nicht ohne unterwegs bei seiner Frau und seinem Kind in Beyssac vorbeizuschauen, selbstverständlich nachts, bevor er bei Verwandten seiner Schwiegermutter in einem entlegenen Häuschen im Hochland in der Nähe des Weilers Ripane Unterschlupf fand. Seine Gastgeber hießen Philomène und Henri Durand. Philomène züchtete Schafe und Henri war Maurer.

Ich habe die beiden gut gekannt, es waren Menschen von einer bewundernswerten Liebenswürdigkeit und Selbstlosigkeit, großzügig und ohne Furcht, einen jungen Mann in äußerster Bedrängnis aufzunehmen, trotz der Risiken, die dies mit sich brachte. Dort in der Nähe hatten sich Clément und Constant mit ihrem Bruder verabredet, um ihn zu seinen Eltern auf La Brande mitzunehmen, wo er zur großen Freude seiner Mutter zwei Wochen bleiben sollte.

Jeden Tag besuchte Hélène ihn bei Constant, zusammen mit Julien, der sehr stolz auf seinen Sohn war, sich immer wieder die Geschichte seiner Flucht aus der Gefangenschaft erzählen ließ und ihn fragte, was er nun zu tun gedächte. André wollte nicht länger bei den Durands bleiben, um sie nicht in Gefahr zu bringen. Er zog in Betracht, sich so lange auf dem Dachboden seiner Schwiegereltern zu verstecken, wie es nötig war, um in Beyssac den Kontakt mit dem Verantwortlichen für die Maquis auf dem Hochland zu knüpfen. Das tat er dann auch, doch er ließ Hélène und Julien, die sich große Sorgen machten, keine Nachrichten zukommen. Außerdem konnte man ihm nicht schreiben, da die Post kontrolliert wurde, sodass Constant und Clément mehrere Male nachts die ganze Strecke nach Beyssac fuhren, um sich bei Andrés Frau zu erkundigen.

So traf mein Vater auf die »Veny«-Gruppen des Hochlands, wo er im Juli 1944 bei einem gewaltigen Abwurf von Waffenvorräten aus Hunderten von Flying Fortresses zugegen war, die für den Widerstand der ganzen Region bestimmt waren. Zuvor hatten die Vény Straßen, Bahngleise und Brücken mit Sprengladungen versehen, unter dem Schutz zweier englischer Offiziere, von denen einer meinen Vater später oft besuchte. Durchaus keine Heldentaten also – der Widerstand auf dem Land bestand aus Verzögerungsmanövern, die ihren Höhepunkt erreichten, als die gefürchtete SS-Panzerdivision »Das Reich« in Richtung Normandie zog und dabei durch das Quercy kam und weiter im Norden leider auch durch Tulle und Oradour, wo es zu wahren Massakern kam.

Mein Vater hat dies niemals als Ruhmesblatt betrachtet – sicher weniger als Julien, dem er nach dem Krieg davon berichtete. Und dennoch war die Gefährdung sehr hoch, vor allem 1943, als der Widerstand nicht ausreichend organisiert war. Als Beweis dafür nehme ich den erschütternden Brief, den ich vor Kurzem aus dem Elsass von einem Mann namens Halm erhielt und dessen Vater Henri bei der Befreiung erschossen wurde. Da ich diesen Namen mehrere Male in meinen Büchern erwähnt habe, bat mich Henris Sohn um ein Zeugnis meines Vaters, um das Andenken des seinen zu rehabilitieren. Was war da geschehen? Wie hatte es dazu kommen können, dass ein Mann, der Menschen für den Widerstand anwarb, bei der Befreiung als Kollaborateur angesehen wurde? Welcher Falle war mein Vater entkommen? Ich habe versucht, ihn auszufragen. Leider ließen sowohl sein Gesundheitszustand wie auch seine Erinnerung es nicht mehr zu, irgendwelche nähere Auskünfte zu geben, insbesondere über diese tragische Geschichte, die der Wahnsinn von 1945 geschrieben hatte.

Und dennoch, da bin ich mir ganz sicher, denn er hat es mehrere Male wiederholt: Dieser Mann, dem er vertraut hatte, hieß

Henri Halm. »Wirst du dich erinnern?«, sagte er zu mir: »Henri Halm.« Die Geheimnisse der Geschichte sind häufig tragischer Natur, doch ich habe bei dieser Gelegenheit gelernt, welche Wege ihnen die Macht der Bücher erschließt. Meine Bücher sind fünfzig Jahre später dem Sohn eines Helden begegnet, der erschossen wurde. Warum? Ich werde es niemals wissen, auch mein Vater wusste es nicht, obgleich er nur ungefähr fünfzig Kilometer von Cahors entfernt lebte. Ich bin mir sicher, dass er sonst keinen Moment gezögert hätte, zugunsten dieses Mannes auszusagen. Doch wovon hätte er eigentlich berichten können? Über eine Fahrt zu einem Schafstall, nachts, auf dem Fahrrad?

Sein eigenes Schicksal gehört dem Menschen nicht mehr, wenn er auf die Geschichte stößt, die sich gerade vollzieht. Ich bin da, um von der Tatsache Zeugnis abzulegen, dass es an einem Tag im Oktober 1943 mit meinen Vater gnädig verfuhr und Hélène und Julien in La Brande zweifellos mit knapper Not unermesslichen Leid entgangen sind.

53

Meine Großeltern wären beinahe im Juni 1944 durch deutsche Kugeln ums Leben gekommen, als »Das Reich« auf der Straße nach Salignac auf der Höhe des Grenzsteins 120 von Widerstandskämpfern der Dordogne angegriffen wurde.

Sie wussten nichts von dem, was sich wenige Kilometer von ihnen entfernt ereignet hatte, als sie an jenem Morgen aufwachten. Es war schönes Wetter, Hélène freute sich, an jenem Tag zwei ihrer Enkelkinder, Georges und Marc, auf La Brande zu hüten, da ihre Eltern anderweitig zu tun hatten. Julien fühlte sich erleichtert, dass das Heu unter guten Bedingungen eingeholt worden war, denn es war den Gewittern entkommen. Er wollte gerade zum Weinberg gehen, als ein wenig weiter oben auf der Anhöhe die ersten Schüsse fielen. Sie vernahmen Schreie und gingen hinaus, um sich ein Bild zu machen, was dort vorging. Da erblickten sie deutsche Uniformen, es waren Soldaten, die die Nationalstraße verlassen hatten, wo sie angegriffen worden waren, und die Gegend durchkämmten, um die Widerstandskämpfer zu verfolgen und Vergeltung zu üben. Sie hatten gerade in Temniac einen Mann getötet und zogen nun auf La Brande zu, wobei sie auf alles schossen, was sich bewegte.

Hélène brachte die Kinder ins Haus, dann kehrte sie vor die Haustüre zurück, wo Julien wie fasziniert den Soldaten zuschaute, die schreiend oben auf der Höhe herumrannten. Plötzlich erblickten sie ihren Nachbarn, der zwischen seinem Haus und seiner Scheune davonrannte und ein Stück weiter weg unter den Salven zweier Maschinenpistolen zusammenbrach. Am nächsten

Tag erfuhren sie, dass dieser Mann, der Kommunist war, sich bedroht gefühlt hatte und es vorgezogen hatte, zu fliehen.

»Geh schnell weg!«, sagte Hélène kopflos zu Julien. »Versteck dich im Tunnel!«

Und als er sich nicht rührte:

»Du siehst doch, dass sie jeden töten!«

Julien zitterte, und sie begriff, dass es nicht vor Angst sondern vor Zorn war. Er richtete seine schwarzen Augen auf sie und sagte rebellisch:

»Hier bin ich zu Hause, und sie werden mich nicht verjagen!«

Sie flehte ihn an zu fliehen, drängte ihn mit all ihren Kräften, doch er weigerte sich, die Stelle zu verlassen, wo er stand.

»Die machen mir keine Angst!«, schrie er. »Das ist mein Haus, und ich bleibe hier!«

Dann dachte sie an die Kinder und eilte zum Haus, ohne zu bemerken, dass er ihr folgte. Als er drinnen war, nahm er das Gewehr von der Wand und drohte:

»Sollen sie nur kommen! Sie werden angemessen empfangen!«

»Und die Kinder?«, rief sie aus.

Er schien wieder ein wenig zur Vernunft zu kommen und ging, noch immer mit dem Gewehr in der Hand, durch die Hintertür hinaus. Sie war nun allein mit ihren beiden Enkeln. Sie zog sie an sich, legte ihnen die Hände auf die Schultern und wartete, in der Hoffnung, dass die Gefahr an ihnen vorübergehen würde. Drei oder vier Minuten vergingen, und die Schüsse kamen immer näher. Sie wagte nicht, aus dem Fenster zu schauen, um sich nicht zu weit von den Kleinen zu entfernen. Alle drei kauerten in einen Winkel der Küche, wagten sich nicht zu rühren und atmeten kaum.

Plötzlich wurde die Tür aufgerissen, und drei Soldaten mit Maschinenpistolen in den Händen tauchten auf. Als die Hündin bellte, schoss einer auf sie, verfehlte sie jedoch, und sie flüchtete in Richtung der Scheune. Die Soldaten waren äußerst erregt und schwitzten stark, denn es war sehr heiß. Zwei von ihnen stießen die Türen der Zimmer auf und fingen an, das Haus zu durchsuchen, während der dritte Hélène und die Kinder bewachte. Er kam ihr sehr jung vor, so jung wie die anderen, die sie auf dem Marktplatz in Sarlat gesehen hatte, doch in seinen Augen funkelte Wut. Hélène spürte, wie ihr das Herz bis zum Hals schlug, sie drückte ihre Enkelsöhne immer stärker an sich, dachte an Julien und hoffte, dass er klug genug gewesen war, zu fliehen.

Sie hörte Flüche, Türenschlagen, dann erschienen die beiden Soldaten wieder, noch genauso bedrohlich wie zuvor.

»Boire!«, schrie einer von ihnen, der Braunhaarige, der das Kommando zu führen schien.

Sie ließ die Kinder los, drängte sie in die Spülküche und ging zum Büffet, um eine Flasche Wein zu holen.

»Eau!«, schrie der Braunhaarige.

Er zeigte auf den Eimer, der sich vor dem Spülbecken befand. Sie wollte ihm erklären, dass es das Wasser war, mit dem sie am Vorabend das Geschirr gespült hatte, aber er glaubte, sie wollte ihm nichts davon geben. Wütend näherte er sich ihr, drückte den Lauf seiner Maschinenpistole gegen ihre Schläfe – sie war sehr viel kleiner als er –, und sie spürte, dass er jetzt schießen würde. Im selben Moment ertönte von der anderen Seite des Feldes in der Nähe der Bahngleise ein Pfiff, und sie stürzten wie Irre hinaus, ohne einen einzigen Schluck getrunken zu haben, obwohl der Blonde sich bereits den begehrten Eimer gegriffen hatte.

Hélène verharrte einige Augenblicke regungslos und wie gelähmt; sie konnte nicht glauben, dass sie verschwunden waren, während ihre Enkelsöhne auf sie zustürzten. Dann vernahm sie von weiter unten Schüsse und dachte daran, dass sie Julien empfohlen hatte, im Tunnel Zuflucht zu suchen. Was hatte sie getan! Sie hatte ihn in den Tod geschickt! Sie schwankte, doch dann erinnerte sie sich, dass er durch die Hintertür verschwunden war, und sie schöpfte ein wenig Hoffnung. Sie eilte zu der Tür, öffnete sie und erblickte, halb hinter dem Kirschbaum verborgen, Julien, der sein Gewehr auf sie richtete. Sie bekam solche Angst, dass sie bewusstlos wurde und erst fünf Minuten später in der Küche, in die Julien sie getragen hatte, wieder zu sich kam.

»Bleib nicht hier«, sagte sie, »sie werden zurückkommen. Geh in den Keller, versteck dich!«

Auch er wurde von Angst übermannt, als er sah, wie sie in sich zusammensank, sodass er einwilligte und wortlos verschwand. Mit ihren Enkeln, die sie in ihrer Nähe hielt, lauschte sie noch lange den Schüssen, die allmählich schwächer wurden, und, so schien es ihr, nach einer halben Stunde endgültig verstummten. Doch man vernahm immer noch Schreie in der Umgebung, denn die Leute liefen herbei, um den Verletzten zu helfen. Hélène nahm die Kinder mit auf den Dachboden, wo sie sich den ganzen Nachmittag versteckten. Erst mit der Dunkelheit kehrte wieder Ruhe ein. Sie begab sich dann in den Keller, wo sich Julien befand, und sie beschlossen, die Nacht dort zu verbringen.

Nach einer schlaflosen Nacht erfuhren sie am nächsten Tag, dass zwei Männer in dem Tunnel getötet worden waren, in den sie Julien hatte schicken wollen. Letztlich war es also sein Mut gewesen, der ihn gerettet hatte. Er wollte keine Niederlage dulden, hatte sich geweigert, sein Haus wegen des Feindes zu verlassen, der ihm so viel Übles angetan hatte, hatte sich der beschämenden Flucht widersetzt, die ihm inakzeptabel erschien, und er hatte überlebt. Es bestand kein Zweifel, weder für ihn, noch für Hélène, dass er auf die Soldaten geschossen hätte, sobald sie die Hintertür aufstießen. Ein geheimnisvoller Pfiff hatte sie gerettet.

Die Deutschen hatten Sarlat in der Nacht verlassen, das teilten ihnen Constant und die anderen Familienmitglieder mit, die gekommen waren, um Neues zu erfahren.

Dennoch war Julien noch einige Tage lang wütend: die Deutschen hatten sein Haus betreten, hatten seine Frau und die Enkelkinder bedroht. Hélène war absolut unfähig, je wieder über diesen 26. Juni, an dem sie beinahe umgekommen wäre, zu reden. Constant und Clément mussten Julien vor Augen führen, dass er der Einzige gewesen war, der an jenem Tag zu den Waffen gegriffen hatte, damit er sich ein wenig beruhigte und daraus einen berechtigten Stolz schöpfte. Er war nicht davongelaufen, war nicht zu Kreuze gekrochen, er konnte mit Selbstachtung weiterarbeiten – auf dem Land, das er unter Einsatz seines Lebens verteidigt hatte ...

54

Dennoch lebten sie in der Furcht, der Krieg könne, auch wenn er sich von ihnen entfernt hatte, jeden Moment wieder zurückkehren. Sie konnten gar nicht anders, sie mussten auf der Hut bleiben, und sie fühlten sich erst wirklich sicher, als sie am 8. Mai 1945 alle Glocken läuten hörten. An jenem Morgen begaben sie sich zu dem Weg, wo sie im Juni des vorigen Jahres die Soldaten erblickt hatten, als wollten sie sich überzeugen, dass alles wirklich zu Ende war und die Angst nie mehr auf diese friedlichen Ackerflächen zurückkehren würde, wo nie jemand damit gerechnet hatte, dass sich hier auch nur die Spur eines Feindes zeigen würde.

An jenem Nachmittag mussten sie nach Sarlat hinuntergehen, um sich zu vergewissern, dass kein einziger Soldat mehr da war und sie ohne Gefährdung zu ihrer Arbeit zurückkehren konnten. Das taten sie, und sie haben sich nie beklagt, denn sie vergaßen nicht, auf welch wundersame Weise sie dem Tod entronnen waren. Es gab immer noch genauso wenig Zerstreuungen, doch etwas Neues, Schönes lag in der Luft, auf La Brande wie auch in Sarlat. Nach den Entbehrungen und Gefahren des Krieges wussten alle um den Wert des alltäglichen Glücks.

Julien ging es besser, er verfiel nicht mehr so oft in jene Wutausbrüche, die ihm so schadeten, er erhielt Hilfe von Irène, Constants Frau, aber auch donnerstags, samstags und sonntags von seinen Enkeln. Hélène baute nach wie vor ihr Gemüse an, sie züchtete jetzt Gänse, die sie im Herbst stopfte. Julien kümmerte sich um den Weizen, die Gerste und die beiden Kühe, die sie endlich hatten erwerben können und deren Milch sie an die Nachbarn von La Brande verkauften. Er wachte immer noch über seinem Weinberg, der zwar klein war, es ihm aber dennoch ermöglichte, im Herbst ein wenig Wein zu verkaufen, denn der Ertrag reichte auch für seinen eigenen Bedarf.

Ihr Erspartes bewahrten sie in einem Schrank auf, in weiser Voraussicht auf die Zeit, in der sie nicht mehr würden arbeiten können. Natürlich hatten sie nie in eine Rentenkasse eingezahlt, zweifellos auch deswegen, weil es vor dem Krieg noch keine gab, doch Julien hätte sich ohnehin nie damit einverstanden erklärt. Er war es gewohnt, sich nur auf sich selbst, seine Frau und seine Familie zu verlassen und hätte es nie zugelassen, von anderen abhängig zu sein. Als sich Hélène mit Sechzig die Frage stellte, was sein würde, wenn ihre Kräfte einmal erschöpft wären, antwortete er:

»Brot und Gemüse, das wird uns reichen.«

Oder, da das Thema sie weiter beschäftigte:

»Wir beide schaffen es doch, den Garten in Schuss zu halten und ein wenig Geflügel zu züchten. Was brauchen wir sonst? Wir haben immer so gelebt.«

Sie hätte gern ein wenig mehr Geld gehabt, um ihren Enkelkindern eine Freude zu machen, ihnen kleine Geschenke zu kaufen, doch allein der Gedanke, es anzurühren, verbat sich von selbst; dieses Geld war dafür bestimmt, an dem Tag angebrochen zu werden, an dem es sich als nötig erweisen würde.

Sie bestand nicht darauf, genoss die Gegenwart ihrer Enkelkinder und fragte sich, wenn sie sie erblickte, wer wohl der große Zauberer war, der mit einem Schlag dreißig Jahre ihres Lebens weggewischt hatte, ohne dass sie es bemerkt hatte. Die Zeit schien ihr die schlimmste aller Krankheiten zu sein; und Julien, der in jenem Jahr 1950 siebenundsechzig Jahre alt werden würde, fiel es immer schwerer, die Sterze des Pflugs zu halten, nicht nur wegen seiner Hand, sondern auch wegen seiner Arme, Beine und Lenden. Er beklagte sich nicht, doch sie sah, wie er vor Schmerz das Gesicht verzog und abends erschöpft nach Hause zurückkehrte, zumal er kein Pferd gekauft hatte und immer noch der widerspenstige, eigensinnige Esel mit Mühe den Pflug über die Ackerflächen zog, die zum Glück immer noch genauso groß wie früher geblieben waren.

Ich erinnere mich, dass wir Anfang der Fünfzigerjahre nur selten zu ihnen fuhren, häufiger besuchten wir die Brüder meines Vaters, vor allem Clément, den Ältesten, der in einem kleinen Haus weiter unten an der Straße nach Proissans an einem Weiler mit Namen »La Vigne« wohnte. Warum? Bestimmt, weil mein Vater ihnen neben der täglichen Arbeit nicht noch die Vorbereitung eines Essens für die Verwandtschaft zumuten wollte, oder, wahrscheinlicher noch, weil er befürchtete, das Gleichgewicht einer sparsamen und knapp gehaltenen Existenz, um deren Zerbrechlichkeit er wusste, zu erschüttern.

Dagegen erinnere ich mich sehr gut an einen Besuch von Hélène und Julien bei uns in Beyssac – es war mit Sicherheit ein Donnerstag, denn ich hatte keine Schule – und an einen Vorfall, der mich heute noch mit Verwunderung und Scham erfüllt. Ich spielte mit meinem Bruder nach dem Mittagessen im Hof, als Julien herauskam, um sich die Beine zu vertreten. Ich kannte diesen Großvater, der so weit weg lebte, nicht besonders gut und wusste nicht, dass er von allen gefürchtet wurde. Ich saß auf einem Kalksteinhaufen, als er an mir vorbeikam, den Kopf, der mit einer grauen Schirmmütze bedeckt war, wie sie die Männer vom Land zu jener Zeit trugen, auf meiner Höhe. Ich weiß nicht, was mich ritt, jedenfalls sprang ich mit ausgestreckter Hand von meinem Kalksteinhaufen herunter und stieß dabei Julien die Mütze vom Kopf.

»Na, was ist, mein Junge?«, rief er aus.

Das war alles: Er hob seine Schirmmütze auf, fegte den Staub ab, während ich mich im undeutlichen Bewusstsein eines Fehltritts entfernte, denn ich war zu einem tiefen Respekt vor meinen Großeltern erzogen worden. Warum dann dies? Ging es mir darum, in diesem dunklen Blick, der sich so selten auf mich richtete, ein wenig Aufmerksamkeit auszumachen? Ich nehme es an. Jedenfalls offenbarte mir das, was ich an jenem Tag in den Augen dieses Mannes sah, von dessen Kindheit und Leben ich nichts wusste, seine Demut und gab mir zugleich zu verstehen, dass er resigniert hatte.

Die Gewissensbisse über diese absurde Tat haben mich lange Zeit verfolgt, und ich habe ihm niemals sagen können, wie sehr ich sie bedauerte, denn Julien starb schon, bevor ich ihn wirklich kennenlernen konnte. Sie muss ihn gekränkt, ihn tiefer verletzt haben, als er es mit den wenigen, nicht einmal drohenden Worten zum Ausdruck brachte:

»Na, was ist, mein Junge?«

Die kindliche Leichtfertigkeit rechtfertigt nicht alles. Ich war erst fünf oder sechs Jahre alt, doch mein schonungsloses Gedächtnis führt mir noch einmal, um mich zu strafen, die Überraschung des tief verletzten Mannes und die Zügigkeit vor Augen, mit der er seine Mütze wieder auf den Kopf setzte, als wolle er möglichst schnell die Kränkung durch den Sohn seines Sohnes vergessen. Ich hoffe, er hat es tatsächlich vergessen und mir dort, wo er nun ist, vergeben. Doch jedes Mal, wenn ich an ihn denke, bücke ich mich, um eine imaginäre Schirmmütze aufzuheben, ich halte sie ihm hin und entschuldige mich und laufe davon, um meine Beschämung zu verbergen, hinten im Garten, wo auch er an jenem Tag seinen Kummer verbarg.

55

Dieser Vorfall muss sich 1952 abgespielt haben, denn zu jener Zeit – mein Cousin, der älteste Sohn von Clément, der oft auf La Brande half, hat es mir versichert – überließ Julien ihm die Griffe des Pflugs, er selbst gab sich damit zufrieden, den Esel am Zaum zu führen. Es handelte sich wirklich um einen schmerzlichen Verzicht, und es sollten ihm nur noch zwei Jahre bleiben. Zwei Jahre, während derer er gegen das Abnehmen seiner Kräfte kämpfte und den mühsam eroberten Boden um den Preis eines Tag für Tag bezwungenen Schmerzes langsam wieder aufgab, zwei Jahre, in denen er in einem letzten stolzen Aufbäumen umso verzweifelter gegen die Widrigkeiten des Lebens aufbegehrte, als er wusste, dass es zwecklos war.

Hélène half ihm immer mehr, sie vernachlässigte ihre eigenen Aufgaben und versuchte mit weniger Schlaf auszukommen, um sie zu erfüllen. Doch ihre Hilfe machte seine körperlichen Einschränkungen nur noch offensichtlicher, sodass er wieder in seine düsteren Stimmungen verfiel; seine Wutausbrüche, die für eine gewisse Zeit vergessen gewesen waren, traten wieder an den Tag, und sie musste wieder auf Abstand zu ihm gehen, um nicht plötzlich davon überfallen zu werden. Seine ganze Unausgewogenheit kam wieder an die Oberfläche, und so ließ er sich höchstwahrscheinlich zu Exzessen hinreißen, die sie nicht tolerieren konnte.

In der Familie herrschte lange Zeit Stillschweigen über die räumliche Trennung zwischen den beiden, die nun notwendig geworden war. Es war keine vollkommene Trennung, da sie noch zusammen aßen und arbeiteten, doch Julien zog sich für gewöhnlich in das kleine Haus zurück, in das sie nach ihrer Rückkehr aus den Ardennen gezogen waren, wahrscheinlich weil er vor seinen eigenen Wutausbrüchen auf der Hut war und Hélène ihm eines Tages unmissverständlich klargemacht hatte, dass er die Grenzen des Zumutbaren überschritten hatte.

Auf diese Weise stellte sich ein neues Gleichgewicht ein, das bis zum Herbst des Jahres 54 andauerte, einem wunderbaren Herbst, in dem sie eine sehr gute Weinernte einfahren konnten, nicht nur, was die Quantität betraf, sondern auch hinsichtlich der Qualität. Am späteren Nachmittag des 6. Oktobers bearbeiteten Clément, Hélène und Julien gerade die Erde neben dem Tunnel mit der Hacke, als Letzterer sich aufrichtete und ihnen mitteilte, er wolle nach den Trauben sehen, die im Bottich vor sich hin goren. Clément und Hélène arbeiteten weiter bis sieben Uhr, dann kehrten sie langsam nach Hause zurück. Die Luft war dick wie Sirup, und überall schwirrten Wespen, die durch die offenstehenden Keller wild geworden waren. Hélène, die ihre Hacke über die Schulter gelegt hatte und von der Arbeit des Tages erschöpft war, fiel das Atmen schwer. Sie fühlte sich irgendwie bedrückt, doch sie beeilte sich nicht sonderlich und lauschte der friedlichen Stille der Hänge, die über der ungewöhnlichen Oktoberwärme lag.

Als sie zu Hause ankamen, war Julien nicht da, doch sie machten sich weiter keine Sorgen, denn es war noch etwas Zeit bis zur Suppe. Hélène schnitt das Brot auf, brachte die Brühe zum Kochen, bereitete einen Salat zu und schickte dann Clément los, er solle seinen Vater zum Essen holen.

Clément kam drei Minuten später allein und mit verzerrtem Gesicht zurück und rang nach Worten.

»Er lag im Bottich …«, sagte er. »Das Gas … ich konnte ihn herausziehen …. Es ist vielleicht noch nicht zu spät … ich rufe jetzt die Feuerwehr an.«

Und im Weggehen sagte er noch:

»Bleib hier. Geh nicht dorthin!«

Hélène hört nicht auf ihn. Sie stürzte in den Keller und erblickte Julien, der auf dem Boden aus gestampfter Erde lag und dessen schwarze Augen in eine unbekannte Welt blickten. Sie meinte, dass er noch atmete, kniete sich hin, hob seinen Kopf an und sprach mit ihm, als er nicht reagierte, schüttelte ihn, versuchte ihren Atem in seinen Mund zu pressen, doch er war schon weit weg, für immer. Sie setzte sich hin, hielt ihn in ihren Armen und wartete auf Hilfe, obwohl sie schon wusste, dass sie vergeblich war; doch wenigstens diese Augenblicke gehörten ihr.

War es möglich, dass diese Kraft, diese Gewalt innerhalb weniger Minuten wie eine Kerze im Wind erloschen war? Sie konnte es nicht glauben. Welche Arbeit hatte dieser Mann trotz seiner verwundeten Hand geleistet! Was für eine Willenskraft hatte er immer bewiesen! Mit welchem Mut hatte er sein Leben ohne Vater geführt! Welch ein Licht hatte an den Tagen des Zorns in seinen Augen geleuchtet! Und nun lag er leblos in ihren Armen, und es war ihr, als würde er sich ihr zum ersten Mal in einer völlig neuen, erschütternden Zartheit anvertrauen.

Ungefähr zwanzig Minuten lang blieb sie so mit ihm allein, bis endlich Clément und der Nachbar, der einen Telefonanschluss hatte, erschienen. Sie hatte ihn wie ein Kind gewiegt, hatte ihn angefleht, zurückzukommen, doch er hatte sie nicht gehört. Alle drei wussten, dass es zu spät war – das bestätigten ihnen die Feuerwehrleute, als sie eintrafen. Julien wusste, dass es gefährlich war, in den Bottich zu steigen, um die Trauben zu stampfen, auch wenn er sich dabei, ohne die Hände von der Kante zu nehmen, zum Einatmen nach außen drehte. Wie viele Bauern stampfte er die Trauben jedes Jahr auf diese Art und Weise und setzte sich über die Gefahr hinweg. In wenigen Sekunden war das Gärungsgas in seine Lungen gedrungen, und als er das Unwohlsein, das ihn befiel, bemerkte, hatte ihn seine verstümmelte Hand daran gehindert, sich rechtzeitig aus dem Bottich zu ziehen. Alles in allem hatte der Krieg neununddreißig Jahre gebraucht, um ihn zu töten.

Hélène hörte Sirenen, viele Leute waren um sie und redeten, sie wusste nicht mehr, was sich abspielte. Erst sehr viel später kam sie zu sich, in dem Zimmer, in das Juliens Leichnam gebracht worden war; ihre Gedanken schweiften zurück zu jenem Tag, an dem sie mit demselben tiefen Schmerz vom Tod ihres Vaters erfahren hatte, der ihr das Gefühl gab, als sei ihr Herz in zwei Hälften gespalten worden, mit derselben Wucht wie ein Baum vom Blitz.

Man hatte Juliens Augen geschlossen, und dennoch sah Hélène nur sie, wie an jenem Abend, als er vor langer Zeit bei ihr in der Wirtsstube des Gasthofs erschienen war, nicht weit von La Brande entfernt. Und obwohl sie ihn nicht als Kind gekannt hatte, sah sie ihn vor sich, als seine Mutter, die schon verwitwet war und sich auf den Bauernhöfen verdingen musste, ihn in einem Fass einsperrte, damit er nicht fortlief. Sie sah ihn über die Pfade des Guts von Proissans trippeln, wie er trotz seiner kurzen Arme Ähren auf den Feldern las, Heu machte und erntete, denn er hatte ihr dies alles am Anfang ihrer Ehe erzählt, wie ein Geschenk, das man dem Menschen zu Füßen legt, den man so liebt, dass man nichts, aber auch gar nichts vor ihm verheimlicht.

Dieser unbezähmbare Mann hatte nie Lesen oder Schreiben gelernt. Was für einen Mut musste er besessen haben, um sich aus seiner bedauernswerten Lage herauszuziehen! Welche Kraft war in ihm, bevor der Krieg ihn um das Wertvollste brachte, was er besaß: seine rechte Hand ... Er war nun tot, und sein Gesicht erschien wie in Stein gemeißelt, den Stein, den er so liebte.

In den zwei Nächten vor der Beerdigung gelang es ihr nicht, länger als eine Stunde zu schlafen. Sie hörte ihn schreien, wenn sich die Sichel von seiner Hand löste, sie fing an, seine Wutausbrüche zu lieben, sie verlor alle Furcht vor ihnen und hoffte bis zum letzten Augenblick auf sie, doch er schwieg, ließ sie allein an einem unbekannten Ufer zurück, von einer Welle unsagbaren Unglücks bedroht. Es war auf eine Art viel schmerzvoller als alles, was er sie in den schlimmsten Momenten ihres Lebens hatte erleiden lassen.

Julien wurde auf dem Friedhof von Sarlat begraben, zwei Tage nach dem Unfall, umringt von seinen Kindern und Enkeln, nur einige hundert Meter von dem Gasthof entfernt, wo er seiner Frau begegnet war. Ich denke, diese Nähe tat Hélène am Tage der Beerdigung wohl, während sie am Arm ihres ältesten Sohnes hinter dem Leichenwagen herging. Als die Grabstätte geschlossen war, kehrte die ganze Familie nach La Brande zurück, dann gingen alle sehr schnell, zu schnell, wieder an ihre Arbeit, noch bevor sich der Nachmittag seinem Ende zuneigte.

Clément und seine Frau blieben bei Hélène, damit sie die erste Nacht nicht allein verbringen musste. Erst am nächsten Abend begriff sie, was diese ihr von einem grausamen Schicksal auferlegte Einsamkeit wirklich bedeutete. Viele Tage lang glaubte sie, dass die Kastanien ihren Geschmack verloren hätten, ihr Brot nicht gesalzen sei und sie keine Suppe mehr zubereiten könne, dass alle Nahrungsaufnahme ohnehin vergeblich und nutzlos geworden sei. Sie wusste, dass Erinnerungen niemals über den Verlust derer, die man liebt, hinwegtrösten, doch sie wusste nicht, dass das Wohnen innerhalb derselben Wände wie die Verschiedenen ihre Abwesenheit noch schmerzvoller macht. Lange, lange Zeit rief sie nachts in ihrem Bett leise nach Julien, damit er eine Minute, eine Sekunde lang wiederkäme und sie anschaute, wie beim ersten Mal an jenem Tag, an dem sie begriff, dass er auf die Welt gekommen war, um auf sie zuzugehen.

Juliens Grab kenne ich gut. Als Kind bin ich jedes Jahr am 1. November mit meinen Eltern für einige Minuten der Andacht, die mit dem Segen eines Pfarrers, der es eilig hatte, beendet wurde, dorthin gegangen.

Es ist das erste Grab, das den Namen Signol trägt. Es stammt aus dem Jahr 1954. Wir mussten also bis in die zweite Hälfte des 20. Jahrhunderts warten, bevor meine Familie diese Würde erlangte, endlich dem Massengrab entging und das Nichts, dem sie geweiht war, außer Kraft setzte. Jedes Mal, wenn ich in Sarlat vorbeikomme, finde ich es mit geschlossenen Augen wieder und halte stille Einkehr bei denen, die im Gegensatz zu Jacques und Madeleine schließlich den ihnen gebührenden Platz in der Ewigkeit gefunden haben.

56

Im Sommer 1956, zwei Jahre nach dem Drama, habe ich einen Monat lang bei Hélène, die nun Witwe war, verbracht. Ich weiß nicht genau, warum mein Bruder und ich in jenem Sommer auf La Brande waren, sicherlich, weil unsere Eltern sehr beschäftigt waren, oder auch um vielleicht die Einsamkeit meiner Großmutter zu füllen, die uns mit der ihr eigenen Sanftmut und einer Großzügigkeit empfing, von der ich damals glaubte, dass sie bei alten Menschen gang und gäbe sei.

Sie lebte allein in dem Haus, das aus einer großen Küche mit einem »Cantou« bestand, einem monumentalen offenen Kamin, in dem die Suppenschüssel und ihre Töpfe leise siedend vor sich hin köchelten, und zwei miteinander verbundenen Zimmern; zunächst ihres, lang und schmal, dann das gekalkte, in dem mein Bruder und ich schliefen, dazwischen eine Stufe, über die ich immer stolperte, so unerwartet kam sie an dieser Stelle. Die rußgeschwärzte Küche roch nach Knoblauch und Gänsefett. Von dort aus ging es auf einen viereckigen Hof hinaus, der von einer Scheune, einem Keller und einem Schuppen begrenzt wurde, in dem Hélène ihre Gerätschaften lagerte. Es gab immer noch kein fließendes Wasser, es musste an der Quelle unterhalb der großen Wiese geholt werden, von wo aus der Aufstieg so mühsam war.

Hélène war damals sechsundsiebzig Jahre alt, doch sie nahm immer noch die tägliche Schinderei auf sich. Sie war es gewohnt, die Eimer den steilen Abhang hochzutragen. Nur unten setzte sie sich gern einen Moment lang hin, um wieder zu Kräften zu kommen, ehe sie den Rückweg antrat, und ich beobachtete sie, wie sie nachdenklich auf dem Rand des kleinen Beckens saß und in ihrem Kopf vielleicht ausrechnete, wie oft sie den Weg zu dieser Quelle schon gegangen war, die die Farbe ihrer Augen hatte.

Ihre schwarze Schürze mit der Tasche voller geheimnisvoller Gegenstände – sie bückte sich unablässig, um etwas aufzuheben, was sie vielleicht niemals brauchen würde, ihr aber in diesem Augenblick unentbehrlich vorkam – war in meinen Augen ein äußerst eleganter Aufzug, und seit diesen Tagen hat sich in mir die Überzeugung gehalten, dass Schönheit nur etwas Nüchternes und Dezentes sein kann, zumal sie sich mit Kölnischwasser parfümierte und sie ständig um Reinlichkeit bemüht war. So ertrug sie es nicht, dass man ihre sorgfältig zu einem Knoten frisierten Haare berührte, und selbst ihre gewöhnlichsten Gebärden waren immer leicht und graziös.

Sie sprach wenig. Ich frage mich sogar, ob sie mich und meinen Bruder wirklich sah, oder ob sie nicht schon die Wirkungen der Krankheit spürte, die sie uns später durch immer häufigere Absenzen entrückte und in denen sie sich mit einem seltsamen und milden Lächeln verlor. Sie pflegte dennoch den Austausch mit Clément und seiner Frau, die oft nach La Brande kamen, jedoch nur im Dialekt. Ich sage mir, dass es vielleicht einfach die Pflicht war, mit uns Französisch zu sprechen, mit der sie sich schwertat und die sie hemmte, anders als vor allem durch Blicke mit uns zu kommunizieren, deren atemberaubende Zärtlichkeit ich beim Schreiben dieser Zeilen mit einem Schauder wieder spüre. Übrigens war ihre Stimme fast nur ein Murmeln, und ich habe nur einmal auf dem Markt von Sarlat miterlebt, wie sie sie einer Frau gegenüber erhob, die ihr Gemüse grob abtastete.

An jenem Morgen standen wir früh auf, denn der Weg war weit, und wir gingen zu Fuß dorthin. Ich beeilte mich mit dem Frühstück, um ihr beim Beladen ihres Gemüsekarrens zu helfen –

das schönste Gemüse, das ich jemals gesehen habe –, dann zogen wir los. Unser Weg führte zwischen Weinreben und Luzernen hindurch und traf später auf die kleine Straße von Sarlat nach Temniac. Dann bogen wir rechts ab, unterquerten die Eisenbahnbrücke, die sich kurz vor dem unheilvollen Tunnel vom Juni 44 befand, und gingen zwischen Häusern, die mit einem Ocker verputzt waren, wie er nur in der Dordogne zu finden ist, und Gärten, die auf ein friedliches und geordnetes häusliches Leben schließen ließen, zur Stadt hinunter.

Mir kam dieser Weg, der sich immerhin über fast drei Kilometer hinzog, nicht lang vor, so glücklich war ich in der Gegenwart dieser Frau, die vor uns her trippelte, sich von Zeit zu Zeit umdrehte, um sich zu vergewissern, dass wir ihr folgten, und deren Parfüm sich trotz der Hitze, die vom grellblauen Himmel herunterkam, wie eine kühle Welle über mich legte – in meiner Erinnerung an diesen Sommer ist es mir unmöglich, auch nur einen einzigen Regentag auszumachen, mir ist, als hätte die Sonne mehr als einen Monat lang unablässig geschienen.

Sobald wir auf die Hauptstraße in der Stadt stießen, verlangsamte Hélène ihren Schritt, als ob sich eine Gefahr nahte. Sie kam mir so zerbrechlich vor, dass ich zu ihr ging und den Karren auf der rechten Seite mit einer Hand ziehen half, bevor wir auf der »Traverse«, der großen Straße, die die Stadt in zwei Hälften teilt, in das Zentrum von Sarlat gelangten. Dann bogen wir links ab und folgten einer mittelalterlichen Gasse, die zum Rathausplatz führte, wo der Markt stattfand. Eine bunte, lärmende Welt, überfüllt von Wagen, Marktständen und Handkarren, Körben mit Geflügel, das mir unerwartet ins Gesicht sprang, sodass ich mich rasch an die schwarze Schürze meiner Großmutter schmiegte, der traditionellen »Devantal« der Bauersfrauen im Perigord, deren Mitteltasche so viele Schätze barg ...

Sie stellte ihren Karren vor einer Einbuchtung an der Kirchenmauer ab, als ob sie nicht gesehen werden wollte, schlug das alte Leinentuch hoch, das ihr Gemüse schützte, trat einen Schritt zurück und wartete in aller Ruhe auf ihre Kunden. Ich traute mich nicht sie anzuschauen. Wie sie fürchtete ich wohl den Moment, in dem sie den Frauen aus der Stadt die Stirn bieten musste, die die Preise herunterhandelten, das Gemüse mit der Hand taxierten und es manchmal unsanft zurücklegten, wodurch es nicht besser wurde. Dann konnte es manchmal sein, dass sie – obgleich nur sehr moderat – ihrem Ärger Luft machte, ihrer Empörung freien Lauf ließ, soweit sie dazu überhaupt fähig war, denn sie sagte nur ein paar Worte:

»Na, hören Sie mal! Also bitte!«

Das alles natürlich im Dialekt der Region, denn während sie uns auf Französisch ansprach, kommunizierte sie mit Leuten ihres Alters nur auf Okzitanisch.

Ich hatte den Eindruck, dass sie durch das Beschützen ihres Gemüses auch ihre eigene Existenz schützte, denn sie bezog keine Rente, und es war ihre einzige Einnahmequelle. Deshalb wollte ich sie nicht alleinlassen, wenn sie leise zu mir sagte: »Geh doch und schau dir ein wenig die Leute an.«

Ich konnte sie einfach nicht im Stich lassen, doch mit der Zeit gewann ich den Eindruck, dass sie sich ein wenig an die Situation gewöhnt hatte und sich entspannte, und ich war überglücklich, wenn ich sah, wie sie rasch die Geldstücke tief in ihre Schürzentasche gleiten ließ, die wenigen Münzen, die ihren einzigen Reichtum darstellten. Dennoch gab sie uns gegen zwölf Uhr mittags eine davon, wenn sie alles verkauft hatte und sich mit einer oder zwei Verwandten unterhielt, die auf den Markt gekommen waren – tief befriedigt, dass sie ein weiteres Mal in der Lage gewesen war, ihren Lebensunterhalt zu verdienen.

57

Fünfzig Jahre später sehe ich immer noch ihre rechte Hand vor mir, die die Geldstücke in Empfang nimmt – in meiner Erinnerung ist nie auch nur der kleinste Schein dabei –, einen Augenblick lang vor ihre Augen hält und dann rasch in ihre Schürzentasche hinuntergleiten lässt.

In einem meiner Bücher schrieb ich, dass ich ihr meinen bleibenden Reichtum verdanke. Denn die Erinnerung an sie hat mich immer vor dem Neid und der Bitterkeit gegenüber den Menschen bewahrt, die sich vom Reichtum beeindrucken lassen. Ich könnte es auch heute nicht besser ausdrücken, und beim Schreiben dieser Zeilen bin ich immer noch genauso überzeugt davon, dass der einzige Schatz, der zählt, derjenige ist, den man mitnehmen kann, wenn einmal die Stunde gekommen ist. Hélène war über diese wenigen, im Schweiße ihres Angesichts verdienten Geldstücke glücklicher, als wenn sie mit Gold überschüttet worden wäre.

Ja, sie war glücklich und lächelte auf dem Rückweg nach La Brande – die Mittagsstunde war längst vorbei, und ich drückte ein Heft von *Kit Carson* oder *Les Pieds Nickelés* an mich –, während wir uns langsam in der größten Hitze des Tages fortbewegen und sie erleichtert an die Geldstücke dachte, die sicher in der Tiefe in der Tasche ihrer Küchenschürze ruhten. Ich nehme an, dass sie beim Heimkommen in ein Kästchen wanderten, aus dem sie nie wieder hervorkamen, denn ich habe kein einziges Mal erlebt, dass sie Vorratskäufe tätigte. Sie lebte seit Langem von dem, was sie produzierte – Eier, Geflügel, Gemüse, Obst –, ansonsten tauschte sie irgendeinen ihrer Schätze mit den Bauern der Nachbarschaft, um das zu erhalten, was ihr fehlte.

So war die orangegelbe Butter, die ich bei ihr gegessen habe, immer ranzig, doch sie fand sie ausgezeichnet. Man muss diese Butter als Kind gegessen haben, um den Wert der Dinge zu kennen, ich jedenfalls habe schon bei der bloßen Erwähnung wieder den Geschmack im Mund; doch es ist nicht der Geschmack der Armut, sondern der des Glücks.

Wir kamen erschöpft in La Brande an, doch sie machte sich sogleich ans Kochen, wärmte die Brotsuppe auf dem gusseisernen Dreifuß auf, bereitete einen Tomatensalat oder ein Kräuteromelette zu, beide von einem unvergesslichen Aroma, das mit dieser jahrhundertealten Zubereitungsweise auf dem Holzfeuer verbunden ist. Während mein Bruder und ich aßen, blieb sie stehen, wie sie es sich während der Zeit im Gasthof von Sarlat angewöhnt hatte.

»Warum setzt du dich nicht hin?«, fragten wir.

»Esst! Esst!«, antwortete sie.

Ich glaube, sie war zufrieden, dass ihre Enkelkinder in den Genuss ihrer Küche kamen, wie Julien und ihre eigenen Kinder es getan hatten. Manchmal, wenn wir bei ihr blieben, weil wir ihr gern helfen wollten und ihr alle möglichen Fragen stellten, sagte sie zu uns:

»Los, geht draußen spielen, Jungens, nutzt die Sonne aus.«

Am anderen Ende des Geländes – nicht mehr als dreihundert Meter entfernt, doch in meiner Erinnerung war es mehr als ein Kilometer, denn Kinderbeine sind kürzer als die der Männer – lebten in Cléments Haus fünf Kinder. Gerne vergnügten wir uns in völliger Sorglosigkeit, die durchaus manchmal auch Gefahren nicht ausschloss, mit ihnen. So kletterten wir auf eine senkrechte Böschung, die die Straße nach Temniac säumte, um uns oben unter den Farnteppich eines Kastanienwaldes zu verziehen, wo wir eine Hütte als perfekten Zufluchtsort vor den Erwachsenen und allen möglichen lästigen Arbeiten gebaut hatten. Nicht dass mein Onkel und meine Tante besonders streng gewesen wären, doch damals war es Brauch, den Kindern die Arbeiten zu übertragen, für die man selbst keine Zeit hatte.

Wenn wir uns nicht in diesen heimlichen Zufluchtsorten aufhielten, rannten wir zwischen den Weinreben und dem Mais von einem Haus zum anderen und kümmerten uns um die Tiere – Constant züchtete Pfauen, und ich musste bei der Figur des Bobi in Jean Gionos »Bleibe, meine Freude« an ihn denken, denn er hatte einen Sinn für die ungezwungene Schönheit, nach der sich die Männer sehnen, die sich über das Alltägliche hinwegsetzen. Seine Frau war gelassen und heiter, sie kaufte uns auf dem Rückweg von Sarlat, wohin wir sie manchmal begleiteten, immer ein Eis und gab uns Brot zu essen, dessen längst vergangener Geschmack mich bis heute verfolgt, denn er bleibt mit dem strahlenden Frieden jener Tage verbunden, deren Glanz in mir niemals erloschen ist.

Abends kehrten wir nach La Brande zurück, um Hélène bei den vielen Arbeiten zu helfen, die sie ohne Eile ausführte; sie schnitt die Luzernen oder jätete Unkraut im Garten, fütterte den Kaninchen Gras oder putzte das Gemüse, dass sie bald für das Abendessen kochen würde. Eine Mahlzeit, der immer eine Viertelstunde des Träumens auf der Bank rechts neben der Eingangstür folgte, während die ersten Sterne aufleuchteten. Und dazu immer dieses Schweigen, dieses verwunderliche Schweigen, das bereits das noch tiefere Schweigen am Ende ihres Lebens ankündigte, und mit dem ich mich nicht abfand.

Damals war sie schon krank, aber sie sagte es nicht. Wenn ihre »Schwächeanfälle« sie überkamen, legte sie sich im Weinberg auf den Boden und wartete, bis sie vorüber waren. Sie verbarg vor ihrer Familie alles, was sie unglücklich hätte machen können, und lehnte es gleichzeitig ab, etwas dagegen zu tun. Im Grunde mobilisierte sie in diesem Schweigen nur die Kräfte, die sie benötigte, um ihren wahren Zustand vor denen zu verbergen, die sie liebten.

Denn sie war viel stärker, als ich dachte. Das wurde mir eines Tages bei der Weinlese bewusst, als ihr der Tod einer ihrer Schwestern mitgeteilt wurde. Sie stattete ihr einen letzten Besuch ab, dann nahm sie noch schweigsamer als gewöhnlich am frühen Nachmittag wieder ihren Platz im Weinberg ein und verbiss sich ihren Schmerz, was mich dazu trieb, weit fortzulaufen, um den verstörten Blick in ihren Augen nicht sehen zu müssen, mit dem sie zu mir aufschaute.

Diese Weinlese auf La Brande war die einzige, an der ich teilgenommen habe. Es gab kein weiteres Mal, sicherlich wegen der Erschöpfung, die unsere Anwesenheit bei unserer Großmutter hervorrief. So blieben mir diese Ferien unauslöschlich im Gedächtnis, und bis heute liegt auf ihnen ein einzigartiger Sonnenglanz.

VI Die Asche

58

Was nun folgte, war ein unaufhaltsamer Verfall. Durch ihre Herz- und Kreislaufschwäche hatte Hélène immer öfter Absencen, und sie kam bei Clément in seinem Haus, das er in der Rue Lachambeaudie in Sarlat gebaut hatte, unter. Sie litt nicht darunter, wenigstens vermute ich das. Jeden Tag brachte Marthe sie nach La Brande, damit sie sich der Veränderung ihrer Lebensumstände nicht allzu sehr bewusst wurde. Denn ihr Leben änderte sich, als sie den Komfort der modernen Häuser entdeckte, vor allem die Zentralheizung. Außerdem gab es ein echtes Badezimmer, eine wahrer Genuss für sie, die immer so auf Reinlichkeit bedacht war, sodass sie sich fragte, wie sie so lange ohne diesen notwendigen Komfort hatte leben können.

Sie entdeckte auch das Fernsehen, und es begeisterte sie, denn sie hätte es niemals für möglich gehalten, dass sie Leute sehen konnte, die sich kilometerweit von dem Ort entfernt bewegten, wo sie sich befand. So hatte sie sich auch die Veränderungen im Ortsbild von Sarlat nicht vorstellen können, insbesondere der Viertel, die sie gekannt hatte, wohin Clément und Marthe mit ihr fuhren, sobald sie darum bat. Sie umgaben sie mit Fürsorge und Zuneigung, und nie war die Rede davon, sie in ein Altersheim zu bringen.

Gegen Ende ihres Lebens – es war ein Sonntag in Cléments Haus, ich weiß nicht mehr, aus welchem Anlass – war ich einige Minuten lang mit ihr allein, während sie mich anschaute, ohne mich zu sehen, ganz in ihre Träume verloren, jenen wachen Dämmerzustand, in den sie immer häufiger versank. Ich fragte sie leise:

»Hörst du mich? Sag, hörst du mich?«

Sie lächelte, antwortete mir aber nicht. Was hätte ich doch dafür gegeben, sie zu mir holen zu können oder in die Welt einzudringen, in deren Tiefe sie sich verlor. Ich wollte sie in dieser Ferne nicht alleinlassen und sprach weiter mit ihr:

»Sag! Erinnerst du dich an den Karren, den Markt, die Geldstücke in deiner Schürze?«

Da war es, dieses milde Lächeln, auf das ich gehofft hatte, und ein Bewusstseinsblitz fuhr durch ihre Augen. Ich nahm ihre Hand und drückte sie, doch ihre Finger blieben leblos. Da begriff ich, dass sie niemals mehr mit mir sprechen würde.

Es war das letzte Mal, dass ich sie lebend sah, denn das Leben hat mich davongetragen, wie es uns eben davonträgt, und wir können uns ihm nicht widersetzen. Im Laufe ihrer letzten Lebensjahre hat Clément sie nach La Brande zurückgebracht, wo er sich niederließ, nachdem er sein Haus in Sarlat vermietet hatte. Ich hoffe, dass sie noch wahrnahm, an welchem Ort sie sich befand, und dass es sie für immer beruhigte. Sie starb im Oktober 1975 und wurde neben Julien begraben, auf dem Friedhof ganz in der Nähe des Gasthofs, wo sie einander kennengelernt hatten.

Fünfundzwanzig Jahre später, als ich eines Tages in einer großen Buchhandlung in Sarlat Bücher signierte, raunte mir eine sehr alte Dame voller Rührung zu:

»Ich habe Ihre Großeltern gut gekannt, wissen Sie.«

Und als ich sie ungläubig ansah und stumm blieb:

»Übrigens erzählen Sie in einem Ihrer Bücher von mir.«

Die uralte Dame mit den weißen Haaren und dem ernsten, schönen Blick lächelte.

»Ich bin Madame Délibie. Mein Mann und ich haben in der Grundschule Ihren Vater unterrichtet. Mein Mann hat oft bei Ihren Großeltern hereingeschaut, wenn er nach Sarlat unterwegs war.«

Ein Schock, furchtbar, bestürzend. Raum und Zeit gerieten aus den Fugen. Ich war mir sicher gewesen, dass alle Zeugen dieser Zeit seit Langem tot seien.

»Sie waren genau so, wie Sie sie beschreiben.«

»Danke, Madame.«

Ich hätte gern noch länger mit ihr geredet, wollte weitere Spuren finden von all dem, was verloren war, doch wir waren nicht allein, und ich habe diese wichtige Zeugin nicht aufhalten, noch sie nach ihrer Adresse fragen können, ich habe sie einfach gehen lassen, wie einem das Leben zwischen den Fingern hindurchrinnt, ohne die Wunden der Zeit heilen zu können.

Wieder einige Jahre später, als ich mich mit dem Filmteam von Gaumont Télévision zu den Vorarbeiten für die Verfilmung meines Romans »Der Fluss der Hoffnung« in Sarlat befand, folgte ich der Truppe zum großen Platz, und wir hielten vor einem schönen Haus gegenüber der Kirche an. Da wurde mir bewusst, dass ich mich genau an derselben Stelle befand, wo Hélène, meine Großmutter, siebenundvierzig Jahre zuvor ihren Gemüsekarren abgestellt und die Geldstücke in ihrer Schürzentasche verborgen hatte. Verstört ob dieses außergewöhnlichen Zeitsprungs, stahl ich mich fort, um meine Rührung zu verbergen, die mich bei der exakten Erinnerung daran überkommen hatte – sie war da, neben mir –, und mich in jene beglückenden Stunden zurückversetzte, die ich für immer verschwunden glaubte. Von nun an halte ich jedes Mal, wenn ich nach Sarlat komme, an, gehe zu dieser Stelle, bleibe eine Weile bewegungslos stehen und schließe die Augen. Dann spüre ich den Ellbogen meiner Großmutter, der gegen meinen eigenen drückt, und vernehme erschüttert das wunderbare Raunen einer Stimme, die in meinem tiefsten Innern nie erlöschen wird.

Epilog

Banale Lebensläufe also, die Biografien von Hélène und Julien? Vielleicht, durchaus, und doch haben sie das größte Gewicht, weil sie am Ende einer Kette von Lebensleistungen stehen, die sich die Männer und Frauen von heute nicht mehr vorstellen können. Seit dem Tag, als Jacques und Madeleine Signol an einem Abend im November bei ihrem eiskalten Haus in Saint-Vincent-le-Paluel ankamen, ist mehr als ein Jahrhundert vergangen. Trotz all ihrer Anstrengungen konnten sie sich dem Schicksal nicht entziehen, das über ihnen hing, hauptsächlich wegen der Widrigkeiten, die sie heimsuchten. Julien begriff vage, dass alles, was mit dem Ackerboden zusammenhing, eine Knechtschaft mit sich brachte, die man mit allen Mitteln meiden musste. Er schöpfte die Kraft dafür aus der Verweigerung, so wie seine Mutter zu leben, die tagaus, tagein über die Erde gebeugt auf dem Feld arbeitete und niemals zum Himmel aufblicken konnte. Dafür musste er die Heimat verlassen und anderswo entsetzlichen Lebensbedingungen trotzen, doch er gab niemals auf und hat so das bisschen Geld verdienen können, das er benötigte, um Besitzer einer kleinen Liegenschaft zu werden.

Niemand in der Familie hatte je vor ihm diesen Traum verwirklicht. Hélène ist ihm gefolgt, sie half ihm, ohne je an ihm zu zweifeln, sie war sich der Kraft, die ihn trug, und des Instinktes, der ihn leitete, bewusst.

Sie sind also diejenigen, die den längsten Weg zurückgelegt haben, denn ihre Kinder und Enkel sollten einmal ein besseres Leben haben als sie, und sie haben genügend Kraft in sich mobilisiert, um den entscheidenden Schritt zu tun, dank dessen ich, ihr Enkel, ihnen heute in einem Buch die Würdigung widerfahren lassen kann, die ihnen gebührt.

Es ist keineswegs sicher, dass die Welt von Morgen es unseren Kindern ermöglichen wird, besser zu leben als wir. Das 21. Jahrhundert wird ihnen nicht – wenigstens glaube ich es nicht – so viel Fortschritt ermöglichen können wie den vorangegangenen Generationen, denn die wirtschaftlichen Bedingungen, die mit der Globalisierung einhergehen, sind grausam, und die Bedürfnisse haben sich vervielfacht, zumal heute leicht das Notwendige und das Überflüssige miteinander verwechselt werden. Ich hoffe, dass ich mich irre. Denn ich verüble es mir selbst, dass ich die Chancen meiner Kinder und meiner Enkelkinder auf Erfolg und Glück nicht genauso erfolgreich wie Julien und Hélène habe steigern können, deren teure Gestalten mich mit ihrer heiteren Gegenwart in eine unsicher gewordene Zukunft begleiten.

Jeden Tag sehe ich Hélène, wie sie ihr Gesicht mit ihrem Taschentuch abwischt, das nach Eau de Cologne duftet, ehe sie uns küsst und umarmt. Ich betrachte sie, wie sie so viele Blumen schneidet, dass sie sie auf die Gräber ihrer Angehörigen und die benachbarten verteilen kann. Ich beobachte sie, wie sie zum Frühstück eine Mischung aus Kaffee, Gerste und Kaffeeersatz trinkt, in der einen Hand hält sie ihr Brot und in der anderen ein Stück ranzige Butter. Und ich höre sie, wie sie mir mit ihrem charmanten Lächeln immer wieder sagt, »dass da gehören soll, was da ist, denen, die für es gut sind.«

Julien hingegen bleibt für mich der Mann, der die Gerätschaften mit einem bis zur Schmerzgrenze angezogenen Riemen an seiner rechten Hand festband und den der Zorn über die Grausamkeit des Schicksals zur Weißglut trieb. Er war derjenige, der nachts Wache hielt, um die Ratten von der Wiege seines Sohnes fernzuhalten, der seine Kinder bat, ihm aus der Zeitung vorzulesen, und der niemals die Niederlage seines Landes im Jahr 1940 akzeptierte. Er hat an mich die Kraft und den Mut weitergegeben, die in ihm pulsierten. Ich glaube nicht, dass er jemals Lesen und Schreiben gelernt hat, doch ich hoffe, ja, ich glaube, dass er endlich weiß, warum der Himmel blau ist.